행복이라 부르는 것들의 의미

― 행복의 철학적 성찰 ―

양 해 림 지음

행복이라 부르는 것들의 의미

― 행복의 철학적 성찰 ―

양 해 림 지음

철학과 현실사

머리말

행복이란 무엇일까요? 잘 산다는 의미는 무엇입니까?

이는 동서고금을 통해 많은 선인들이 줄기차게 추구한 물음들이지만, 아직도 이 물음은 계속 진행 중에 있습니다. 어쩌면 인류가 이 지구상에서 사라질 때에야 비로소 이 물음도 끝날지 모릅니다. 그래서 행복이라 부르는 것들의 의미는 그 역사가 오래된 것만큼이나 아주 다양하게 전개되어 왔습니다. 정치·경제·사회·문화·예술 등 여러 부문의 영역에 걸쳐 헤아릴 수 없이 그 분포의 폭도 확장되어 왔습니다. 따라서 21세기에도 행복의 의미는 그 정답을 찾기가 그리스 신화에서 테세우스 왕자가 미궁을 빠져 나오기 위해 실타래를 풀면서 진로를 찾았던 것처럼 어려운 과정일 수도 있습니다. 많은 사람들은 행복의 의미가 무엇인가에 대해 나름대로 그 해답을 찾으려고 많은 노력을 기울여 왔지만, 속시원하게 갈증을 해소시킨 것은 아닙니다. 그러하기에 인류가 지금껏 전개한 만큼이나 다양한 행복관도 여전히 존재합니다. 그런데 행복에 대한 모범 정답이 시험지처럼 있다고 하다면, 인간사는 무미건조하고 재미없는 세상이 될 수도 있습니다. 왜냐하면 각양각색의 목소리로 전해 오는 행복의 의미가 있기에 인간사는 더 살맛 나는 세상일 수도 있기 때문입니다.

최근 들어 그 이전보다도 많은 사람들에게 가장 사랑을 받는 행복관으로 경제적인 부가 손꼽히고 있습니다. 21세기의 새로운 밀레니엄 시대의 자본주의 사회는, 점점 돈이 그 위력을 발휘하면서 돈 없이는 그 무엇도 할 수 없는 상황으로 변해 가고 있습니다. 즉 돈의 많고 적음의 정도에 따라 인간의 인격을 평가하는 세상으로 진행되어 가고 있다는 사실입니다. 현재 시중에서 대중들의 인기를 끌고 있는 베스트셀러 저작의 거의 대부분도 돈버는 이야기로 가득 차 있고, 더욱 더 많은 사람들에게 돈의 유혹을 부추기고 있습니다. 미국을 중심으로 한 신자유주의적 행복관이 그 핵심을 이루면서 정신적인 가치보다도 물질적인 가치를 더 중요하게 여기며 물질적인 부(富)를 더 높은 가치로 여기고 있습니다. 기존의 사상가들의 정신적 삶에 행복의 가치를 두는 것은 한갓 세상물정을 모르는 낡고 고리타분한 이야기로 치부되고 있는 실정이기도 합니다. 이러한 상황은 미국을 중심으로 하는 자본주의의 독주가 중단되지 않는 한 계속될 것이라는 전망입니다. 필자는 이러한 상황일수록 정신적 가치는 더 소중한 자산을 지닌다고 생각합니다. 특히 필자는 사상사적으로 철학자들의 개인의 행복관을 살펴보는 것은 예나 지금이나 의미 있는 일이라 생각합니다. 왜냐하면 철학자들의 행복관에는 현대를 살아가는 우리들이 간접적으로나마 얻을 수 있는 교훈이 많이 내재하고 있기 때문입니다. 현대인들은 물질적인 측면에서는 과거보다 부족함이 없지만, 정신적인 측면에서는 훨씬 더 병약한 모습을 보이고 있기 때문입니다. 이런 점에서 바쁘게 살아가는 우리 현대인들에게 철학자들의 메시지는 한번쯤 귀 기울여 볼 필요가 있다고 생각합니다.

많은 사람들은 21세기를 가리켜 생명공학의 시대라고 말합니다. 앞으로 과학기술의 발달로 인하여 인간의 수명은 점점 늘어나게 되었고, 자기와 똑같은 모습을 가진 인간복제가 탄생할 날도 멀지 않았다고 이야기합니다. 인간의 수명도 자연적인 수명이 아니라 인위적인 유전자 조작을 통해 연장할 수 있게 될 날도 현실로 점점 다가오고 있습니다. 그런데 과학기술의 발달로 인해서 인간의 수명이 연장되었다고 하더라도 인간의 행복도 그에 비례하여 질적으로 나아지는 것은 아닙니다. 과학기술은 외형적으로나 양적으로 인간의 행복을 가져다주는 것처럼 보일 수 있지만, 질적인 행복은 항상 문제로 남을 수 있기 때문입니다.

따라서 필자는 이 책을 다음과 같이 다섯 개의 장으로 나누어 행복관을 살펴보았습니다.

제1장은 행복은 어디에서 오는가? 라는 표제 아래 현대인의 행복관을 중심으로 고찰하였습니다. 즉 현대인의 행복관, 건강한 삶이란 무엇이며, 잘산다는 것은 무엇을 의미하는 것이며, 패러다임을 변화시키는 행복관이란 무엇인가? 등을 중심으로 전개하였습니다.

제2장은 서양 철학자 10인의 행복관을 중심으로 살펴보았습니다. 먼저 고대 그리스 시대의 소크라테스의 참된 삶의 행복관을, 플라톤에게서는 아름다움 에로스의 행복관을, 아리스토텔레스에게서는 에우다이모니아의 정의 및 인생의 목적인 행복관을, 에피

쿠로스에게서는 쾌락주의의 행복관을, 디오게네스의 자연적 삶의 행복관을 베이컨의 과학적 지식의 행복관을, 쇼펜하우어에게서는 염세주의의 행복관을, 니체의 힘에의 의지관을, 마르크스의 노동의 행복관을, 피에르 쌍소의 느림의 행복관 등을 중심으로 하여 살펴보았습니다.

제3장에서는 이코노믹스의 행복관, 즉 네 가지 베스트셀러를 선택하여 그 저서들 속에서 나타난 경제적 행복관을 살펴보았습니다. 『부자 아빠와 가난한 아빠』에서는 부자가 되는 힘과 재정적 안정과 자유에 대해, 『바빌론 부자들의 돈버는 지혜』에서는 부자를 만드는 7가지의 비결에 대해서, 『누가 내 치즈를 옮겼을까?』라는 저서에서는 치즈에 얽힌 성공과 행복의 상징에 대한 의식의 변화에 대해서, 『성공하는 사람들의 7가지 습관』의 저서에서는 패러다임의 원칙을 7가지로 살펴보았습니다.

제4장에서는 에코노믹스의 행복관을 세계화 시대의 행복관과 연관시켜 고찰하였습니다. 현재 미국을 중심으로 일어나고 있는 신자유주의 행복관을 통해 우리 상황의 경제지수와 연관시켜 고찰하였습니다. 최근 미국을 중심으로 일고 있는 신주자유주의의 행복관의 정의 및 맥도날드화의 세계화의 장단점을 고찰하였고, 낮아지는 행복지수, 즉 20대 80의 사회에 대해 구체적으로 살펴보았습니다.

제5장에서는 생명공학 시대의 행복관을 중심으로 하여 고찰하였습니다. 즉 인간의 수명을 연장하는 것이 미래에 행복을 가져다 줄 것인지, 유전자의 해독이 인간의 행복을 보장할 것인지, 미래의 인간은 돈의 위력으로 인해 행복해질 수 있을 것인지 등에 관해 전체적으로 조망하고, 인간복제에서 초래될 수 있는 여러

상황 등을 중점적으로 고찰하였습니다.

위와 같이 필자는 이 책의 행복관을 각각 제5장으로 구성하였지만, 독자들은 각 장의 순서대로 읽을 필요는 없습니다. 이 책은 각각 독립된 장들로 구성되었기에 독자들이 읽기에 편한 대로 펼쳐보아도 무방할 것입니다. 필자는 이 책을 전문가들이 아닌 일반 독자들을 염두에 두고 집필하였지만, 독자들의 욕구에 어느 정도 충족되었지는 두려움이 앞섭니다. 왜냐하면 시중에 행복관과 관련된 많은 저서들이 계속 쏟아져 나오고 있기에 항상 조심스러울 수밖에 없고 독자들의 욕구를 속시원하게 만족시켰는지는 그다지 자신이 없기 때문이기도 합니다. 물론 이 책의 행복관은 필자 자신이 이제껏 걸어온 개인의 행복관을 서술한 것은 아닙니다. 지나온 철학자들의 행복관을 중심으로 하여 현대의 흐름과 연관하여 경제적 행복관과 생명공학시대의 행복관을 추가하여 살펴보았지만, 이러한 행복관의 구성이 바람직한 기획인가는 독자들의 판단에 맡기고 비판의 소리에 겸허하게 귀기울이겠습니다.

이 책을 탈고할 무렵 개인적으로 늦둥이 딸 수연(秀妍)이를 새 식구로 맞이하는 행복감을 맛보았습니다. 새로 이 세상에 빛을 보게 된 수연이가 건강하게 자라나길 바라며, 출판을 허락해 주신 철학과현실사에 감사의 말씀을 올립니다.

2002년 봄
양 해 림

차 례

14

제 1 장

행복은 어디에서부터 오는가?

현대인의 행복이란 무엇인가?

서양 우화에 이런 이야기가 있습니다. 옛날에 고양이 두 마리가 살았습니다. 어느 날 고양이는 옆에 있는 고양이가 자기의 꼬리를 한사코 물려고 주위를 빙빙 도는 것을 보았습니다.

고양이 1 : "아니 너는 무엇 때문에 너의 꼬리를 물려고 그렇게 빙빙 돌고 있니?"

고양이 2 : "나는 고양이들에게 제일 중요한 것이 행복이라고 들었어. 그런데 나의 행복은 바로 내 꼬리거든. 그렇기 때문에 나는 내 꼬리를 꽉 잡으려고 애쓰는 거야. 내가 언젠가 그 꼬리를 꽉 잡게 되면 나는 비로소 행복을 성취하는 것이거든."

고양이 1 : "나도 이 세상일들에 대해 심각하게 생각해 보았어. 그리고 내가 내린 결론도 행복이란 이 세상에서 정말 중요한 것이고, 그 행복이 내 꼬리라는 것도 알았지. 그렇지만 나는 이런 것도 깨달았지. 내가 그것을 잡으려고 애쓰면 애쓸수록 그것은 내게서 저 멀리 달아나지만, 내가 다른 것을 쫓아가면 그건 나에게 항상 나를 따라다닌다는 말이야."

위의 이야기는 행복이란 보이지 않는 것을 계속 쫓아가야 할 대상이 아니라 따라오는 그 무엇이라는 것입니다. 그래서 행복이란 단지 목적을 설정한다고 하여 단시일 내에 이루어지는 것이 아니라, 긴 과정이자 그것의 결과에서 나타난다는 것입니다. 왜냐하면 잘 알지도 못하는 것을 목표로 내세울 수는 없는 것이기 때문입니다.[1] 이런 점에서 사람의 의식이 서서히 일깨워지면서 사라질 때까지도 가장 열심히 찾는 것은 행복이라는 단어일 것입니다.

행복은 우리의 모든 사상의 열쇠이자 신기루일지도 모릅니다. 많은 사람들이 개인적으로 행복을 찾고 도달할 수 없을 때에도 공통적인 분모를 갖고 그 행복을 추구하고자 합니다. 아시다시피 행복은 우리가 살아가는 인간의 생활목표입니다. 인간은 행복한 삶을 추구하는 사회적 동물입니다. 내가 개인적인 행복한 삶을 추구한다는 것과 사회적 생활을 이루고 산다는 것을 우리 인간의 피할 수 없는 존재방식이라고 믿고 있습니다. 우리 인간은 어떤 나쁜 짓을 행했을 때에도 반드시 행복해지고 싶다고 생각합니다. 염세주의자도 그의 긍지 한가운데는 행복을 느끼며, 쾌락주의자도 쾌락을 행복이라 느끼며, 기독교에서는 사랑을 행복이라 느끼며, 불교에서는 무의식이나 깨달음 속에서 행복을 느끼는 것을 중요한 요소로서 간주합니다. 기독교에서는 행복을 욕심 없고, 거룩한 슬픔을 지니고, 온유한 마음을 가지며, 의롭게 사는 것 등을 말합니다. 불교에서는 행복하고 만족스러운 삶을 결정하는 것은 영적인 성장과 깨달음을 중요시합니다. 달라이 라마는 "행복을 순간적인 쾌락이 아니라 영원하고 지속적인 것"이라 말합니다. "그러한 행복은 삶이 상승하고 추락을 거듭하면서 기분이 끊임없이 동요해도 우리 존재의 굳건한 받침대로 변함 없이 존재하는 그러한 행복"[2]이라는 것입니다.

종종 많은 사람들은 인생의 목표가 무엇이냐고 물을 때 누구나 행복하게 사는 삶이라고 말합니다. 그러면 사람들이 말하는 행복한 삶이란 구체적으로 무엇을 뜻하는 것일까요?

갓 태어난 아기가 엄마 품에 폭 파묻혀서 엄마의 젖을 빨고 있는 모습, 또래 아이들과 운동장에서 신나게 공놀이를 하며 뛰어 노는 어린아이들, 시원한 계곡물 속에서 발을 담근 채 귓속말로 사랑을 속삭이는 젊은 연인들, TV나 공연장에서 유명 대중가수들에게 폭 빠져 환호하는 청소년들, 일과 후 프로야구 경기장에서 자기가 원하는 팀의 승리를 바라며 환호하는 열광의 팬들, 직장에서 일찍 귀가한 남편의 저녁상을 차리며 즐거워 콧노래로 흥얼거리는 주부, 주식에 투자하여 많은 돈을 벌어들인 어느 증권회사 직원, 식생활이나 성생활에 만족을 느끼는 일반 사람들. 이들 모두는 일상적인 삶 속에서 일어나는 소박한 행복한 모습들이라고 말해도 좋을 것입니다. 위의 모습들을 살펴보면 순간적인 기쁨과 안락한 모습들이 교차하는 것이 행복이라 생각할 수 있습니다. 그것이 수동적이건 능동적이건 간에 행복의 모습일 것입니다.

현대의 자본주의 사회에서 많은 사람들은 국가나 민족을 위한다는 커다란 대아(大我)적인 행복관보다 자기와 가족을 위하는 소박한 개인적 행복관이 더 설득력이 있고, 점점 우리의 일상생활을 지배하고 있습니다. 최근에 많은 사람들에게 읽히는 베스트셀러라는 책도 민족이나 국가니 하는 사회적인 거창한 구호의 행복관보다는 개인의 소박한 행복관에 그 근거를 두고 있기에 사람들의 관심을 더욱 끄는 것인지는 모릅니다. 왜냐하면 행복은 먼 곳에 있는 것도, 타인에 의해 객관적으로 설정되는 것도 아니며, 각 개인이 주관적으로 느끼는 심리상태이기 때문일 것입니다. 사람들은 제각기 느끼는 의식의 상황에 따라 똑같은 상황이 어떤 사람에게는 행복한 측면이 되기도 하고 불행한 모습으로 나타나기도 하기 때문입니다. 사람들은 자아의 행복을 추구하며 많은 사람들과 함께 사회생활을 이루고 삽니다. 사람들은 사회생활을 하는 과정에서 언제나 크고 작은 문제에 부딪칩니다. 어떤 상황 속에서 많은 문제들을 슬기롭게 해결하느냐 못하느냐의 여부에 따라 우리들의 행·불행도 크게 좌우합니다. 따라서 우리들은 사회생활에서 크고 작게 항상 부딪히는 문제들을 슬기롭게 해결할 능력을 갖추어야 합니다.

이런 점에서 많은 사람들이 사회생활을 이루고, 서로의 갈등을 해소하고, 협동의 기풍을 조성하는 것도 행복하고 원만한 사회의 건설을 위한 것입니다. 옛날의 농경사회에는 자기 가족들의 식량 해결을 위해 농사만 잘 지으면 되었기 때문에 사람들의 접촉 범위도 한결 좁았고, 갈등이 생기는 것도 평소에 서로 잘 아는 사람들 사이에서 이루어졌기 때문에 마찰이 적었습니다. 그러나 오늘날 우리의 복잡한 상황은 그 이전과 아주 달라졌습니다.

흔히 행복은 어떠한 구체적인 형태를 지니고 있지 못하다고 말합니다. 행복이라는 개념은 수학의 공식이나 논리학, 과학적 실험과 같이 보편 타당한 객관적 사실을 제시하는 것은 더더욱 아닙니다. 행복의 추구는 공통적인 요소가 없기 때문에 보는 이의 서로 다른 관점에 따라 더더욱 다르게 볼 수 있습니다. 이제껏 많은 사람들은 행복을 추구하는 길에는 외면적으로 부귀, 명예, 삶 속에서의 향락, 건강, 문화, 과학, 예술 등을 말하고, 내적으로는 떳떳한 양심, 덕, 일, 이웃 사랑, 종교, 위대한 사상과 사업에 종사하는 생활 등을 표현합니다. 그러나 외적인 수단을 모든 사람들이 이루어낼 수 있는 것도 아니며, 더더욱 그것을 성취했다고 해도 행복을 얻은 것은 아닙니다. 행복은 다의적으로 해석을 내릴 수도 있고 또한 누구나 자신의 관점에서 표현할 수 있기 때문에 더욱 매력적인 개념일지도 모릅니다. 그래서 철학자들을 비롯하여 많은 사람들은 행복이 인생의 궁극적인 목적이라고 말하기도 하고, 그러한 목적을 이루기 위하여 주위의 어려운 난관들을 잘 참고 견디어낼 때 삶의 진정한 행복을 느낀다고 말합니다. 이러한 다의적인 행복의 특성을 다음과 같이 살펴볼 수 있을 것입니다.

첫째로 행복을 추구함이 인간의 피할 수 없는 존재방식이라면,

우리는 행복추구를 외면할 수 없을 것입니다. 행복의 추구가 실패하는 삶보다 성공하는 삶이 바람직하다고 보아야 하기 때문입니다. 따라서 자신이 추구하는 합리적인 행복의 실현이 가능하도록 최선을 다하는 태도가 바람직한 인간상을 위한 필수조건일 것입니다.

둘째, 행복한 사람은 스스로가 자각적이며, 의식적으로 어떠한 목표를 설정하고 보람 있는 삶을 살 수 있게 올바른 생활태도를 추구합니다. 이러한 행복의 추구는 현실적으로 구체적인 삶 속에서의 유토피아를 실현하는 것입니다. 행복이 인간의 궁극적인 목표라고 한다면, 인간이 자기의 능력을 충분히 발휘하여 소망을 이루었을 때 경험하는 만족감일 것입니다.

셋째, 우리가 사회적 집단을 이루고 산다는 것은 개인의 좁은 자아의 껍질을 깨고 타인을 자기의 품으로 끌어안음으로써 더 넓은 대아의 길을 밟는 것입니다. 왜냐하면 사회생활을 하는 사람들은 서로가 서로를 위하는 사랑과 융화의 관계 속에서 지속되어야 하며, 작은 나에 집착하는 대립과 경쟁보다는 화해와 사랑으로 서로를 감싸안는 온정이 필요하기 때문입니다. 이러한 행복의 추구가 성공하기 위해서는 보다 더 합리적인 생활태도가 필요할 것이며, 사회적 존재로서 원만하게 살기 위해서는 대아적 태도, 즉 크고 깊은 사랑의 정서가 요구되고 있습니다. 현대의 복잡한 인간사회가 원만하게 돌아가기 위해서는 크고 깊은 사랑뿐만 아니라 개인의 합리적인 생활태도에서 출발해야 할 것입니다.

넷째, 행복은 소크라테스나 아리스토텔레스 같은 철학자가 언

22

급하고 있듯이, 이성을 지닌 인간에게만 고유한 경험으로서 단순히 육체적 쾌락이나 환희에 의해 주어지는 만족감과는 다른 것입니다. "무엇을 할 것인가? 어떻게 하는 것이 잘 사는 삶인가? 어떻게 하면 성공할 것인가?" 등의 물음 자체가 삶의 의미와 가치를 발견하는 것이며, 자기의 인생을 의미 있게 그리고 가치 있게 살아보려는 의식적이며 의지적인 이성적 존재의 욕구활동의 표현인 것입니다.

다섯째, 20세기 이후 자본주의 사회가 급속하게 진행되면서, 많은 사람들은 경제적 부의 축적을 행복의 가장 좋은 조건이라고 간주합니다. 21세기 들어와서도 이러한 조짐은 더욱 거세질 것으로 보입니다. 21세기를 일컬어 세계화의 시대, 생명공학의 시대, 정보통신의 시대 등 수많은 수식어를 붙여가며 외치고 있지만 그 이면에는 거대한 자본의 흐름이 지배하고 있습니다. 앞으로의 미래사회는 돈의 많이 있고 없음의 여부에 따라 새로운 계층이 형성될 것이라고 예측합니다. 경제적인 부의 축적은 예나 지금이나 중요한 요소임에는 틀림없지만, 돈이라는 수단이 모든 것을 정당화시킬 수는 없을 것입니다.

건강한 삶이란?

러시아의 작가 투르게네프(I. S. Turgenev)는 행복은 건강과 같은 것이라고 말합니다. 이는 옛날이나 지금이나 건강을 잃으면 아무 것도 할 수 없기 때문일 것입니다. 우리가 흔히 건강에 대해 전혀 의식하지 않을 때 정말로 건강한 것처럼, 행복에 대해서도 전혀 의식하지 않을 때 진정한 행복이 있는지 모릅니다. 요즘 우리 사회에서 흔히 "술은 마시기 위한 것이 아니라 취하기 위해 술을 마신다"고 말합니다. 사람이 술을 마시는 것이 아니라 술이 사람을 마신다는 역설적인 말도 생겨났습니다. 항간에는 술 소비량이 세계 1위라는 매스컴의 보도도 심심지 않게 나오고 있고, 40대 이후의 폐암 환자와 사망률도 세계에서 제일 높다는 보도를 자주 접합니다. 이런 점에서 우리가 건강을 돌보지 않으면 언제 어느 때 위험의 신호가 우리의 몸에 전송될지 모릅니다. 그래서 건강이 행복의 제1 조건이라는 말은 전혀 과장된 말이 아니게 되었습니다. 건강을 잃으면, 우리가 하고자 하는 열의 · 흥미 · 취미 · 공부 등 모든 것들을 잃기 때문입니다.

철학자 러셀은 취미와 욕망이 근원이 되려면 반드시 건강과 조화를 이루어야 하며, 이는 우리가 사랑하는 가족의 애정과 모순되지 않아야 한다고 말합니다. 술을 좋아하는 사람과 대식가는 비록 그것들이 사회적 관계성은 별로 없다고 하더라도 자기의 몸을 존중해야 한다는 관점에서 볼 때 신중하게 처신해야 합니다. 그들이 한순간의 쾌락을 위해 탐닉한 대가로서 건강을 해치고 단지 몇 분간의 쾌감으로 많은 시간의 비참한 현실이 주어질 수도 있기 때문입니다. 개개인의 욕망이 비참함을 불러일으키지 않으려면 그 욕망을 가두는 테두리가 필요합니다. 이는 일반적인 사람들이 갖고 있는 욕망의 전형적인 한 실례입니다. 이것은 추구하고자 하는 것이 어떠한 대상에 대한 일방적 쾌감이 아니라 순간적으로 망각하고 있다는 점입니다.

베이컨(Francis Bacon)은 그의 수필집에서, 식사 · 수면 · 운동시간에 마음이 자유롭고 기분이 유쾌하다는 것은 장수를 위한 가장 좋은 교훈이라고 말합니다. 감정적인 생각을 갖고 말하는 질투, 불안한 공포심, 속을 태우는 분노, 과도한 기쁨과 즐거움, 남모르는 슬픔 따위를 피해야 한다는 것입니다. 사람들이 품어야 할 것은 그리스 신화의 판도라의 상자처럼 식지 않는 희망이며, 단순한 기쁨보다는 명랑한 기분, 과도한 즐거움보다는 변화 있는 즐거움, 경이와 감탄, 신기한 것 등을 간직하는 것입니다. 사람들은 연구대상으로서 마음을 훌륭하게 하는 진기한 대상물로 충만시키는 역사 이야기, 자연의 관찰에 관한 것들을 간직해야 한다고 말합니다.

우리들은 질병에 걸렸을 때 건강에 주의하고, 건강할 때 주로 운동을 해야 합니다. 왜냐하면 건강할 때 신체의 저항력을 단련해 두는 사람은 대부분 심한 병에 걸리지 않았다면 음식과 간호만으로 완쾌될 수 있기 때문입니다. 먼저 일상적으로 육체적 운동을 습관화하는 것이 필요하다는 것은 전문가들의 조언이 아니더라도 대부분의 사람들은 이미 알고 있습니다. 그러나 바쁘게 돌아가는 현대인에게 매일 일정한 시간을 쪼개서 규칙적인 운동을 하는 것은 쉬운 일은 아닙니다. 물론 일반사람들은 꾸준히 운동을 하였을 때, 잔병치레가 사라지고 큰 병도 줄어들 수 있을 것입니다. 그렇게 하였을 때 좋은 기분과 건강을 유지할 수 있으며 많은 에너지를 발산하지 않아도 자연스럽게 행복을 느낄 수 있습니다. 일단 새로운 수준의 육체에 눈뜨게 되면 감정·정신·영혼 등도 새로운 수준으로 눈이 열리는 것입니다. 건강은 우리를 행복한 감정으로 이끌어줄 뿐만 아니라 삶의 균형을 유지시켜 줍니다. 따라서 건강은 이상적인 체중을 유지시켜 주며, 적당하게 영양관리를 하게 하고, 체계적인 운동을 유지하고, 스트레스를 줄이고, 삶을 즐기는 태도를 가지며, 수명연장의 방법을 배우고, 고통에서 고차원적인 자유를 얻었을 때, 행복한 삶을 위한 터전이 됩니다.

어느 정신의학 스트레스 전문가는 행복에 대해 두 개의 원리가 있다고 말합니다.

첫째, 사소한 것에 목숨을 걸지 말 것.

둘째, 모든 것은 사소한 것이다.

따라서 우리가 일상적인 삶 속에서 건강은 매우 중요하며 행복의 한 요소를 이루고 있습니다. 건강은 사람들의 균형 잡힌 삶을 살게 하며, 부유해지도록 에너지를 제공하기도 하며, 사랑을 주고받게 하고, 정신적·사회적·영적 성장을 강화시키는 것이라고 말합니다. 미국의 카운슬러이자 대표적인 저술가인 잭 캔필드와 마크 빅터 한세는 『꿈을 도둑맞은 사람들에게』(1994)라는 저서에서 행복의 조건을 건강에서 찾고 건강의 소중함에 대해서 말합니다.

규칙적인 운동을 하면 다음과 같은 장점이 있다고 합니다. 한번 새겨들어 봅시다.

① 기분이 좋다.
② 생각이 잘된다.
③ 일을 더 잘한다.
④ 심리적으로 고양된다.

⑤ 심장박동수가 줄어들고 혈압이 낮아진다.

⑥ 콜레스테롤 수치가 떨어진다.

⑦ 고밀도 지질 단백질이 늘어난다.

⑧ 수명이 길어진다.

⑨ 인내심이 커진다.

⑩ 긴장·우울·걱정과 다른 스트레스 증상들이 줄어든다.

⑪ 자신감이 생긴다.

⑫ 그러나 과도한 운동은 피해야 한다.

⑬ 운동 이후 과식하지 말아야 한다.

운동을 시작하거나 하고 나서 다음과 같은 확신을 갖고 있어야 한다고 합니다.

① 나는 내 건강에 책임을 진다.

② 내 일상의 습관이 건강을 만든다.

③ 내 몸과 마음, 그리고 영혼은 활력이 넘치며 건강하다.

④ 나는 정말로 건강하며 일생 동안 건강을 유지할 것이다.

⑤ 나는 생명력을 느끼며 다른 사람들도 그렇게 느끼도록 돕는다.[3]

이렇듯 건강은 행복의 제1순위로 올려놓아도 지나침이 없다고 하겠습니다. 건강한 육체가 있어야 행복도 건강하게 충만할 수 있기 때문입니다. 이러한 건강의 소중함을 많은 사람들은 알고 있지만, 그것을 실천하지 않으면 아무 소용이 없습니다. 최근 우리나라에서는 매스컴을 비롯하여 각종 매체에서 담배 끊기 캠페인을 벌이고 있습니다. 담배의 피해사례들을 연예인, 의사, 스포츠인들을 동원하여 건강회복 운동에 나서고 있습니다. 늦은 감이 없지는 않으나 건강회복 차원에서 바람직한 운동이라고 하겠습니다. 이런저런 이유로 하여 건강은 행복한 삶을 위해 꼭 필요한 요소 중의 하나입니다.

잘산다는 것이란?

우리가 인생을 살아가는 데 있어서 가장 중요하면서도 쉽게 해결하기 어려운 문제 중의 하나는 "어떻게 잘살 수 있을까" 하는 것입니다. 역사적으로 많은 선인들은 이 문제를 갖고 많은 고민을 하고 나름대로의 처방법을 내놓았으나 그리 속시원한 답변을 제시한 것도 아닙니다. 왜냐하면 그들은 대부분 청빈한 삶의 윤리적 문제에 한정하여 이야기하고 있지만, 현대에는 청빈하고 깨끗한 삶의 윤리적 문제를 지킨다고 하여 현실적으로 부딪히는 삶의 문제를 속시원하게 해결될 수 있는 것은 아니기 때문입니다. 우리는 물론 누구나 잘살기를 간절히 바랍니다. 어느 누구도 경제적 형편, 즉 생활고에 항상 찌들려 못사는 삶을 원하지 않습니다. 소크라테스를 비롯한 고대의 많은 철학자들도 삶의 문제는 "잘사는 것"이었습니다. 이는 동서고금을 통해 마찬가지의 고민거리였습니다. 우리 모두는 잘살기를 바라지, 못사는 것을 바라는 사람은 이 지구상에서 아무도 없을 것입니다. 그러면 도대체 "잘산다는 것"은 무엇을 뜻하는 것입니까? 지금도 많은 사람들은 삶에서 육체적 쾌락을 누리고 많은 재산을 모으고 권력과 명예를 얻으면 잘사는 것이라고 합니다. 행복 내지 잘사는 것이라는 의미에서 좋은 삶이나 훌륭한 삶은 무엇일까요? 이러한 물음을 진지하게 물어도 현대의 관점에서 무엇이 진정 행복이고 훌륭한 삶인가의 대답은 쉽게 떠오르지 않습니다. 전통적으로 철학자들의 도덕적이고 윤리적인 물음에 대해 현대인들은 고리타분한 물음으로 치부하기도 합니다. 왜냐하면 고전적인 윤리의 행복관이 현대감각에 맞지 않는 행복의 의미를 가져다줄 수도 있으며, 포스트모더니즘 시대가 시사해 주고 있듯이, 현대사회는 절대적인 가치를 원하는 것이 아니라 다원화·상대화를 인정하고 그러한 경향으로 더욱 치닫고 있기 때문이기도 합니다. 그러나 이런 시대일수록 행복의 정립은 점점 필요한 시점이 되었습니다.

21세기 밀레니엄 시대의 현대인은 잘사는 것이 물질적인 만족에 한정되어 있지 않을 뿐만 아니라 자기 소질을 개발하거나 자기의 적성을 열심히 찾는 것입니다, 또한 많은 사람들은 여가시간을 이용하여 문화와 예술을 즐길 수 있기를 원하고 있습니다. 그래서 21세기의 인간을 가리켜 호모 루덴스(오락적 인간)라고도 말합니다. 대부분 많은 사람들은 평생 동안 놀고 먹고 지냈으면 좋겠다는 희망을 한번쯤 해보았을 것입니다. 그것이 진정한 행복한 삶처럼 보일 수도 있기 때문입니다. 그러나 그러한 희망사항대로 그렇게 행복을 이루어낸 사람도 별로 없을 뿐만 아니라, 만약 그러한 소망이 이루어진다고 하더라도 무료한 시간을 어떻게 보내느냐가 고민거리로 다가올 수도 있습니다. 그것이 인간의 진정한 행복일 수는 없기 때문입니다. 그러나 앞으로 주 5

일 근무제가 본격적으로 시행되고, 여가시간이 많아짐에 따라 웃고 즐기는 문화, 즉 TV·영화·애니메이션·컴퓨터 게임·연극·대중 음악회 등 오락 및 대중의 문화는 점점 더 커다란 비중을 차지할 것입니다.

우리는 무슨 일을 하든지 간에 좋은 것을 추구하려는 것은 인간의 속성일지 모릅니다. 아무리 추악한 인간이라 할지라도 애초부터 나쁜 짓을 의도적으로 마음먹은 사람은 없습니다. 우리가 추구하는 좋은 것이란 때때로 행위의 목표이기도 하지만, 대부분의 경우는 또 다른 목표를 위한 수단이기도 합니다.

예를 들어 고등학교 3학년의 수험생 학생이 새벽 일찍 일어나 왜 아침마다 버스를 타고 학교에 가느냐고 묻는다면 공부하러 가기 위해서라고 답할 것입니다.

질문자 : "그렇다면 왜 학생은 공부를 합니까?"
학　생 : "졸업장을 받고 대학교에 가기 위해서입니다."
질문자 : "왜 대학교에 가려고 합니까?"
학　생 : "대학교를 나와야 좀더 나은 취직자리라도 얻을 수 있으니까요?"
질문자 : "대학교 가서 취직하는 것이 인생의 목적입니까?"
학　생 : "물론 아니죠. 그러나 대학교에 가야 졸업 후에 사회에서 대접을 받고, 좀더 좋은 조건의 배우자감도 찾을 수 있으니까요."
질문자 : "그렇다면 왜 대접받기를 원하고 좋은 배우자감을 찾으려고 하죠?"

학　생 : "우리 사회가 대학교를 선호하고 또한 더 좋은 대학교를 나와야 상류사회를 가기 위한 발판이 마련되며, 대학교를 통해 그러한 좋은 배우자감을 찾을 수 있으니까요."

질문자 : "그러면 사람들은 왜 이러한 것들을 추구한다고 생각하죠?"

학　생 : "그거야 잘먹고 잘살려고 하는 것, 행복해지려고 하는 것 때문이 아니겠어요?"

인생에는 궁극적인 목적이 있고 그 목표를 이루려고 하는 것이 바람직한 삶이고 생각하는 사람들 중에는 행복이 바로 그 목표라고 주장합니다. 행복은 우리의 인생의 목표이고 이것을 위해 대부분의 인간활동은 단지 긴 사슬처럼 엮인 수단에 불과하다고 말합니다. 무엇보다 인간의 삶도 그렇게 만들어진 것인지도 모르며, 전적으로 행복이라는 하나의 목적을 향해 항해하고 있는 것인지는 모릅니다. 결국 행복은 인간의 궁극적인 목적이 되어야 하며, 다른 어떤 것의 수단이 될 수는 없다는 것입니다.

패러다임을 변화시키는 행복관이란?

최근 들어 우리의 관심을 끄는 공통적인 요소 중의 하나는 패러다임의 전환이니, 사고의 변화니, 하는 용어입니다. 물론 이러한 말들은 요즘 들어 갑자기 생겨난 것은 아닙니다. 패러다임이란 용어는 20, 30년 동안 많은 사람들에게 애용되어 왔기 때문에 이미 우리에게 익숙한 말이 되어 있습니다. 그러나 상당수의 사람들은 아직 패러다임의 정확한 뜻과 사용에 있어서 혼란을 겪고 있는 듯합니다. 패러다임이란 무엇입니까?

Paradigm이라는 영어는 그리스어의 "파라데이그마"에서 유래하였습니다. 이 용어는 플라톤이나 아리스토텔레스의 논리학이나 수사학에서도 사용하고 있으며, 현재 이 용어의 유행어를 퍼뜨린 가장 직접적인 원인은 과학철학자이자 과학사가인 토마스 쿤(Thomas Kuhn, 1922~)의 대표적인 저서인 『과학혁명의 구조』(1962)에 의해 널리 사용되었습니다. 쿤은 과학연구의 분야에서 지금까지 일어난 거의 대부분의 중요한 업적들이 연구자들의 이제까지 행하던 방식의 전통, 낡은 사고방식, 그리고 낡은 패러다임을 파괴하고 새로운 패러다임으로 실현될 수 있음을 보여주었습니다. 그는 이 책에서 천문학·물리학·역학·화학·생물학 등 자연과학 분야의 역사적 자료를 자세하게 분석하였습니다. 여기서 그는 과학발전의 역사를 "과학혁명(1) → 새로운 패러다임을 갖는 정상과학의 전통 수립 → 변칙성 및 정상과학 위기의 출현 → 과학혁명(2) → 혁명을 통한 진보"의 변화의 과정으로 해석하고 과학연구에 있어서 과학혁명과 정상과학의 상호보완적 기능을 강조합니다. 이러한 패러다임은 원숙한 과학자 집단에 의해 수용되는 동시에 방법론이라든지 문제영역과 그것을 해결하는 기준의 원천이 되기도 합니다. 새로운 패러다임의 수용은 그에 해당되는 과학의 재정의(再定義)를 요구하기도 하고 낡은 문제들은 다른 과학에 이전하거나 비과학적인 것으로 판명 나기도 합니다. 또한 그 이전에는 존재하지도 않았거나 중요하게 여기지 않던 문제들이 새로운 패러다임의 출현으로 다시 각광을 받아

과학적 연구의 원형이 되기도 합니다.

우리가 흔히 잘 알고 있는 위대한 위인들은 사고의 전환이나 패러다임의 전회를 시도하여 기존에 당연시 여기던 생각들을 뒤바꿔서 자기의 입장으로 새롭게 설정하였습니다 그래서 나중에 사람들에게 많은 칭송을 받거나 위대한 과학적 발견이나 더욱 더 획기적인 사고로 전환하였습니다. 예를 들어 역사적으로도 코페르니쿠스를 비롯하여, 뉴턴, 갈릴레이, 미켈란젤로, 아인슈타인, 하이젠베르크과 같은 과학자, 소크라테스, 아우구스티누스, 칸트, 니체, 마르크스, 프로이트, 베버, 하버마스, 미셸 푸코와 같은 철학자들, 카네기, 빌 게이츠, 손정의, 레이 크록 같은 돈을 많이 번 사업가들은 사고의 변화를 일대 혁신하여 위대한 과학자, 사상가, 기업가가 된 인물들로 널리 알려져 있습니다.

고대 이집트의 천문학자 프톨레마이오스(Klaudios Ptolemaios)의 천동설은 1,500년 동안이나 챔피언 벨트를 유지해 왔습니다. 천동설의 패러다임은 그만큼 여러 세기 동안 강력한 힘을 갖고 있었습니다. 그는 지구를 우주의 중심이라고 보고 태양과 달·별 등이 모두 서로 다른 궤도를 가지고 지구 주위를 돈다고 생각했습니다. 여러 세기 동안 지구가 태양계의 중심이라고 믿었으나 코페르니쿠스(Nicolaus Copernicus, 1473~1543)는 태양이 우주의 중심이라는 혁명적 형태를 수장함으로써 새로운 패러다임의 전환을 가져왔습니다. 그로 인해 많은 저항과 박해를 박고 처형을 당했습니다만, 모든 것을 다르게 해석하는 획기적인 사고의 전환을 갖다주었습니다. 뉴턴(Isaac Newton, 1642~1727)의 물리학은 18세기 초까지 『자연철학의 수학적 원리』(약칭 『프린

키피아』)를 정상 패러다임으로 타당하다고 믿었습니다. 『프린키피아』(*Principia*, 1687)는 주로 천체역학의 문제를 응용하기 위해 고안된 것, 즉 지상의 운동이나 저항받고 있는 운동을 어떻게 적용할 것인가에 대한 학설이었습니다. 이는 우리가 중·고등학교에서 배운 사과나무 이야기에서 보여주듯이, 그는 운동의 원인을 힘에서 찾았으며, 행성계에서는 운동현상보다 운동의 원인, 즉 힘이 중요하다고 보았습니다. 그 결과가 만유인력의 법칙입니다.

지상에서의 낙하운동을 일으키는 힘과 천상에서 달이 지구를 궤도운동하도록 하는 힘이 동일한 것으로 증명되었습니다. 이 책은 우리가 세계와 우주를 보는 관점을 바꾸어 놓았습니다. 그래서 과학자들뿐만 아니라 그 시대의 많은 지성인이라고 하는 사람들은 뉴턴의 학설을 인정했고 그 방법론도 열광적으로 도입했습니다. 프톨레마이오스는 천체의 운동을 단순히 경험적인 사실로 받아들였지만, 뉴턴은 문제의 설정 자체를 바꾸어 생각했습니다. 그러나 이 패러다임도 부분적이고 불완전하다고 밝혀지면서, 과학계는 더 정확한 예상과 현상설명을 가능하게 해준 1905년에 상대성 이론을 주장한 아인슈타인(Albert Einstein, 1879~1955)의 패러다임에 의해 혁명적으로 전환하였습니다. 이와 같이 패러다임의 전환은 문제를 단순히 푸는 방식이 아니라 문제를 내는 방식이 바뀌는 것과 관련이 됩니다.

위의 과학자들의 사례에서 보듯이, 기존의 고정관념에서 벗어나는 일은 패러다임을 이해하는 것에서 시작합니다. 패러다임이란 용어를 유행시킨 토마스 쿤의 말처럼 우리는 패러다임이라는 심리적 필터를 통하여 세상을 인식합니다. 우리가 검은색의 패러다임 필터를 끼고 세상을 바라보면 밝은 대낮에도 모든 것이 어두워 보입니다. 즉 태양광선이 온 세상을 밝혀주고 있어도 검은 필터를 통하여 인식되는 세상의 빛깔은 어두컴컴한 색일 뿐입니다. 일찍이 경제학자 아담 스미스는 패러다임에 대해 다음과 같이 말했습니다. "패러다임이란 마치 물고기가 물 속에서 살아가듯이 우리가 세상을 받아들이는 방식입니다. 그리고 패러다임은 우리가 세상을 설명하고 그 움직임과 변화를 예견할 수 있도록 도와줍니다. 따라서 우리가 하나의 패러다임을 가지고 살고 있을 때에는 다른 패러다임을 가지고 생각하기란 매우 어렵습니다."

현재 패러다임이란 "모델·패턴·가치·사고방식·시각·고정관념·기본형·표준형" 등을 의미하는 것으로 일반적으로 사용하고 있습니다. 패러다임이란 부정적이든 긍정적인 방향으로 나아가는 것에 상관이 없거나, 그것이 일시적인 것이든 지속적인 것이든 간에 우리가 세상을 보는 시각을 한 가지의 방식에서 다른 방향의 방식으로 바꾸어 놓는 것을 뜻하기도 합니다. 이렇듯 패러다임이란 "세상을 바라보는 시각이자 생각의 틀"이라는 점입니다. 따라서 패러다임의 행복관이란 개념은 "어떤 상황이나 경향을 특정 지우는 틀", 또는 "세계관의 틀"이라는 뜻으로 사용되고 있는 복합적인 개념이라 말할 수 있습니다.

제 2 장
서양철학자 10인의 행복관

1. 소크라테스의 행복관: 닭 한 마리 진 빚을 갚아주게

너 자신을 알라

우리는 "너 자신을 알라!"(Gnothi Seauton: 그노티 세아우톤)
라는 지혜의 경구를 중학생 이상이면 이미 잘 알고 있을 것입니
다. 이 말은 그리스 시대에 델포이의 아폴론 신탁(信託)의 벽면
에 새겨져 있다고 합니다. 그 당시에 델포이 섬에는 아폴로의 신
을 모시는 신전이 있었고 사람들은 그곳에서 신을 찬미하고 제
의를 올렸다고 합니다. 특히 큰 행사나 어떤 사건이 발생할 때마
다 이곳에 가서 사제로부터 신탁을 얻었다고 전해져 내려옵니다.

여기서 신탁이란 "신이 맡겨 놓은  뜻"이라는 말로 탁선(託宣)이라고도 합니다. 당시 그리스인들은 신들이 인간의 팔자를 주관한다고 믿었기 때문에 무신(巫神)의 신전에 가서 그 신전을 지키는 여사제에 물으면 그 뜻을 미리 아는 것도 가능했다고 믿었습니다. 우리는 위의 경구를 대 부분 그리스의 철학자인 소크라테스

소크라테스

(Socrates, B.C. 470?~399)가 한 말로 기억하고 있습니다. 그러 나 소크라테스는 이 말을 옮겼을 뿐이고, 델포이 신탁의 문이었 던 상인 방에도 같은 글들이 새겨져 있었다고 합니다. 소크라테 스는 이 경구를 통해 자기 가슴 깊숙이 좌우명으로 새기면서 일 반대중들에게 신의 말씀을 전하는 헤르메스처럼 어느 곳이든 달 려가서 그 말씀을 옮겼습니다.

우리가 자신을 알려면 어떻게 해야합니까? 먼저 자기 자신을 향해 근본적인 의문을 제기하는 경험이 쌓여야 할 것입니다. 그 러나 의문을 제기한 이후에도 계속해서 그 답에 맞는 경험들이 뒤따라야 합니다. 그래서 이 경구는 "자기인식과 자기반성"에 대 한 요구라고 말합니다. 이 말의 중요한 까닭은, 우리가 진정 누 구인지를 바르게 알 때에만 무엇이 우리 자신을 위해서 가장 좋 은 삶이며 또한 무엇이 나쁜 삶인지를 알 수 있기 때문입니다. 21세기의 복잡한 혼돈의 질서 속에서 살아가는 현대인에게 이 말이 주는 메시지는 더욱 큰 목소리로서 우리 곁에 다가오고 있

습니다. 이러한 그의 말의 이면에는 아내 크산티페 덕분에 더욱 유명해졌을지도 모릅니다. 왜냐하면 그의 아내는 소크라테스 자신이 가족에게 빵보다는 악평을 몰아다 주고 돈 한푼 벌어오지 않는 게으름뱅이로 보였고, 시도 때도 없이 시장이나 길거리·일터·운동장 등에서 방랑벽 생활에 지긋지긋해졌기 때문에 그가 집에 들어오면 항상 독설을 퍼부었고 소크라테스의 얼굴에 물을 끼얹었다는 일화도 전해 오고 있습니다. 아내 크산티페는 남편이 젊은이들을 상대로 논쟁을 벌이고 있고, 제대로 밥벌이를 하지 않는다는 이유로 가혹한 대접을 하였습니다. 사람을 사람으

델포이신전 유적

로 생각하지 않고, 남편을 남편으로 생각하지 않는 대우를 했다고 합니다. 여러 모로 보아 크산티페는 오늘날에는 수다스러운 악처의 표본처럼 되어 있습니다만, 소크라테스의 가정생활을 생각한다면 그녀의 행동은 충분히 이해할 만도 합니다. 아마 소크라테스가 지금 세상에 살았더라면, 그는 가정을 돌보지 않은 무능력자로 낙인 찍혀 당장 이혼감 후보 1위였을 것입니다. 그런 철학자가 행복을 얘기했다면 지금 시대에선 아마 우스갯소리나 정신나간 사람의 헛소리로 밖에 들리지 않기 때문에 아무도 그의 목소리에 경청하지 않을 것입니다.

그러나 그 당시 소크라테스는 인간의 행복(Eudaimonia)을 외쳤던 첫 인물이었습니다. 소크라테스는 많은 사람들과 교제를 하였지만, 그 중에서도 특히 젊은 사람들과 많은 친분관계를 맺었습니다. 그 목적은 젊은이들을 선량하고 유능하게 만들어 가족, 하인과 가족 구성원들, 친구들, 국가와 시민들을 정당하게 다룰 수 있도록 하는 것이었습니다. 그는 젊은이들에게 안녕과 복리의 도덕이라는 행복에 그 목적을 두었습니다. 행복이라는 의미는 다양한 의미를 가지고 있지만, 모든 윤리적 원리들의 한 부분이기도 하기 때문입니다.

소크라테스는 크산티페와 결혼하였고, 그녀와의 사이에서 3형제를 두었습니다. 소크라테스의 부모가 누구였다는 것은 잘 알려져 있으나, 직업이 무엇이었느냐에 관해서는 잘 알려져 있지 않습니다. 단지 소크라테스의 어머니는 아기 낳은 것을 돕는 산파(産婆)였고, 아버지는 돌을 깎는 석공이었던 것으로 알려져 있습니다. 그는 항상 부모를 본받고자 애쓰는 효자였고, 어머니가 여자들에게 아기를 낳는 것을 도와주는 행위를 혼(phychē)에 대해 행위하는 것이라고 생각했습니다. 그는 혼(마음)에 대한 보살핌을 유독 강조했는데 이는 사람됨의 원천이 혼(마음)에 있다고 생각하였습니다. 이것은 정신적 완성에 대한 열망하는 도덕성으로도 불리고 있습니다. 또한 혼은 그것이 몸에 있을 때 숨쉬는 능력을 가져다주고 원기를 회복시켜 주는 몸 속에서 삶의 원천이라고 합니다. 그는 어머니처럼 자신은 아이를 낳지 않고 스스로 불임이라고 말하면서 사람들에게 그들이 잉태하고 있는 진리를 낳게 해주려고 노력하였습니다. 우리는 이러한 소크라테스의 방법을 산파술이라고 부르기도 합니다. 왜냐하면 산파의 역할은 아기를 낳는 것을 도와주는 역할을 하는 것이지 직접 아기를 낳는 것은 아니기 때문입니다. 이와 마찬가지로 사람들이 살아가는 데 있어서 진리니 지혜니 하고 말하는 것도 직접적으로 그 해답을 제시하는 것이 아니라, 서로 대화를 하는 당사자들이 지혜와 진리를 스스로 깨닫도록 도와주는 것뿐입니다. 이런 생각에서 그는 사람들이 갖고 있는 참이나 진리·지혜에 대한 많은 생각들을 도와주었습니다.

닭 한 마리 진 빚을 갚아주게

소크라테스는 아무리 외모와 상관없는 철학자라고는 하지만 너무도 못생긴 외모를 소지한 것으로 알려져 있습니다. 그는 평범한 얼굴이 아니라 괴짜로 생긴 모습이었습니다. 대머리에다가 크고 둥근 얼굴, 둥그스름하면서 툭 튀어나온 이마, 깊숙하게 쏘아보는 눈, 많은 잔치에 참석하여 술에 절어 있다는 역력한 증거인 빨간 들창코의 외모가 그러했습니다. 그러나 깊숙하게 쏘아보는 눈과 커다란 둥근 얼굴 속에는 의지와 활력이 언제나 넘쳐 있었습니다. 다시 한번 소크라테스의 외모를 자세히 살펴보면, 이 못생긴 당대의 사상가는 아테네의 가장 우수한 청년들의 사랑을 받는 선생으로서, 인간적인 지혜와 주제넘지 않은 소박함을 엿볼 수 있습니다.

그는 부정한 행위는 그것이 어떠한 목적이건 간에 정의(正義)에 어긋난다고 생각하면 그 명령에 절대로 따르지 않았습니다. 그는 말년에 시민 500인으로 구성된 아테네의 법정이 청년을 타락시키고 신을 모욕했다는 죄명으로 체포되어 사형을 선고받았을 때도 친구들이 권하는 대로 탈출하여 자신을 보호해 주고 길러준 나라의 법을 어기기보다는 자진해서 스스로 독배(毒杯)를 마셨습니다. 소크라테스는 흔히 알려져 있듯이, 그가 죽을 때 남긴 유언은 "악법도 법이다"라고 말하지 않았다고 합니다. 소크라테스가 죽기 직전까지 아테네의 법을 수호하려고 한 이유는 악법도 법이기 때문에 절대적으로 지켜야 한다는 우둔한 생각 때문이 아니라 그 자신이 70 평생을 살아온 아테네의 법률에 동의했다는 것뿐입니다. 그가 아테네의 법률이 싫었더라면 언제든지 아테네에서 살지 않을 수도 있었습니다. 단지 그가 임종직전에 제자들에게 유언으로 남긴 말은, 그리스의 의술(醫術)의 신(神)인 "아스클레피오스에게 닭 한 마리 진 빚을 기억했다가 갚아주게나"였다고 합니다. 사람들이 거의 죽을 때까지 함께 하는 자들은 옛날이나 지금이나 다름없이 의사일 것입니다. 그래서 옛날

아스클레피오스

사람들은 태양의 신 아폴론과 코로니스의 신 사이에서 태어난 의술의 신인 아스클레피오스가 죽은 자를 지하계(地下界)로 인도한다고 믿고 있었습니다. 그리고 지하계로 인도하는 대가로 아스클레피오스에게 닭 한 마리를 의무적으로 바쳐야 한다고 생각했습니다. 여기서 아폴론은 자기의 아들인 아스클레피오스에게 당시의 용하다고 소문난 의사이자 지혜로웠던 켄타우로스(반인반마) 케이론에게 맡겨 의술을 배우게 했다고 합니다. 아스클레피오스는 케이론의 가르침을 받아 대단한 의사가 되었습니다. 그는 트라카라는 도시에서 지금의 의과대학교와 유사한 기관을 세우고 의술과 가르치고 환자를 치료했습니다. 얼마나 용하게 치료하였는지 죽은 사람도 능히 살려낸다는 소문까지 돌았다고 합니다. 이러한 아스클레피오스는 실제로 죽은 자를 살려냈다고 하지만, 이승과 저승을 잘 분간하지 못하였기에 이것을 밉게 본 제우스 신의 불벼락에 맞아 죽었다고 신화는 전합니다. 물론 죽은 자를 지하계로 인도한다는 이러한 생각은 그렇게 독특한 것은 아닙니다. 우리나라 풍습에 사람이 죽으면 상을 차려 놓고 푸짐한 밥과 음식, 국, 과일, 고기, 두둑하게 노자 돈 등을 올려놓는 것과 유사하다고 생각하면 될 것입니다.

좋은 삶이란?

무엇보다 소크라테스는 훌륭한 삶이란 무엇이며 그리고 무엇이 잘사는 삶인가를 알기 위해서 먼저 "우리 자신이 무엇인지를 알아야 한다"고 말합니다. 그러기 위해서 그는 인간의 정신에 많은 관심을 갖고 있었습니다. "인간이란 무엇이며, 인간은 진정 무엇이 될 것입니까?" 하고 말입니다. 우리가 말하는 명예·부귀·도덕·애국심·행복·쾌락 등은 우리의 삶 속에서 어떠한 의미를 갖는 것일까요? 우리는 자기 자신이라는 말로 무슨 뜻을 나타내고 있을까요? 우리는 누구나 행복을 추구할 권리가 있거나 잘살기를 바라는 것은 추상적인 삶 일반을 위해서가 아니라 우리들 자신의 구체적인 삶의 현장 속에서 찾는 것입니다. 그렇기 때문에 우리 모두가 잘사는 것에 관심을 갖는 것은 우리 자신들에 관한 개인적인 관심일지 모릅니다. 어쩌면 이것은 자기 자신에 대한 관심과 걱정 때문일 것입니다.

소크라테스는 만약 우리가 우리 자신을 잘 알지 못하고 지혜롭지 못하다면, 우리 자신을 위해서 무엇이 나쁘고 무엇이 좋은 것인지를 과연 알 수 있겠습니까? 라고 묻습니다. 소크라테스의 말처럼 우리는 무엇이 진정 우리에게 좋은 삶이며, 무엇이 나쁜 삶인지를 알아내기 위해서 우리 자신부터 먼저 알아야 할 자세를 취해야 한다고 말합니다. 그러기에 우리가 일상적인 삶 속에서 추구하는 좋은 삶은 언제나 좋은 마음을 유지하기 위한 것입니다. 예를 들어 우리가 아무리 큰 부와 명예·권력 등을 모두 성취했다고 하더라도 우리 마음의 상태가 좋지 않다면 당연히 좋은 삶을 얻었다고 할 수 없을 것입니다. 우리들에게서 마음을 좋게 하는 것이란, 마음에 좋지 못한 것을 쫓아내고 마음을 온전하게 하는 것일 것입니다.

"우리가 옴에 걸려서 가려움을 참지 못해 한평생 몸을 긁적거리며 살아가야 한다면, 이것을 행복한 생활이라고 말할 수 있을까요?"

그래서 그는 우리 인간들의 좋은 삶이라는 것은 언제나 내면적으로나 외면적으로 즐거운 마음의 상태를 유지하고 있을 때 행복은 우리 곁에 비로소 쉽게 다가올 수 있다고 말합니다. 행복에 대해 우리가 추구하는 목표는 오직 우리 자신들을 아는 것과 탁월함(덕)에 의해서 이를 수 있다고 했습니다. 왜냐하면 어느 누구라도 본질적으로 나쁜 행위를 의도하지는 않기 때문입니다. 그렇기 때문에 모든 나쁜 행위는 오직 좋은 행위에 대한 고유한 본성의 통찰이 부족한 상태에서 생기는 것입니다. 또한 좋은 것을 아는 것은 좋은 것을 행하는 것을 필연적 결과로서 갖습니다. 소크라테스는 좋은 것을 아는 것과 탁월함은 하나라고 말합니다. 그래서 그는 항상 다이몬(Daimon)의 소리를 듣는다고 말하곤 했습니다. 이 말의 뜻은 신적인 존재·신성·수호신이며, 내면의 신적인 목소리·정신·마귀 등을 일컫고 있습니다. 또한 이 소리는 민심의 소리라고 이해하기도 합니다. 다이몬의 소리가 신의 목소리이든 민심의 목소리이든 그리 중요한 것은 아닙니다. 단지 그는 자기 자신을 신들 앞에서 겸허하게 낮추고 삶을 반성적인 자세로 살고자 했다는 데서 그의 행복관의 참 의미를 되새겨볼 수 있을 것입니다.

2. 플라톤의 행복관: 에로스의 본질을 아는 것이 곧 행복이다

아름다운 사랑은 행복의 원천

우리 현대인에게 있어서 행복의 요소 중 하나를 선택하라고 한다면 대개 사랑이라고 말할 것입니다. 사랑 없이 가족은 물론 더 나아가 이 사회와 국가를 형성할 수 없음은 분명하기 때문입니다. 남녀의 애틋한 성적인 결합 없이는 그 집안의 핏줄은 물론이거니와 그 민족의 종족 또한 계속하여 보존할 수 없기 때문이기도 합니다. 많은 사람들부터 사랑과 그 관심의 대상이 된다는 것은 사람들을 행복하게 합니다. 옛날이나 지금이나 사랑을 받는다는 것은 행복의 커다란 원인이 됩니다. 그러나 사랑을 주지 않고 단지 요구만 하는 사람은 사랑을 받지 못합니다. 넓은 시각으로 보자면, 사랑을 받는 사람은 사랑을 주는 사람입니다. 그런데 이것은 이자를 받고 돈을 빌려주는 것처럼 타산적인 사랑은 무의미합니다. 계산된 사랑은 순수하지도 않을 뿐만 아니라 받는 사람도 사랑이라고 느끼지 않기 때문입니다.

플라톤

우리는 행복의 원천을 사랑이라고 말하는 고대 그리스의 먼 이야기 속에서 그 흔적을 찾아볼 수 있습니다. 소크라테스는 에로스란 특별히 지혜와 무지 사이에서 중간위치를 유지하면서 일생에 걸쳐서 지혜를 추구하는 것이라고 말합니다. 지혜가 가장 아름다운 것에 속하고 에로스는 모든 아름다운 것에 대한 사랑이기 때문에 에로스는 필연적으로 지혜의 탐구자입니다. 그는 에로스를 무엇보다 지혜라고 말합니다. 흔히 우리가 알고 있는 그리스 어원으로 "지혜"(sophia)와 "사랑하다"(philos)를 합하여 철학(philosophia)이 되었습니다.

먼저 우리는 플라톤의 저서 『잔치』(Symposium)와 『파이드로스』(Phèrde)에서 행복의 원천을 에로스의 안내자로서 나타나고 있음을 볼 수 있습니다. 플라톤의 『파이드로스』에서 행복은 사랑의 욕망이며, 이것은 모든 사람들에게 자명한 것이라고 말합니다. 또한 플라톤은 그의 대화편 『잔치』에서 에로스(Eros), 즉 사랑을 행복의 원천이라고 말합니다. 그 까닭은 에로스가 아름다움을 향한 동경이기 때문입니다. 무엇보다 인간을 가장 행복하게 안겨다주는 것은 아름다움이며, 또한 그것은 사랑의 원천이 됩니다. 우리는 아름다움을 추구하는 미적인 삶 속에서 참된 행복을 얻을 수 있다고 말합니다. 행복은 많은 사랑들이 욕망하는 대상인 아름다움에 대한 사랑을 통해 이루어질 수 있다는 것입니다. 플라톤에게서 아름다움이란 절대 선이나 정의와는 다소 다르게 유일하게 가시적으로 드러나는 절대적인 이데아입니다. 온 인류가 행복하게 이르는 길은 남녀의 아름다운 사랑을 완전하게 이루도록 하는 것입니다. 에로스는 단적으로 말해서 "추한 것을 꺼리고 아름다운 것을 선망하는 마음"입니다. 그런데 행복은 정신적인 아름다운 사랑을 통해서 성취될 수도 있지만, 남녀의 육체적인 성적 결합을 통해서 훨씬 더 완전하게 이를 수 있습니다. 우리가 말하는 결혼이라는 의미도 남녀의 완전한 육체적인 성적 결합을 뜻하기도 합니다.

사랑의 신화

그리스어에서 사랑이라는 말을 세 단계로 구분하고 있습니다. 이 말은 에로스(Eros), 필리아(Philia), 그리고 아가페(Agape)에서 찾아볼 수 있습니다. 에로스라는 말은 그리스 신화에서도 나타나지만 철학적으로는 플라톤이 처음 사용하였다고 합니다. 그의 제자 아리스토텔레스는 에로스라는 말 대신에 필리아로 즐겨 사용했다고 합니다. 에로스는 원래의 의미로는 감각-본능적 사랑입니다. 필리아는 정신-인격적 사랑을 말합니다. 아가페는 신적-은총적 사랑입니다. 이 사랑은 하느님의 사랑에 참여하는 것으로서 하느님으로부터 인간의 마음에 부여되어 있습니다.

이러한 사랑이라는 낱말은 그리스 신화 가운데에서 아프로디테와 에로스의 이야기에도 찾아볼 수 있습니다. 흔히 에로스(Eros)라는 말은 사랑과 성의 대명사로서 말하고 있지만, 여전히 신비스러움을 간직하고 있습니다. 고대 그리스 신화 속에서 에로스는 사랑과 성에 대한 그 당시 인간들의 생각을 포괄적으로 담고 있다고 볼 수 있습니다. 에로스(Eros)라는 그리스어의 단어는 "원하다", "부족하다", "염원하다", "없는 것을 욕망하다", "사랑을 요구하다"는 의미를 갖고 있습니다.4) 다른 말로 에로스란 그리스어에서 성적인 욕망, 또한 이것이 동반된 사랑을 뜻하는 말이었습니다. 그것은 인간의 가장 원초적인 욕망과 거기에 뿌리를 박고 있는 정념으로서의 연애감정을 가리키는 것이었습니다. 여기서 에로스는 귀족적인 것에 대한 직선적인 추구입니다. 즉 에로스는 카오스와 가이아 사이의 연결로 이해할 수 있습니다. 신화에서 에로스는 하나가 아니라 다양한 시각들로 존재합니다. 에로스의 다양한 얼굴을 그리기 위해 신화의 이야기들이 변형되고 새롭게 만들어졌듯이, 자신이 만난 에로스를 그려내기 위해 현시점에서도 사랑과 성을 둘러싸고 많은 이야기들은 계속되고 있습니다. 에로스에 관한 플라톤의 견해는 먼저 부정적인 것이었다. 에로스는 무엇보다 인간의 육체적인 욕망에 속하기 때문이었습니다. 에로스는 육체로부터의 해방을 뜻하는 것이라 하여 죽음까지도 재앙이 아니라 축복으로 받아들였던 플라톤에게서 성욕이라는 것은 긍정적인 의미가 없었습니다. 그것은 인간의 영혼 가운데 "거칠고 짐승 같은 부분"이며, 수치와 사려를 알지 못하는 맹목적인 충동에 지나지 않는 것이어서 성욕에 사로잡힌 것은 술에 만취한 상태나 미친 상태와 마찬가지로 무정부적이고 무법(無法)적인 상태에 떨어지는 것을 뜻하였습니다. 성욕이 가지는 이와 같은 방종과 야수성을 표현하기 위해 플라톤은 에로스를 가리켜 영혼의 독재자로 부르기를 주저하지 않았습니다. 에로스가 영혼의 지배자가 될 경우, 영혼을 부자유와 노예상태 속에서 황폐하게 만드는 것입니다. 인간의 영혼은 자신 속의 동물적이고 맹목적인 욕망을 이성적 사유와 분별의 힘에 의해 다스리고 지배될 때, 자신의 본래성을 실현할 수 있는 것입니다.

아테네 시대에 아내와 남편들이 일반적으로 서로 떨어져 살았다는 것은, 단지 결혼이 출산의 목적에 국한되었다는 사실로 일부 설명할 수 있습니다. 아테네의 남성들은 통상적으로 성적 욕구의 대상을 다른 곳, 즉 고급 매춘부나 다른 남성에서 찾았습니다. 그러나 그리스 전통에서 플라톤이 표현한 것처럼, 남성 동성애의 활동범위조차 한층 깊은 구분이 세력을 떨치고 있었습니다. 사회적으로 동등한 위치의 사람들 사이에서의 성을 짝짓는 일은 성교의 방법에서나 허락되는 수준에서나 시민과 노예, 시민과 외국인 또는 시민과 매춘부 사이의 성과 세세하게 차별되었습니다.

에로스의 탄생: 어머니 아프로디테의 신화

우리는 종종 일상적인 의미에서 사랑을 곧 에로스라는 말로 번역하기도 합니다. 에로스는 사랑과 아름다움의 여신 아프로디테(영어: 비너스)의 아들입니다. 에로스의 어머니인 아프로디테는 아름다움의 여신인 동시에 사랑과 아름다움의 화신이라고 불리고 있습니다. 그녀는 너무나 아름다워 그리스의 많은 여신들 중에서 가장 아름다운 "미스 그리스"의 진(眞)의 여왕으로 뽑혔습니다. 아프로디테 여신은 거품에서 태어났다고 합니다.

우라노스를 거세하는 크로노스

  헤시오도스의 『신통기』에 의하면, 땅의 여신 가이아는 만물의 씨앗이 들어 있다는 카오스에서 태어났습니다. 카오스는 아직 질서가 전혀 잡히지 않은 혼돈이라는 뜻입니다. 땅의 여신 가이아는 우라노스를 낳고 자기가 낳은 하늘의 신 우라노스와 결혼하였습니다. 가이아는 여섯 아들과 여섯의 딸을 낳았습니다. 가이아는 몸집이 어마어마하게 큰 티탄과 커다란 눈이 이마 가운데 하나씩 박혀 있는 키클로프스라는 세 명의 아들을 더 낳았습니다. 또 세 명의 아들을 더 낳았는데 머리가 50개, 팔이 100개씩 달려 있는 헤카톤케이르라는 자식들을 낳았습니다. 가이아가 괴물 같은 자식을 낳자 남편 우라노스는 굉장히 화를 냈다고 합니다. 우라노스는 헤카톤케이르 등을 땅 속 깊은 곳에 가두어 버렸습니다. 어머니 가이아는 우라노스에게 대들었고 억울해서 참을 수가 없었습니다. 땅의 여신 가이아는 땅 속에 박혀 있는 쇠붙이로 큰 낫을 만들고 여섯 명의 티탄들을 불렀습니다. 누가 이 낫으로 아버지의 고추를 잘라버리고 누가 영원히 아버지를 쫓아버리겠느냐고 물었습니다. 힘이 가장 셌던 막내 크로노스가 자기가 하겠다고 자청하였습니다. 크로노스는 아버지 우라노스에게 덤벼들었고, 낫을 휘둘러 고추가 잘려 피가 솟는 상처를 움켜쥐고 우라노스는 달아나 버렸습니다. 그러자 땅과 하늘의 아들 크로노스는 낫으로 아버지의 고환을 꺼내어 바다(지중해)에 던졌습니다. 바다에 던져진 고환은 정액의 거품에 실려 표류하였습니다. 뒷날 그 바다에서 하얀 거품이 일어났는데 그 거품에서 아름다움과 사랑의 여신 아프로디테가 태어났습니다. 그녀는 신과 인간 사이의 최고의 신이었던 제우스신의 명령으로 헤파이토스신과 결혼하였습니다. 헤파이토스는 신들 가운데 가장 못나고 절름발이인 대장장이였습니다. 가장 아름다운 여신인 아프로디테와 가장 못생긴 헤파이토스는 결혼을 하였으나, 아프로디테의 바람기는 이들의 애정관계를 순조롭지 못하게 했습니다. 아프로디테는 많은 남성들과 성적인 관계를 가졌습니다. 그녀 자신은 뒤에 헤르메스와의 정사로 양성(兩性)을 가진 헤르마프로디토스를 낳았습니다. 그녀는 다시 디오니소스와의 정사로 프리아푸스를 낳았는데 그 녀석은 전형적인 남성상으로 그의 페니스는 영원히 발기상태에 있었다고 합니다. 오리엔트에서는 남성적인 에로스신은 여성이면서 수염을 기르고 남근이 달린 괴물과도 같은 모습으로 묘사하였습니다.

아프로디테는 사랑의 여신이지만 육체적인 사랑의 여신으로 통했습니다. 이 여신은 하루 동안이라도 육체적인 사랑이 없이는 견뎌낼 수 없었습니다. 이 여신의 유혹에 한번 걸리기만 하면 신이든 인간이든 그 아름다운 여신 앞에서는 견뎌낼 재간이 없었습니다.[5] 그래서 육체적인 사랑의 접촉이 있는 곳에서는 항상 아프로디테가 따라다녔습니다. 이러한 어머니의 여신의 피를 이어받아 에로스의 본질도 성적 내지 육체적인 사랑이라고 할 수도 있습니다. "성을 거역하지 말라 그러면 행복은 사라질 것이니." 피는 물보다 진하다고 말할 수 있을까요. 그래서 에로스는 아프로디테의 어머니에게서 태어난 성과 결합된 사랑이라는 말입니다. 여기서 성적이란 말은 성적인 욕망을 자극한다는 분위기를 자아냅니다.

디오티마가 분류한 사랑의 유형: 아름다운 이데아의 사랑

플라톤의 『잔치』에서 에로스는 소크라테스를 비롯한 여러 대화자들에 의해 새롭게 그려지고 있습니다. 플라톤이 저술한 대화편 가운데 가장 아름다운 작품인 『잔치』의 부제를 "사랑에 대하여"라고 붙이면서 사랑에 관하여 대화를 시작하고 있습니다. 이 책은 비극시인 아가톤(B.C. 416)의 집에서 벌어진 만찬에 소크라테스를 비롯한 몇몇의 사람이 초청되어 사랑에 관하여 진지하게 논의를 하는 내용입니다. 먼저 이 잔치에 참석하였던 아리스토데모스(Aristodemos)가 아폴로도로스(Apollodros)에게 나중에 전해 준 것을 다시 그 친구에게 이야기해 주는 형식을 취하고 있습니다. 또한 아리스토파네스와 디오티마(Diotima)가 들려주는 신화 속에 뿌리를 둔 에로스는 그 신화들로부터 근거하고 있습니다. 디오티마는 『잔치』에서 사랑을 여섯 가지로 구분합니다.

① 단 하나의 아름다운 육체에 대한 사랑

사랑은 어느 날 사춘기의 영혼에서 나타납니다. 왜냐하면 육체의 아름다움이 사춘기의 영혼을 유혹하기 때문입니다.

② 아름다운 여러 육체의 사랑

지구상의 수많은 인간들은 제각기 아름다움을 간직하고 있기 때문에 단 하나의 존재를 사랑한다는 것은 힘들지도 모릅니다. 인간이 아름다움으로 인해서 한 사람의 육체만을 사랑한다면, 모든 아름다움 육체를 동등하게 사랑해야 하는 것이 마땅할 것입니다.

③ 아름다운 영혼에 대한 사랑

인간이 아름다운 몸을 가진 존재를 사랑한다는 것만으로 행복해질 수는 없습니다. 그래서 아름다움은 시·음악·미술 등 예술작품 속에서 나타나는 감수성을 한 영혼을 통해 사랑할 수 있습니다.

④ 아름다운 행동에 대한 사랑

인간은 영웅이나 용기, 도덕성이 뛰어난 사람들을 숭배하려는 경향이 있습니다. 올바른 법과 그 법을 도시국가에 전해 주는 자, 위대한 정치인, 입법자들을 사랑해야 합니다.

⑤ 아름다운 예지와 지식에 대한 사랑

올바르게 행동하려면 무엇이 올바른지를 알아야 합니다. 가끔 선한 행동을 실천하는 사람을 예찬하는 것이 아니라 그러한 행동을 하는 사람들을 본받아야 한다. 위대한 현인들과 학자들은 선이 무엇인지를 잘 알고 있습니다. 철학이 모든 학문을 통합하고 지식과 예지를 조율하는 실천적이고 이론적인 학문입니다. 철학이 가장 아름다움의 표현이고 아름다운 영혼의 행동입니다.

⑥ 아름다움의 이데아에 대한 사랑

이는 단순히 아름다움의 이데아가 아니라 모든 이데아에 대한 사랑입니다. 아름다움이 우리의 시선을 끌면서도 유혹하는 것은 절대 선이라는 아주 완벽하다는 가시적인 이미지가 있기 때문입니다.

에로스의 본질: 양성적인 인간의 신화

플라톤은 아주 재미있는 대화의 문답형식으로 이루어진 『잔치』에서 사랑의 욕망에 관해 여러 시각으로 사람들의 입을 빌어 표현하고 있습니다. 잔치에 참석한 사람들은 사랑에 관해 토론을 시작하였습니다. 의사·시인·정치인 등 여러 사람들이 모임에 참석하여 사랑에 관해 자기 나름대로의 주장을 펼칩니다. 각자가 자기가 갖고 있는 소신대로 에로스를 가장 아름다운 신이라고 찬양하는 데는 이의가 없었습니다.

먼저 에로스가 이 모임의 주제가 된 것은 그 자리에 참석한 의사인 에릭시마코스(Eryximacos)가 사랑의 신 에로스에 대하여 찬미하자는 제안에서 비롯됩니다. 그는 에로스를 인간에게서 뿐만 아니라 만물 속에서도 발견할 수 있다고 말합니다. 에로스는 "모든 인간적이고 신적인 사물들 속에서 어디서나 자기의 손길을 미치기 때문입니다." 이러한 제안은 곧 받아들여져서 파이드로스(Phaidros), 아리스토파네스(Aristophanes), 아가톤(Agathon), 그리고 소크라테스(Sokrates)가 그들의 사랑에 관한 이야기를 나늡니다. 파이드로스는 에로스가 신들 가운데서 가장 위대하고 오래된 존재라고 찬양합니다. 그는 헤시오도스의 말을 인용하여 태초의 혼돈상태(Chaos) 다음에 땅과 에로스가 생겨났다고 주장합니다. 그래서 에로스는 "인간들에게 최대의 덕과 행복을 이끄는 것뿐만 아니라 인간으로 하여금 가장 아름답고 훌륭하게 살 수 있도록 배려해 주는 신적인 존재"로서 묘사됩니다.

플라톤은 이 책에서 파이드로스의 견해에 대해 파우사니아스(Pausanias)를 통해 에로스는 무차별적으로 아름다운 존재가 아니라 "천상의 사랑"과 "지상의 사랑"을 구별하여 대응하고 있다고 적고 있습니다. 전자는 혼의 화합, 정신적 매력에 기초한 사랑이며, 후자는 단지 육체적인 만족을 구하는 사랑이라고 하였습니다. 지상의 사랑은 부녀자들과 소년들을 가리지 않고 사랑하고 그 다음에는 영혼보다 육체를 더 사랑합니다. 그들에서의 관심사는 영예스럽거나 그렇지 않거나 간에 상관없이 그들의 욕망을 만족시키는 데 있습니다. 천상적인 사랑은 남성적인 것들로 향합니다. 남성들은 본성상 보다 더 강력하고 더 통찰력 있는 것에로 기울어지는 경향을 가지고 있기 때문입니다. 그리고 이들은 기만적 수탈을 멀리하면서 보다 더 성숙한 청소년을 선택합니다. 이를 통해서 강력한 우정과 공동체가 형성됩니다. 여기서 우정과 공동체는 영혼의 아름다움에 근거를 두고 있습니다. 그래서 사랑은 남자끼리의 사이에서만 존재할 수 있으며, 남녀간의 사랑은 에로스가 관여하는 일로서 그 누구도 알 수 없다는 것이라고 말합니다. 사랑은 본질상 아프로디테(Aphrodite)가 주관하는 영역에 속하였기 때문에 여성은 처음부터 플라토닉한 사랑에는 제외되어 있었습니다.

플라토닉 러브는 남녀간의 정신적 사랑을 의미합니다. 플라톤으로부터 내려오는 이 말의 의미는 지적으로 성숙한 성인에 대한 소년의 정신적 성숙에 가까운 이야기라고 하겠습니다. 어쩌면 플라톤이 소크라테스에게 느꼈던 감정도 바로 "플라토닉 러브"에 해당한다고 할 수 있습니다. 그는 먼저 플라토닉 러브라는 것은 오로지 동성애만을 의미한다는 식으로 서술해 갔습니다. 즉 플라토닉 러브는 남녀의 공허한 관념론적인 애정의 표현이 아니라 동성애의 이상을 말하는 것이었습니다. 사랑의 방법은 남녀의 사랑을 장식하는 것에 의존하지 않고, 진실하게 마음의 밑에서부터 사랑하고 있는 자에 의해 자신의 몸과 같이 여겨지고 응대를 받을 만한 것이라고 말합니다.

플라톤은 가문 있는 여자와 사귀지는 않았으나 동성애적인 기질을 갖고 있었다고 전해져 옵니다. 그 당시 그리스 사회에서는 동성연애를 하는 것이 자연스럽게 받아들여졌으며, 플라톤이 주로 사랑했던 대상은 동성이었습니다. 그렇다고 플라톤이 여자를 혐오한 것은 아니었습니다. 그는 '테오테이마'라는 여인을 정신적으로 사랑했다고 그의 대화록인 『잔치』는 전하고 있습니다. 플라톤의 『국가론』에서는 여자도 남자와 동등하며, 음악과 체조에 관해서도 훈련을 받고 교육을 받을 수 있다고 강조합니다. 그는 모든 행위가 그 자체로서는 선하지도 악하지도 않으며, 아름답지도 추하지도 않은 이른바 가치 중립적인 것과 마찬가지라고 말합니다. 에로스도 아름답게 사랑하는 에로스는 아름다우며, 세속적인 욕망만을 추구하는 에로스는 저속하다는 것입니다. 그래서 파우사니아스는 시간적 경과 없이 너무나 빨리 사랑을 받아들이는 것, 또는 돈과 권력에 의하여 유혹하고 사랑을 베푸는 것은 추악하지만, 사랑하는 사람에 대한 존경심에서 봉사할 경우에는 비록 노예적인 행위일지라도 아름답다고 규정합니다. 어떤 성적 행위가 추악하거나 아름다운 것이 아니라 그와 같은 마음의 동기에 의하여 결정된다는 것입니다. 파이드로스는 사랑이 그 자체로서 고매하고 아름다운 신적 존재로부터 비롯된 것이라고 보았지만, 파우사니아스는 사랑하는 사람들이 가지고 있는 마음의 동기에 의해서 천상의 사랑을 하기도 하고 지극히 세속적이거나 육체의 욕망에 허덕이는 사랑을 하게 된다고 주장하였습니다. 따라서 천상적인 사랑만이 덕과 지혜를 향한다는 것이며 국가와 개인을 위해서도 역시 최고의 가치를 지닙니다.

이어지는 아리스토파네스(Aristophanes)의 견해는 아주 재미있게 묘사하고 있습니다. 그는 인간들을 사로잡는 에로스의 매력에 대해서 한 신화를 통해 묘사합니다.

그는 에로스를 인간의 원초적인 본성에 대한 신화를 바탕으로 설명하고 있습니다. 그에 의하면, 원초적인 상태에 있어서의 인간은 세 가지 성(性)을 가지고 있었습니다. 신들의 분노에 의해 최초의 존재의 분리와 두 개의 반쪽의 헤어짐을 이야기하면서 구애기술의 문제를 넘어서고 있습니다. 그는 남성과 여성, 그리고 여기에 또 하나의 제3의 혼성 또는 남녀성(anthrogunos/ Mannweibliches Geschlecht)으로 되어 있다고 말합니다. 그밖에 모든 개별인간은 두 사람의 육신의 모습을 지니고 있었습니다. 여기서 남녀성의 "안드로구노스"라는 낱말은 "아네르"(남성)와

"구네"(여성)의 복합어입니다. 그 당시의 사람들은 등과 옆구리가 온몸에 둘러져 있는 둥근 모습을 하였고, 하나의 머리에 같은 얼굴이 앞뒤로 달려 있고 귀는 네 개였으며, 팔과 다리는 각각 넷이었고 두 개의 성기가 달려 있었습니다. 남성은 그 성기가 모두 남성의 것이고 여성은 두 개가 모두 여성의 것이었으나, 제3의 성을 가진 사람은 남성과 여성을 모두 가지고 있었습니다. 즉 예전에 인간은 머리가 둘이고 팔다리가 네 개인 이중인간이었다는 것입니다. 우리는 이것을 원초적인 양성적 인간이라고 부릅니다. 어떤 사람은 한 쪽 부분에는 남성의 성기를 갖고 있고, 다른 한 쪽에는 여성의 성기를 갖고 있거나, 다른 사람들은 남성이거나 여성일지라도 이를 양성적 인간으로 부릅니다.

여기서 에로스는 동성애자를 지칭합니다. 동성애란 소년들의 사랑을 넘어서 높은 이상의 보호 아래에 성을 동등화하고 동일화하려는 욕망으로 이해합니다. 남근상의 보호 아래에서 여성의 동성애는 여인이 겪는 시련을 타자와의 동등화로 불태우기 위해, 보다 더 복잡하고, 더 멀리 있고, 보이지 않는 미로를 택합니다. 한편 여성의 동성애는 남근적 지배나 남성적 힘에 대한 복종으로 향하는 남성적인 돌진과 같은 것은 아닙니다. 사람들은 전후좌우를 마음대로 다닐 수 있었으며 엄청난 힘을 가진 존재였습니다. 그리고 이들은 결국 신들에 대항하여 싸우기 시작하였습니다. 이러한 인간들은 매우 힘이 세고 올림푸스의 신들을 정복하기 위해 거대한 탑을 건설했습니다.

인간으로부터 공격을 받게 된 제우스는 인간의 문제를 어떻게 처리할 것인가 하는 고민이 생기게 되었습니다. 인간들을 말살하게 되면 신들에게 예배를 드릴 존재가 없기 때문에 그는 인간을 절반으로 갈라서 힘을 약화시킬 생각을 하게 됩니다. 즉 이 원초적인 인간들의 오만을 제압하기 위하여 제우스신은 이들을 "두 개의 반쪽으로" 절단하였습니다. 제우스신은 자신의 권력을 보존하고 오만하기 짝이 없는 인간을 벌하기 위해 이들을 둘로 갈라 각각 남자와 여자를 만들어 놓았습니다. 그래서 제우스신은 인간들을 절반으로 분할하여 그 쪼개진 쪽으로 반 조각의 머리를 돌려놓고 갈라진 살 조각을 모아서 꿰매고 그 상처를 보게 하였습니다. 그것은 바로 지금 우리가 갖고 있는 배와 배꼽입니다. 이러한 분할로 인하여 인간은 한 개의 얼굴에 두 개의 귀와 두 개의 팔다리를 갖게 되었습니다. 그후에 그들은 불행을 걸머진 채로 잃어버린 자신의 반쪽을 찾기 위해 세상을 헤매고 다니면서, 그들은 서로를 꼭 부둥켜안고 하나가 되려고 하였습니다. 그들은 하나가 되려고 수없이 시도하나, 자기와 맞는 나머지 반쪽을 발견하는 것이 쉬운 것은 아니었습니다. 그러나 그들은 반쪽을 찾을 경우 아주 기막힌 황홀감에 사로잡히곤 합니다. 서로 잃어버린 반쪽을 찾은 그들은 사랑의 유희에 탐닉하고, 단 하나의 존재가 되기 위해 서로 합치려고 합니다.

이들은 서로 만나게 되면 일은 하지 않고 항상 붙어 있으려고만 했으며, 그 때문에 굶주려서 죽게 되었다고 합니다. 그리고 살아남은 반쪽들은 다른 반쪽들을 찾아서 계속 헤매게 됨으로써 이들의 운명은 비참하게 되었습니다. 이렇게 되자 제우스신은 인간을 불쌍하게 여겨서 그들의 생식기를 앞쪽으로 옮겨주고 다른 반쪽을 찾게 되면 서로 교접할 수 있게 함으로써 안정을 되찾고 다시 생업에 종사할 수 있도록 하였습니다. 그리하여 인간은 지금도 잃어버린 자신의 반쪽을 찾기 위하여 열성적으로 된다는 것입니다. 그래서 우리들 중 각자는 한 인간의 반쪽일 뿐입니다. 이러한 사실로부터 이성과 동성으로 나아가려는 이유가 해명될 수 있을 것입니다. 그런데 그리스 신화에서의 에로스는 반드시 동성애적인 것도 아니며 결혼과 모순되는 것도 아닙니다. 여기서도 부부관계는 사랑의 힘으로 나타나고 있으며, 이성적인 관계가 소년과의 관계와 확연히 구별되는 것도 아닙니다. 그 차이는 다른 곳에 있습니다. 결혼의 윤리, 더 정확히 말해서 기혼남성의 성윤리는 그것의 규율을 만들고 정하기 위해서 에로스형의 관계를 요구하지 않았다는 사실입니다.

3. 아리스토텔레스의 행복관: 행복은 자기의 잠재적인 능력을 최대한 발휘하는 것이다

에우다이모니아란?

마케도니아의 한 마을에서 태어난 아리스토텔레스(Aristoteles, B.C. 384~322)는 어릴 적에는 집안의 풍족하지 못한 생활 때문에 군인이 되었습니다. 그런데 그는 군인이란 직업이 자기에게는 별로 어울리지 않는다고 생각하여, 델포이로 건너가 자기의 장래에 관해 신에게 계시를 빌었다고 합니다. 그러자 신은 아리스토텔레스에게 말하길, "먼저 아테네로 가라. 그리고 철학을 공부하라"는 계시를 내렸다고 전해집니다. 그때 그의 나이가 18세였습니다. 이를 계기로 그는 플라톤의 가르침을 받고 20여 년 동안 그의 문하에서 있었습니다.

다른 일화는 의사였던 아버지의 유산을 모두 다 써버렸기 때문에 생활비를 벌기 위해 아테네에서 의학을 배웠다는 학설도 전

아리스토텔레스

해 내려오고 있습니다. 그의 아버지 니코마코스는 의사였을 뿐만 아니라 마케도니아의 어의(御醫)였습니다. 그뿐만이 아니라 그의 아버지는 의술의 신인 아스클레피오스의 피를 이어받았다는 소문이 파다할 정도로 실력과 의술을 겸비한 의사였습니다. 후세의 학자들은 그가 청년시절 아스클레피오스 신전에 속한 의료단체에 활동하였을 것으로 추측하기도 합니다. 어떻든지 아리스토텔레스의 학문은 철학과 의학에서부터 시작하여 다양한 학문의 분과로 자신의 영역을 확장해 나갔습니다. 이러한 그의 철학 중에서 그는 행복을 가장 중요한 요소로 내세웠습니다. 그러면 아리스토텔레스의 행복관에 귀를 잠깐 기울여 봅시다. 그는 자신의 유명한 저서인 『니코마코스 윤리학』에서 행복을 다양한 시각에서 말합니다.

"대다수의 사람들은 행복이나 쾌락이나 부나 명예처럼 명백히 보이는 어떤 것이라 생각합니다. 하지만 많은 사람들은 서로 다른

것을 행복이라고 생각합니다. 때로는 같은 사람들이라 할지라도 경우에 따라서는 다른 것을 행복이라 생각하기도 합니다. 병들었을 때에는 건강을 행복이라고 하며, 가난할 때에는 부유함을 행복이라고 합니다. 그러나 각자의 사람들은 스스로 무지함을 알고 있기 때문에 그것을 이해하지 못하고 커다란 이상을 내거는 사람만을 추앙합니다."

또한 그는 다음과 같이 행복을 정의합니다.

"우리는 행복 그 자체를 위해 갈망하고 있지 결코 다른 무엇을 위한 수단으로 추구하지 않습니다. 우리는 행복을 모든 것 중에서 가장 바람직한 것이라 생각합니다. 행복은 최종적이고 자족적이며 모든 행위의 목적이 되는 그 무엇입니다."6)

이러한 점에서 아리스토텔레스는 인간에게 있어서 가장 바람직한 삶은 "에우다이모니아"(eudaimonia)라고 감히 말합니다. 이 말의 의미는 영어로 "happiness", 독일어로는 "Glücklichkeit"로 번역되고 있으며, 우리말로는 흔히 "행복"이라고 옮겨 사용하고 있습니다. 좀 어색한 표현이기는 하지만, "번창하기"(flourishing)로 번역을 하기도 합니다. 예를 들어 식물의 번창과 사람의 번창 사이에는 유사성을 갖고 있는 것과 같습니다. 즉 번창하는 삶이란 성공적인 삶을 의미합니다. 아리스토텔레스는 "에우다이모니아"라는 단어를 단지 즐겁고 유쾌한 생활이거나 쾌락의 절정에 이른 삶보다도 아주 넓고 심오한 뜻으로 사용하였습니다. 아리스토텔레스는 인간이 가지고 있는 잠재적인 가능성을 자기의 능력을 십분 발휘하고 그것을 실현하는 것을 이상적인 삶의 모습이라고 생각하였습니다. 따라서 그는 그 경지에 도달하는 삶을 "좋은 수호신을 갖는다"는 의미에서 "에우다이모니아"라고 불렀던 것입니다. 행복이란 우리가 전혀 도달할 수 없는 신기루가 아니라 분명히 현실적 삶 속에서 실현이 가능한 것입니다. 다만 아리스토텔레스는 많은 사람들은 행복이 아닌 것을 행복이라고 여기고 있기 때문에 그와 같은 잘못된 생각을 변화시키기 위해서라도 무엇이 진정한 행복인가를 새로 물어야 한다고 말하고 있습니다. 예를 들어 감각적이고 육체적인 쾌락도 좋은 것이고, 부유함도 명예도 좋은 것이라고 말할 수 있지만, 가장 좋은 상태는 아닙니다. 재산은 그 자체의 부의 축적에 있는 것이 아니라, 다른 것을 위한 수단으로서만 가치를 지니는 것이며, 명예는 자족적이기보다는 다분히 의존적 수단에 불과합니다. 한 실례로 정치가나 가수·탤런트·코미디언·영화배우 등의 연예인들이 이런 부류의 사람들에 해당된다고 하겠습니다. 불특정 다수의 일반 대중들의 기호나 취향에 따라 누리는 세속적인 인기라는 것은 그때의 상황에 따라 항상 수시로 변하기 마련입니다. 그래서 행복이 그러한 불확실하고 불완전한 어떤 일시적인 것을 추구하는 것이라고 생각할 수는 없을 것입니다. 오직 많은 대중들의 인기에만 사로잡혀서 항상 변화무쌍한 상황에서 불안하게 사는 것이 진정으로 행복한 삶은 더더욱 아니기 때문입니다.

인생의 목적은 행복

가장 좋은 행복이란 과연 무엇일까요? 아리스토텔레스는 인간의 삶 속에서 행복과 탁월함이란 인간 자신에게 맡겨진 고유한 일이라고 합니다. 이는 자기에게 어울리는 일을 탁월하게 수행하였을 때, 비로소 행복한 상태라고 말할 수 있습니다. 단지 먹고 마시는 영양 섭취의 기능은 동물이나 식물에게도 볼 수 있기 때문에 인간에게 고유한 기능은 아닙니다. 인간의 행복은 인간이 갖고 있는 고유한 일과 소질로서 이성의 능력을 완전하게 발휘하고 실현하는 데 있는 것입니다.

아리스토텔레스는 그의 저서의 여러 곳에서 인생의 궁극적인 목적은 행복이라고 말합니다. 그러면 무엇이 진정한 행복일까요?

첫째로 쾌락이 행복이라는 의견입니다. 그러나 쾌락이란 노예나 짐승의 목적이 될 수 있을지 모르나 이성적 존재로서의 인간은 궁극적인 목적이 될 수 없을 것입니다.

둘째, 명예가 곧 행복이라는 관점입니다. 명예란 그것을 받는 사람보다 주는 이에게도 달려 있는데, 그와 같이 가변적이요, 우연적인 것을 행복 즉 인생의 목표로 볼 수 없을 것입니다.

셋째, 탁월성(德)이 곧 행복이라는 견해입니다. 여기서 아리스토텔레스가 말하는 탁월성은 그리스어로는 습관과 성격·가능성·능력 등을 의미합니다. 탁월성은 우리의 내부에 있지만 그것은 여러 상태를 체험할 수 있는 능력에서 유래하는 것이 아닙니다. 또한 본성적으로 우리 내부에 깃들여 있는 능력에서 유래하는 것도 아닙니다. 왜냐하면 우리는 여러 성격을 갖고 제각기

다르게 태어나기는 하였지만, 좋거나 나쁜 성격이 우리가 본래부터 갖고 있는 본성은 아니기 때문입니다. 식견이 있는 사람이라면 탁월성이 쾌락이나 명예보다는 행복에 가까움을 인정할 것입니다. 그러나 탁월성도 그 자체로 행복이 될 수는 없습니다. 왜냐하면, ① 탁월성이란 잠재력으로서 전혀 발휘됨이 없이 잠잘 수도 있으며, ② 탁월성을 많이 가지고 있음에도 불구하고 비참한 생애를 보내는 예가 많기 때문입니다.

넷째, 경제적인 부, 즉 재산을 행복과 동일시하는 실업가의 견해에도 찬성할 수 없습니다. 재물은 그 자체가 목적이 아니라 다른 것을 위한 수단이기 때문입니다.

다섯째, 좋은 것(善)의 이데아가 인생의 최고의 목적이라고 보는 플라톤의 견해에 동의하지 않는 것입니다. 설령 선의 이데아가 이 세상 어디엔가 있다고 하더라도 이 지상에서의 실천생활에 있어서는 아무 소용이 없습니다.

그러면 아리스토텔레스에게 있어서 행복이란 무엇으로 규정하고 있습니까? 그는 행복을 어떤 정지된 상태로 보지 않고 활동하는 과정 그 자체로 믿는 까닭에 독특한 결론을 이끌어내고 있습니다. 우리가 흔히 말하는 "행복하다"라는 의미는 쉽게 말해서 "잘산다"는 뜻이요, 잘산다 함은 "잘한다"는 뜻입니다. 어떤 순간에 있어서 행동을 잘하면 그것이 합하여 보다 더 좋은 삶을 형성할 것이요, 유감 없이 잘살면 그것이 곧 행복이 아니냐는 생각인 것 같습니다. 그렇다면 "잘한다 함"은 어떻게 함을 가리키는 것입니까? 노래를 잘한다, 피아노를 잘한다, 요리를 잘한다, 운동을 잘한다라는 말로 알 수 있듯이, "잘한다 함"은 행위자가 자기의 기능을 충분히 잘 발휘함을 가리킵니다. 각 개인은 그 처지와 직책에 따라서 그 기능이 서로 다를 수 있습니다. 양복재단사는 재단사로서의 기능을 잘 발휘함이 그 기술자로서 잘하는 것이요, 학생은 공부를 열심히 하거나 자기의 소질을 개발하여 미래를 대비하는 교육을 받는 것이요, 운전사는 차를 잘 모는 것이 운전사로서 잘하는 것이 될 것입니다. 그러나 우리는 한 재단사나 운전사가 되기 이전에 하나의 인간입니다. 그러므로 인간으로서 잘살기 위해서는 어떤 특수한 기능을 잘 발휘하기보다는 인간으로서의 기능을 잘 발휘해야 할 것이며, 그 인간으로서의 기능이 잘 발휘해야 할 것이며, 그 인간으로서의 기능이 잘 발휘되는 곳에 인간으로서의 행복이 있다고 해야 할 것입니다.

잠재적 능력을 발휘하라

무엇이 좋은 것이냐? 라는 물음에 아리스토텔레스는 "인간이 잠재하는 기능을 잘 발휘함"이라고 항상 대답합니다. 그러나 인간이 가진 모든 기능을 무차별하게 발휘함을 좋은 것으로 보지 않고, 이성이라는 특수한 기능의 발휘를 좋은 것으로 단언함에 있어서 그는 벌써 기능 가운데 높은 것과 낮은 것의 척도를 전제하고 있다는 비판이 있을 수 있습니다. 그리고 이성이 가장 높은 기능이요, 인간적 활동의 극치가 진리의 명상에 있다는 신념은 하나의 인생관일 뿐 명백한 진리 즉 어떤 사실을 밝히는 정확한 판단은 아닐지 모릅니다. 그러면 인간으로서의 기능은 어떤 것이 있을까요?

아리스토텔레스는 인간이 수련을 통해서 발휘할 수 있는 기능을 세 가지로 우리에게 전하고 있습니다.

① 영양과 생식의 기능

② 감각과 욕구의 기능

③ 이성과 지성적 사유의 기능이 그것입니다.

이 세 가지 기능 가운데서 ①, ②의 먹고 마시는 영양섭취의 기능이나 감각과 운동의 기능도 식물과 동물에게도 모두 볼 수 있습니다. 따라서 ①, ②의 기능도 인간의 고유한 기능이 아니라고 할 수 있습니다. 그는 섹스와 먹고 마시는 것의 쾌락만을 추구하는 사람들은 자신들을 가축의 수준으로 끌어내린다고 생각했습니다. ③의 기능은 지성적 사유의 기능만이 인간에 특유한 것으로 인간을 인간답게 하는 것으로 말하고 있습니다. 다시 말해서 그는 이성과 사유만을 사람을 사람답게 하는 참된 기능으로 인정하고 있다는 점입니다. 이런 맥락에서 그는 사유를 본업으로 삼는 이성의 기능을 유감 없이 잘 발휘함이 인간으로서의 좋은 삶이요, 가장 만족한 삶이며, 그것이 곧 인간의 궁극적인 행복에 도달한다고 믿었던 것입니다. 다른 어떤 동물보다도 인간을 월등하게 인간이 되게 함이 이성의 기능이라면, 인간에게 고유한 것은 이 이성에 따르는 생활이라고 아리스토텔레스는 말합니다. 이러한 생활이야말로 가장 행복한 생활이라는 것입니다.

결국 그에게 참된 행복이란 우리의 이성이 고유한 기능을 잘 실현하였을 때 이루어집니다. 따라서 이성적 정신이 온전히 실현되고 발휘되는 사태가 우리에게 가장 좋은 상태라고 할 수 있으며, 이것이 행복한 상태라고 말할 수 있습니다. 그렇지만 행복은 단순히 추상적이고 이성적인 노력을 통해서만이 아니라 구체적인 삶 속에서의 실천을 통해서 인간의 행복은 이루어질 수 있습니다.

4. 에피쿠로스의 행복관: 쾌락이 진정한 행복이다

쾌락과 고통

소크라테스나 아리스토텔레스가 인간의 정신을 최고로 발휘하는 행복관을 얘기했다고 한다면, 에피쿠로스(Epikuros, B.C. 341~270)는 쾌락을 인간의 진정한 행복으로 삼았습니다. 그는 욕망의 만족을 통해 생겨나는 쾌락이 행복에 도달하는 방법이라고 주장하였습니다. 이는 오늘날 현대인들이 생각하는 행복관과 유사한 점이 많습니다. 에피쿠로스의 행복관은 육체적 쾌락의 맥락에서 본다면, 현대의 물질만능주의를 최고의 덕목으로 여기는 자본주의 내지 신자유주의의 행복관하고도 비슷한 측면이 있다고 하겠습니다.

많은 사람들은 이성의 우위를 이야기하고 육체적 감정을 멀리해야 한다고 말하고 있지만, 육신의 몸 속에서 늘 꿈틀거리는 육체적 쾌락은 예나 지금이나 크게 바뀌지 않았습니다. 어쩌면 현대의 눈부신 과학기술의 발달로 인해 육체적 쾌락은 더 극치에 도달했다고 해도 과언이 아닙니다. 우리는 태어나면서부터 본능적으로 쾌락을 추구하고 고통을 멀리하려고 합니다. 선이라는 것도 쾌락을 많이 주는 것에 지나지 않은 것이며 악은 고통을 주는 것에 불과한 것이라고 흔히 말합니다. 그래서 사람들은 예나 지금이나 고통을 될 수 있는 대로 줄이려고 하며, 가능한 한 육체적인 쾌락을 많이 얻는 것이 선하며 좋은 삶이라고 말합니다. 이러한 측면에서 에피쿠로스는 쾌락주의자라 불립니다. 많은 사람들은 쾌락을 축적함으로써 행복을 얻을 수 있기 때문에 쾌락을 추구한

에피쿠로스

다고 말하곤 합니다. 여기서 쾌락이란 고대 그리스의 어원을 지닌 쾌락주의에서 나왔습니다. 인간은 삶의 쾌락을 맛보고 매순간마다 좋은 시간을 향유하도록 힘써야 합니다. 이러한 삶의 태도는 에피쿠로스의 유명한 가르침을 담고 있는 격언 "카르페 디엠"(Carpe diem), 즉 "열매를 따듯이 하루하루를 사시오"의 뜻이었습니다.

참된 쾌락이란?

에피쿠로스는 이오니아의 사모스섬에서 태어났습니다. 그의 아버지는 10여 년 전에 그리스 본토에서 이주해 온 이주자로서 농업에 종사하였습니다. 에피쿠로스는 부모 밑에서 단조롭고 소박한 생활을 하였습니다. 그에게는 세 명의 형제가 있었는데, 그들 모두가 나중에 그의 제자가 되었습니다. 30세 이후에 에피쿠

로스는 제2의 고향이라고 할 수 있는 아테네에 이주하였습니다. 그에게는 그를 따르는 많은 제자가 있었는데 그를 쫓아서 소아시아에서 아테네로 이주를 하였습니다. 제자들은 돈을 모아 에피쿠로스에게 조그만 땅을 사주었습니다. 그곳에서 그는 집과 공동으로 사용할 강당이 세워졌고 또한 깨끗한 정원이 만들어졌습니다. 따라서 그는 "정원의 철학자"라고도 불리고 있습니다.

에피쿠로스의 일상생활은 검소하였습니다. 식사 때 나오는 음식은 보통 빵과 물, 그리고 자택의 채소밭에서 딴 과일과 콩 종류가 전부였다고 합니다. 그러나 가끔씩 우유와 치즈가 식탁에 오르내리기도 했다고 합니다. 어쨌든 그는 "빵과 물만 있으면 신도 부럽지 않다"고 말하였습니다. 그 이상의 욕심은 쓸데없는 욕심이며 고통만을 가져다줄 뿐이라고 말합니다. 이러한 스승의 검소한 생활태도에 대해 제자들은 많은 본을 받았습니다. 이런 태도로 인해서 에피쿠로스는 그를 따르는 제자가 많았고 동시에 제자로부터 많은 존경을 받았습니다. 그래서 많은 제자들은 그를 신처럼 섬겼습니다. 그의 제자들의 부인과 노예들, 많은 일반 여인들까지도 모두 에피쿠로스 강좌의 청강생이 되었습니다. 제자들에 의해 정원의 공동체가 만들어진 이후에 에피쿠로스는 자기의 뜻과는 무관하게 많은 풍문에 시달려야 했습니다. 수많은 매춘부를 자기의 애인으로 삼았다든지, 너무 먹어 하루에 두 번씩 토했다든지 하는 등의 이상한 소문들이 철학공동체의 주변을 떠돌아 다녔습니다. 영어사전에서 epicure라는 단어는 에피쿠로스의 이름에서 비롯된 식도락가를 의미합니다.

에피쿠로스는 학문이나 도덕이라는 것도 그 자신을 위해서 해야 하는 것이 아니라, 쾌락을 얻기 위한 수단에 지나지 않는다고 말합니다. 에피쿠로스는 쾌락의 종류를 고통을 수반하는 쾌락과 고통을 수반하지 않는 수동적 쾌락으로 나누어 말합니다. 그는 고통을 수반하지 않는 쾌락을 진정한 행복이라고 보았습니다. 과음이나 지나친 성적 쾌락은 일시적인 만족감을 가져다줄 수 있지만, 결국에는 건강을 해치기 때문에 고통을 수반하는 쾌락이기 때문에 행복이 될 수 없다고 말합니다. 참된 쾌락이라는 것은 맛있고 즐겨 먹고 있는 음식과 같은 개개인의 육체적인 쾌락이 아니라 일생을 통해서 궁핍하거나 불만스럽지 않은 편안한 상태를 유지하는 것이라고 말합니다. 그에 의하면 마음의 기쁨은 육체적인 쾌락보다 훨씬 고상하고 미묘한 맛이 난다고 합니다. 왜냐하면 육체는 현재에 구속되고 속박되지만 정신은 과거와 미래에도 즐길 수 있기 때문입니다. 그래서 그는 육체적 쾌락보다 정신적 쾌락인 마음의 평정 상태를 중요시하였지만, 쾌락이라는 낱말로 많은 사람들에게 시선을 집중시켰습니다.

에피쿠로스의 행복관은 문자 그대로 "쾌락이 진정한 선이요, 쾌락의 효용 때문에 가치가 있다"는 주의입니다. 그에게서 쾌락은 축복 받은 삶의 처음이자 마지막이라고 말합니다. 이는 개인의 쾌락, 즉 행복을 얻는 수단을 연구하는 것입니다. 그는 쾌락은 유일한 선이며, 고통은 유일한 악이라고 말합니다. 에피쿠로스의 제자인 토르코투스(Torquatus)는 쾌락과 악에 대해 다음과 같이 말합니다:

"모든 동물은 태어나자마자 쾌락에 대한 욕구를 가지며 쾌락을 최고선으로서 즐기며, 반면에 고통은 최고악으로서 거부하며 가능하면 피하려고 합니다. 동물은 자신의 본성이 파괴되지 않는 한 그런 식으로 행동합니다. 즉 자연(Natura) 자체의 흠이 없고도 온전한 판단에 따라 행동합니다."

여기서 쾌락만이 실제적인 선이고 고통은 악이기 때문에 감각이란 모든 선과 악의 진정한 장소입니다. 그의 모든 내면적인 삶이 감각에 바탕을 두고 있다는 일종의 감각주의로 여겨집니다. 감각에는 선도 악도 없고, 죽음은 감각의 부재입니다. 즉 죽음은 감각의 소멸이므로 죽음에는 어떠한 고통도 있을 수 없고 죽음 이후에는 더더욱 그러합니다. 그리하여 그는 "악과 고통이 가장 공포스러운 것이고, 죽음은 아무 것도 아니라고 말합니다. 우리가 현재 생존하는 이상 죽음은 존재하지 않고, 죽음이 찾아오면 우리는 더 이상 살아 있지 않다"는 말을 전하고 있습니다.

아타락시아: 마음의 평정

에피쿠로스에게서 "그대는 내일이면 죽을지니 먹고 마시고 즐겨라"라는 격언이 그 자신의 신조는 아니었습니다. 쾌락은 욕망을 충족하였을 때 얻어지는 것이지만, 육체적인 쾌락은 일시적이며 불쾌감을 가져다주기도 합니다. 예를 들어 과음이나 과식, 지나친 성적 쾌락은 일시적인 만족감을 줄 수 있을지 모르지만, 건강을 해치기 때문에 고통을 수반하는 쾌락입니다. 그 반면에 격조 높은 우정이나 친밀한 대화로 자연스럽게 맺은 관계는 그 자체로 즐거움을 주기 때문에 진정한 의미의 쾌락이라고 할 수 있습니다. 이러한 상황에 한층 고조되거나 즐겼을 때 우리는 행복해질 수 있습니다. 따라서 슬기로운 쾌락주의자는 무턱대고 모든 육체적 쾌락을 취하지 않는 것이며, 지성에 의하여 쾌락과 고통을 비교하거나 선택함으로써 영속적인 쾌락을 추구하는 것입니다. 진정한 마음을 흔들리게 하는 쾌락의 추구가 아니라 마음의 안정된 상태에 있는 것입니다. 이러한 경지는 흔히 아타락시아 (ataraxia: 마음의 평정)라고 불렀습니다. 이는 소박하고 검소한 삶 속에서 어떤 욕망도 흔들리지 않으며 고통이 없는 상태를 의미합니다. 현실적으로 인간의 영혼을 동요시키는 불안과 열정과 과도한 욕망이 고통을 가져다주며 행복을 방해합니다. 이런 점에서 에피쿠로스주의는 "숨어서 살라"는 신조 아래 속세를 떠나 검소한 생활을 즐겼습니다. 따라서 그의 쾌락주의는 겉무늬만 쾌락주의일 뿐 검소하고 모질게 살 것을 강조하는 철저한 금욕주의라고도 하겠습니다. 그의 행복관은 다음과 같이 표현할 수 있습니다.

$$행복 = \frac{성취}{야망}$$

흔히 쾌락은 육체적인 감각을 통해서 얻을 수 있는 만족감을 의미하며 일정한 기간 안에 정신적으로 누리는 즐거운 마음의 상태라고 할 수 있습니다. 그러나 행복은 항상 합리적인 인생의 계획에 따라서 기계처럼 이루어져야 합니다. 따라서 행복은 삶의 목표를 실현하는 과정에서 나타나는 지속적인 경험의 부분이기 때문에 어떤 최고의 목적에 도달하기 위하여 수단적 가치가 아니라 수단과 목적이 서로 나누어질 수 없는 궁극적인 가치인 것입니다. 후에 서구의 근세사상에서 에피쿠로스의 쾌락주의는 J. 벤담이나 J. 밀 등 공리주의자들의 양적인 쾌락과 질적인 쾌락으로 행복이라는 말과 자연스럽게 연결시켰습니다. 현재 쾌락이라는 말은 중립적인 의미로 사용하기도 하고 행복이라는 말과 서로 교환가능하기도 합니다.

5. 디오게네스의 행복관: 개처럼 살라

알렉산더 대왕과의 만남: 햇빛을 가리지 마시오

디오게네스(Diogenēs, B.C. 412~325)는 생전에 이미 많은 일화를 남겨 놓은 사람 중의 한 분이었습니다. 디오게네스의 전해져 내려오는 이야기는 개의 생활태도를 찬미하였고, 커다란 통속에서 홀로 살았다고 합니다. 아마도 그 통은 아테네의 아크로폴리스 옆에 있던 크고 육중한 항아리였을 것으로 추측하고 있습니다. 그는 일생을 나무통 혹은 술통에서 살았으며 맨땅에서 잠자는 일을 최상의 쾌락으로 생각했습니다. 또한 풍요로운 마을이나 비옥한 땅에는 덕(德)이 존재하지 않는다고 전해져 내려오고 있습니다.

그의 성격이 어떠했는가는 알렉산더 대왕과 만났다는 일화에 의해서 잘 드러나 있습니다. 알렉산더가 그를 찾아갔다는 이야기는 이미 널리 알려진 바와 같습니다. 알렉산더는 그리스의 고린도라는 마을을 지나가면서 괴벽한 디오게네스를 만나고 싶어서 그의 기묘하게 생긴 거처로 그를 방문하였다고 합니다. 때마침 디오게네스는 이곳에 살고 있었습니다. 알렉산더 대왕은 이 괴벽의 철학

알렉산더 대왕

자가 크레나움이라는 동굴 앞에서 햇볕을 쬐고 있는 것을 보았습니다. 그때 디오게네스는 햇볕을 쬐며 술통을 수리하고 있었습니다. 대왕은 그에게 가서 "나는 알렉산더 대왕이다"라고 말했습니다. 그러자 철학자 디오게네스는 "나는 개(犬)인 디오게네스입니다"라고 대답했습니다.

대왕 : "당신은 내가 두려운가?"

디오게네스 : "그러면 대왕은 착한 사람입니까?"

대왕 : "그렇다. 나는 착한 사람이다."

디오게네스 : "어떤 사람이 착한 사람을 두려워하겠습니까?"

이러한 선문답을 주고받다가 잠시 서로 생각에 잠겨 대화를 계속하였습니다.

대왕 : "디오게네스, 그대는 여러 가지 물품이 부족한 것 같은데, 나는 그대를 위해 봉사하는 것을 기쁘게 생각한다."

디오게네스 : "그렇다면 당신이 서 있는 그곳에서 좀 비켜주시오. 대왕은 나에게 내리쬐는 햇볕을 가로막고 있습니다."

옆에 있던 신하들이 디오게네스의 무례한 언행에 대해 분개했지만 알렉산더 대왕은 신하들에게 다음과 같이 타일렀습니다.

대왕 : "나는 할 수만 있다면 나를 버리고 디오게네스가 되고 싶네."

그러나 만약 알렉산더가 로마의 네로 황제나 태봉의 궁예 황제같이 마음씨 고약한 왕이었다면, 당장에 능지처참형에 처했을 것입니다.

자연적 삶: 개처럼 살라

디오게네스는 쾌락과 고통에 의해서 흔들리지 않고 자연적 혹은 사회적 사건에 의해서 당황하지 않고 또한 시민적 내지 인간적 유대에도 아무런 관심을 품지 않았습니다. 그는 질서 있는 세계를 조롱하며 초연히 고립적인 생활을 즐겼습니다. 디오게네스는 특이한 성격의 소유자로 잘 알려져 있습니다. 그는 노동자와 교제하고, 그들과 같은 옷차림을 하였습니다. 그는 세련된 모든 철학을 무가치한 것으로 보았고, 알려질 수 있는 것은 모든 사람들에게 쉽게 알려져야 한다고 믿었습니다. 그래서 그는 이러한 신념을 더욱 발전시켰습니다. 정부도 필요 없고 사유재산이나 결혼, 기성종교 등도 모두 부인하였습니다. 즉 그는 모든 전통을 부인하였고, 종교·풍습·옷차림·집·음식·예절 등 모든 전통적인 관습을 거부하였습니다. 그는 "쾌락의 노예가 되느니 차라리 미치광이가 되겠다"고 과감히 말합니다. 여러 모로 봐서 디오게네스의 행복관은 문명의 불신에 관심을 집중시켰습니다. 문명이라는 것은 제멋대로의 기준과 미신에 의해서 뒷받침되고 있는 퇴폐적인 제도라고 여겼습니다. 그가 현재의 문명을 불신한 것은 더 좋은 사회질서를 세우기 위해서가 아니라 사람들에게 그들 자신의 개성의 완전한 자유를 보전하기 위해서였습니다. 그는 물질문명에 대한 무가치함을 다음과 같이 말하였습니다.

소식(小食)으로 살아가는 것이 얼마나 행복한가? 겨울에 비싼 옷을 걸치지 않아도 인간은 따뜻하게 지낼 수 있지 않은가? 고국에 대하여 애착심을 갖는 것이 얼마나 어리석은 일인가? 자녀들이나 친구가 죽었다고 구슬피 우는 것은 얼마나 우매한 짓인가? 하는 것 등의 의문들이 그가 풀어야 할 숙제이자 가르침이었습니다. 그는 개처럼 살려고 하였습니다. 견유(犬儒, Cynic)라고 불리는 것은 이러한 이유 때문이었습니다. 그렇기 때문에 그는 개(犬)의 생활태도를 찬양하였습니다. 개야말로 거의 아무런 부족도 느끼지 않고 있으며, 육체적 기능에 관한 거짓된 수치심도 그리고 아무런 위선도 지니고 있지 않았기 때문입니다. 그러나 디오게네스는 인간이 개와 같다고 가르친 것은 아니었습니다. 오히려 그는 덕(德)에 대한 열의가 대단했다고 합니다. 단지 그는 이 세상에서 귀중하게 여기거나 좋다고 하는 것이 아무런 가치가 없다고 주장했습니다. 따라서 디오게네스는 행복을 다음과 같이 생각했습니다.

　　디오게네스 : "자연으로 돌아가는 것이 행복이라네."
　　제자 : "그러면 그러한 행복과 자유를 가져오는 것은 무엇이겠
습니까?"
　　디오게네스 : "그것은 바로 자연적인 삶 그 자체에 있네."
　　제자 : "그러면 자연적인 삶은 어디에서 나옵니까?"
　　디오게네스 : "그러한 삶은 동물의 행동을 관찰하고 모방하는
데서 나오는 것이네."

　　위의 대화에서 보듯이 견유학파 사람들은 동물의 삶을 모방하
면서 동물을 즐겨 먹었으며, 동물들도 사람을 먹을 수 있다고 생
각했습니다. 디오게네스는 죽었을 때 자신의 시신을 땅에 묻지
않고 방치하게 했는데 이는 짐승들이 시신을 먹게 하기 위한 배
려였습니다. 디오게네스는 인간과 동물의 친족성에 대한 믿음이
강했기 때문에 서로가 서로를 먹을 수 있다고 생각했습니다. 그
는 인간의 성욕도 배고플 때의 식욕이나 목마를 때의 갈증과 마
찬가지로 자연스러운 육체적인 욕망으로 여겼습니다. 이러한 성
욕에 대한 견해는 그의 삶 속에서 일관되게 유지되었습니다. 그
는 성욕을 느낄 때면 대낮에 사람들이 많이 모이는 도시의 광장
한복판에서도 자위행위를 했다고 합니다. 물을 마시는 것이 부끄
러운 것이 아니라면, 자위행위도 육체의 욕망에서 나오는 자연스
러운 발로이기 때문에 조금도 부끄러운 것이 아니라고 생각했습
니다. 그는 덕을 찾았지만, 욕망에서 해방된 도덕적인 자유를 찾

왔던 것입니다. 그의 신조는 "행운을 갖다준다고 말하는 선(善)에 대하여 무관심하라, 그러면 공포에서 해방된다"는 것이었습니다. 그는 이 세상의 선을 멀리하라고 가르친 것이 아니라 단지 냉담해야 한다는 것이었습니다. 그러나 그의 행복설은 새로운 것을 그리 찾아볼 수 없으나, 다만 옛날부터 있던 회의(懷疑)를 조직화하거나 형식화한 것에 지나지 않습니다.

디오게네스는 어쩌면 현대적 의미에서 인류가 골머리를 앓고 있는 환경문제를 심각하게 생각한 진정한 철학자였는지 모릅니다. 그는 프로메테우스(Prometheus)가 신의 불을 훔쳐 인간에게 주었기 때문에 벌을 받게 된 것을 정당하다고 생각했습니다. 왜냐하면 불은 기술의 발달로 인해서 점점 오늘날 인간생활이 복잡해지고 인위적인 것으로 가득 찼기 때문입니다. 그의 행복관은 물질적 이기문명에 가득 찬 현대인들에게 지금에 와서도 더더욱 가슴 속 깊이 새겨들어야 할 이야기라 생각합니다.

6. 베이컨의 행복관: 행복은 지식과 자연을 정복했을 때 얻는 힘이다

아는 것이 힘이다

20세기 이후 자본주의 사회가 빠르게 진행되면서 인간의 궁극적인 목적은 물질적 행복을 이루는 것, 즉 지상에서의 유토피아 사회를 건설하는 것으로 변화하였습니다. 그리고 이러한 유토피

프랜시스 베이컨

아 사회를 건설하는 것을 지상 목표로 삼아 추진한 인물은 프랜시스 베이컨(Francis Bacon, 1561~1626)이었습니다. 베이컨은 1561년 런던에서 엘리자베스 1세의 도장을 관리하고 영국 왕실의 재정업무를 담당하는 국새관(國璽官)이자 대법관이었던 니콜라스 베이컨 경의 둘째 아들로 태어났습니다. 베이컨은 성장하면서 정치적 야심을 키웠으나 여왕 시절에는 성공하지 못하고 제임스 1세가 즉위한 뒤 정치적 경력을 쌓아 1617년에는 국새관으로, 1618년에는 대법관으로 임명되어 왕실의 재정을 보좌하였습니다.

우리에게 익숙한 경구인 "아는 것이 힘이다"라는 표현은 이제 삼척동자도 즐겨 쓰는 용어가 되었습니다. 베이컨의 "아는 것이 힘이다"라는 경구는 행복을 이성의 진보된 사유로 보는 견해입니다. 세심한 관찰과 주의 깊은 실험들, 그리고 거기서 얻어낸 지식들, 바로 이러한 지식이 불행을 막아주고 행복한 삶을 가져다주는 것이라고 베이컨은 말합니다. 그러한 지식의 힘은 지상에서의 희망에 찬 유토피아 정신과 인간을 중심으로 한 "자연의 정복전략"의 계획을 그 기본으로 품고 있습니다. 우리가 어떤 일을 이루려고 한다면 상식적으로나 학식으로 지식을 갖추어야 합니다. 유럽의 문화가 근대적 세계관인 기술주의를 받아들이기까지는 150년이라는 긴 세월이 요구되었습니다. 많은 기간을 지나오면서 사람들이 얻게 된 것은 지식이 힘이라는 생각, 인간은 진보할 수 있다는 희망, 가난이 커다란 악이라는 인식, 보통사람들의 삶도 어느 누구 못지 않게 큰 의미를 가진다는 깨달음이었습니다.

> "사물의 원인을 알아내고 모든 공포와 냉혹한 운명과 탐욕의 지옥의 소란한 투쟁을 유린하는 자는 행복하구나!"

먼저 우리는 자연을 정복하여 복종하게 함으로써 지배할 수 있습니다. 그러면 현재는 우리의 무지(無知) 때문에 자연의 노예가 되고 있지만, 곧 자연의 지배자가 될 것입니다. 베이컨이 "아는 것이 힘이다"라고 말했을 때, 이는 자연을 종교적으로 신성화하던 중세의 마술적인 사유에 벗어나서 대상을 자연과학적인 인식의 틀로 바라보는 인간의 힘을 의미하는 것이었습니다. 베이컨에게서 지식은 자연에 대한 지식을 말하는 것이었고, 그러한 지식이 인간사회의 유용성을 위해서 자연의 지배를 목적으로 하는 것이었습니다. 그러나 인간을 자연에 예속화시키려는 바로 그러한 시도가, 인간이 자연을 정복하는 것으로 나타났습니다. 왜냐하면 자연은 오로지 인간에게 복종함으로써만 자연도 인간을 복종시킬 수 있기 때문입니다. 그래서 우리는 자연을 알기 위하여 먼저 자연에 복종해야 합니다. 이것은 베이컨이 우리에게 남겨준 이제까지의 교훈이었습니다. 베이컨의 구호는 "자연 속에 어떠한 비밀도 남겨놓지 말라. 자연의 비밀을 하나하나 모두 확인하고도 그리스도의 구원을 이루자." 즉 이것은 "아는 것이 힘이다"라는 명제였습니다.

그는 자연에 대한 인간의 정복과 지배권을 회복하려는 원대한 계획을 가졌으나, 1621년 뇌물을 받은 혐의로 의회에 조사를 받고 4만 파운드의 벌금형과 왕이 만족할 때까지 런던 탑 안에서의 감금을 선고받았습니다. 베이컨은 공직에서 물러난 후에도 영국역사, 자연사 등을 저술하였고 공직의 복권에 대해 노력을 하였으나 끝내 이루어지지는 않았습니다.

자연을 정복하라

그는 자연으로부터 신을 추방하고 오로지 자연을 지배하기 위한 방법론적인 탐색에 열중합니다. 인간은 자신의 인지력(認知力)으로 인해서 처음에는 자연을 체계적이며 철저하게 이해하는 방법을 배웠습니다. 그리고 그 결과를 갖고서 마치 사자의 동굴에 들어가 그 수염을 가지고 놀거나 자기에게는 어떤 해로움도 없이 사자의 꼬리를 흔드는 조련사와 같이 모든 방면에서 자연을 조정하고 이용할 수 있는 방법을 터득하게 되었습니다. 자연에 대한 지배를 얻어내고 인간의 삶을 완성하기 위해서 자연을 얻고자 하는 베이컨의 열망이었습니다. 또한 기계적인 기술이 진보와 함께 지속적인 완성을 지향하는 능력을 과거와 현재에도 계속해서 증명하고자 하는 것이 그의 신념이었습니다. 단지 이러한 삶에 유용한 모든 기술이 인간활동의 원동력이 되었습니다. 우리는 베이컨의 모든 관념들과 이와 유사한 다른 관념들 속에서 언제나 육체적인 몸을 갖고 하는 작업과 지적인 작업 사이의 분리와 대립, 또는 적어도 "힘을 위한 지식"을 목격할 수 있습니다. 힘을 의미하는 지식은 인간을 노예화하거나 지배자들에게 순종하는 데 있어서나 어떠한 한계도 잘 모른다는 것입니다. 그에게 있어서 지식이 간직하고 있는 많은 사례들은 단순한 도구에 불과합니다. 예를 들면, 라디오는 한 단계씩 승격된 인쇄기이며, 급강하 폭격기는 더 효율적인 대포이며, 무선조정장치는 보다 더 믿을 만한 나침반입니다. 인간이 자연으로부터 배우고 싶어하는 것은 자연을 완전히 지배하기 위해 자연을 이용하는 방법입니다. 오직 그것만이 유일한 목적입니다. 베이컨은 『학문의 진보』나 『신기관』(新機關)에서 "자연의 경이에서 기술의 경이"로의 이행을 근거로 하는 진보의 선행조건을 말합니다.

> "인간은 자연에 봉사하는 것, 자연을 해명하는 것으로서, 자연의 질서에 관해 실제로 관찰하고 정신에 의해 고찰한 것만을 행하고 이해하는 것입니다. 그 안의 것은 모르며, 또한 행할 수도 없습니다. 인간이 할 수 있는 일은 자연물을 결부시키고 분리해 내는 것뿐이며, 그 밖의 일은 자연이 그 내부에서 진행시키는 것입니다."

여기서 자연에 대한 인간의 지배는 인간이 자연을 향해서 어떤 것을 실행할 때 가능한 것이 아니라 인간이 무엇인가 자연에 관해 바라는 것을 정확한 지식에 의해서 가능하게 얻을 수 있다는 생각입니다. 중요한 사실은 그가 지식을 인식론적 차원으로만 다루지 않고 실제적으로 일상적 생활 속에서 활용 가능한 기술과의 결합을 생각했다는 점입니다.

흔히 베이컨은 기술주의시대를 산 최초의 인물이라고 말합니다, 사람들이 그를 뒤따르는 데는 많은 시간이 필요하였습니다. 베이컨에게 있어서 인간사회의 유용성을 위해 자연을 지배할 목적으로 얻는 지식은 이미 과학기술의 진보를 의미하는 것이었습니다. 서양의 고·중세시대에 있어서 진보의 사상은 낯선 것이었거나 종교적 구원의 차원에서 행해졌습니다. 베이컨에게서 과학은 학문의 유용성과 인간사회의 진보를 자신의 신념으로 파악하는 것이었습니다.

우리가 근대과학의 선구자인 베이컨이 이미 기술에 대한 새로운 견해를 지지했다는 사실을 기억하는 것은 중요합니다. 왜냐하면 베이컨에게서 인간이 지상의 자연뿐만 아니라 천상의 자연과도 경쟁할 수 있음을 보여주었기 때문에 그의 이러한 발견은 곧 새로운 창조요, 신의 작업을 모방하는 것이었습니다. 베이컨에 의하면, 인간이 사물을 지배하는 것은 전적으로 기술과 과학에 의존하는 것이라고 주장하였습니다.

신아틀란티스에서의 유토피아 건설

종종 베이컨은 자신의 마지막 저서인 『신아틀란티스』(Neu-Atlantis, 1624)에서 유토피아의 계시를 받은 사람들이 즐겨 만들어내는 그곳에 자신의 꿈을 펼치면서 자연에 대한 탐구로서 학문의 이상적인 조직화를 "살로몬의 집"(Haus Salomon)으로 표현합니다. 베이컨은 콜롬버스가 새 대륙을 발견하는 길을 열었듯이, 과학자들이 실험을 통한 새로운 지식의 가능성의 길을 열겠다고 공공연히 말했습니다. 지혜로운 이스라엘 왕의 이름을 딴 "솔로몬의 집"은 과학자들의 시설과 재정에 지원을 받아 인류의 복지에 이바지하도록 기획한 곳을 뜻합니다.

> "약 1천 9백 년 전에 어떤 임금님이 이 섬을 다스렸습니다. 먼저 우리는 이 분에 대한 기억을 소중하게 여깁니다. 그 분의 이름은 솔로몬이고 우리는 이 분을 입법자로서 존경하고 있습니다. 이 분은 관대하셨고 나라와 국민의 행복만을 생각하셨습니다."

그의 유토피아(utopia)의 국가인 "신아틀란티스"에서 "살로몬의 집"은 정치조직에 버금가는 중요한 의미를 지니고 있습니다. 베이컨이 말하는 "살로몬의 집"은 과학기술의 사회화를 통해 인류의 상태를 훨씬 더 개선할 수 있다는 신념이 깃들여져 있습니다. 아틀란티스 섬에 세워진 "살로몬의 집"에는 모든 과학분야가 체계적으로 조직되어 있습니다. 이러한 "살로몬의 집"에서 베이컨은 정치적 지배가 없고 개별적인 과학자가 자유롭게 공공의 복지를 위해 연구하는 새로운 모델을 전개하고 있습니다. "살로몬의 집"은 과학자들의 학문분야가 아니라 사회적인 유용성에 따라 기후실험실, 양봉실험실, 과학실험실 등 적용영역에 맞게 설치된 많은 실험연구실을 갖고 있습니다. 더 나아가 이 집은 지진이나 홍수·가뭄 등 기상이변을 예언하고 식물의 성장과 촉진, 동물의 성장변화, 잡종의 생산, 새로운 예술의 금속품, 공중위생 등에 기여하기도 합니다.

유토피아적 환상의 섬인 아틀란티스에 세워진 "살로몬의 집"

은 과학과 기술의 진보를 통해서 인간의 자연에 대한 지배를 확충하기 위해 베이컨의 낙원에 대한 보편적인 믿음과 목적을 잘 대변하고 있습니다. "원인을 알지 못하면 그 작용과 결과를 알 수 없기 때문에 인간이 무엇을 안다는 것과 무엇을 할 수 있다는 것은 동일한 의미입니다. 자연을 복종시킬 수 있을 때 비로소 인간은 자연을 지배할 수 있습니다." 인간에 의해 부여된 자연과학적인 인식의 틀에 따라 해석된 자연법칙은 바로 인간이 자연을 지배할 수 있다는 인간의 힘의 우월성을 뜻하는 것이었습니다. 이러한 관점에서 베이컨은 확실히 과학과 기술의 진보로 인해 사회관계와 자연법칙의 인과관계를 진보시킬 수 있다는 희망을 품고 있었습니다. 베이컨의 신과학 프로그램은 과학을 사회화하고 과학의 유용성이라는 관점에서 수행되었지만, 그의 이런 기대와 희망은 충분히 충족되지는 못하였습니다.

베이컨은 과학적 지식의 힘을 인간들이 자연을 지배하는 데 이용할 수 있는 가장 손쉬운 수단 내지 도구로 생각합니다 이러한 과학은 인간과 자연을 조절할 수 있는 열쇠라는 것입니다. 단적으로 말해서 베이컨에게서 **과학의 진정한 목표는** 여러 가지의 **발견과 발명을 통해서 인간의 삶 자체를 풍요롭고 윤택하게 하**자는 데 있었습니다. 우리가 실제로 자연 위에 군림하려는 베이컨의 "유토피아의 설계"가 전지구적인 차원에서 실현된 오늘날, 인간의 자연에 대한 정복은 인간의 힘에 의해 추진되었습니다. 그것은 인간의 자연지배였다는 점입니다. 따라서 베이컨에게서 자연의 힘과 물체들은 단지 인간의 계획에 따라 좌지우지된다는 것입니다. 그는 인간의 설계한 것을 이루기 위해서 자연을 단지 이용하면 그뿐이라고 주장합니다. 아무튼 그에게서 인간이 자연을 지배한다는 것에 대한 강조와 인간이 자연을 공손하게 뒤따라야 한다는 주장 사이에는 현실적으로 모순이 없었습니다. 왜냐하면 인간이 자연을 복종하지 않고서는 자연을 다스릴 수 없기 때문입니다. 그러나 자연에 대한 인간의 간섭이 성공적이기 위해서는 인간이 자연의 근본법칙과 부합되어야 합니다. 이런 점에서 인간의 지식과 능력, 이 두 가지는 실제적으로 하나로 만나는 것입니다. 그리고 조작이 실패하는 것은 그 원인들에 대한 무지에서 초래하는 것입니다.

사람들이 자연 속에서 무엇인가 배우기를 원한다면, 어떻게 자연을 이용할 수 있는가를 밝혀야 합니다. 베이컨의 "유토피아의 설계"는 자연에 대한 힘으로서의 지식과 물질적 풍요를 향상시키려고 이용을 하면서 자연에 대한 인간지배의 성공하는지의 여부에만 관심을 집중시켰습니다. "베이컨의 설계"라고 했던 태도, 즉 "지식의 목표를 자연을 지배하려는 것에 두고 자연의 지배를 인간의 운명을 개선하기 위해 이용하는 태도입니다. 결국 베이컨의 "유토피아적 설계"라는 것은 인간이 자연에 대해 보다 더 좋은 관계를 얻으려는 것을 의미합니다.

유토피아의 세계는 가능한가?

지금 우리 인간의 "힘은 스스로 막강하게 되었으나, 힘의 달콤한 약속은 위협으로 되었고, 구원의 전망은 계시록적인 전망으로 탈바꿈하였다"는 사실을 주목해야 합니다. 베이컨의 "유토피아주의 설계" 속에서 드러난 어두운 예언적 함의는 결코 현 상황의 부정적이거나 적대적인 측면만을 부각시키려는 데 있는 것은 아닙니다. 단지 그 속에서는 어쩌면 인류의 많은 위협들이 숨겨져 있는지도 모르기 때문입니다. 이러한 숨겨진 위협에 대한 힘 구조의 예속화 속에서 인간은 다시 한번 이러한 의미의 중요성을 인식해야 합니다. 현재 지구상의 위험은 자연과학적이고 기술적인 산업문명의 비대화로부터 나타나고 있습니다.

우리는 지금 자연과 과학기술의 무한한 개발을 통해 경제적인 물질의 무제한적인 생산에 많은 심혈을 기울이고 있습니다. 이러한 결과로 인해서 현대사회는 최소한 물질적인 측면에서 한정시켜 본다면, 세계의 선진지역이나 한 사회 내의 일부 특수한 계층에게는 유토피아의 사회에 근접해 있다고 해도 과언이 아닙니다. 그러나 다른 측면에서 볼 때 물질적인 만족을 충족시켜 준다고 해서 유토피아의 전망이 우리에게 한발자국 가까이 다가왔다고 자부해도 좋을까요? 왜 21세기에 막 들어선 지구상의 인류는 장밋빛 희망의 사회가 도래할 것이라는 낙관적인 비전보다 오히려 위험사회의 불길한 예언들에 촉각을 곤두세워야 할까요?

무엇보다 현재 널리 확산되고 있는 다양한 위기의 징후 중에서도 가장 심각한 양상을 보이고 있는 것은 전지구상의 환경문제 내지 생태계의 위기일 것입니다. 20세기 중반 이후로 아주 빠르게 과학기술의 현대성을 보여주었던 진보와 긍정의 유토피아는 유감스럽게도 몰락의 부정적 디스토피아(dystopia)라는 청사진으로 우리 앞에 전개되고 있습니다. 다시 말해서 과학기술로 인한 문명의 진보가 인간의 거주지를 안락하게 해줄 것이라던

유토피아의 정신이 오히려 이 지구를 인간이 더 이상 살 수 없
는 디스토피아의 암울한 세계로 안내할 수 있다는 사실입니다.
우리에게 드러낼 "디스토피아의 미래상은, 현존하는 모순과 위기
가 미래에는 더욱 심화되어 극단적인 결과를 가져올 것이라는
예측입니다." 만약 그러한 가능한 세계의 종말 내지 몰락으로서
의 미래가 곧 도래한다면, 이 지구는 현대사회의 어두운 구성요
소를 우리에게 안겨 줄 것입니다. 이러한 부정적 상황은 이제 먼
미래의 예언만은 더 이상 아니게 되었습니다. 물론 우리가 추구
해야 할 21세기의 사회는 종말론적인 전망에 기인하고 있지 않
다는 것은 분명합니다.

지금 전 지구상의 생태계의 위기는 많은 사람들의 현실 속에
서 실제적으로 불행하고 암울한 사건들을 도처에서 목격하고 있
습니다. 서구의 산업사회는 그들의 경제질서를 통해서 편향된 성
장을 이제껏 강행해 왔기 때문에 사회적 문제상황들을 도처에서
심각하게 목격하게 되었다는 사실입니다.

베이컨의 "아는 것이 힘이다"라는 명제는 스스로 자신의 지휘
아래 승리의 최고점에서 자신의 부족함과 자아모순을 동시에 드
러내 버렸다고 현대의 학자들은 진단합니다. 베이컨의 이러한 경
구는 생태계의 위기라는 관점에서 볼 때, 이제 자기 자신에 대한
통제력을 상실하였으며, 인간 자신에게서나 자연을 인간으로부터
보호할 수 있는 능력을 상실하였음을 의미합니다. 자연과 인간을
보호할 필요성은 바로 기술적 진보의 과정에서 획득한 힘의 규
모로 인해서 점차 대두하게 되었습니다. 베이컨적인 힘의 논리는
결국 과학기술 앞에서 인간을 무기력하게 만들었고 비인간적이

고 반생명적인 문화를 창출하였습니다. 기술권력은 자연을 인식 대상으로 설정하였고 인간행위의 규범적 체계로부터 분리하여 도덕감과는 무관하게 되었습니다. 그래서 인간은 결국 기술권력에 대한 통제력을 상실하게 될 심각한 위기에 봉착하였습니다.

베이컨이 예측하지 못했던 지식의 힘을 통해 자연에 대한 지배를 이루었다고 할지라도, 그와 동시에 자신에 대한 완전한 예속이라는 결과를 가져왔다는 비판에 주의를 기울여야 합니다. 한스 요나스(Hans Jonas, 1903~1993)는 베이컨의 "아는 것이 힘이다"라는 사유를 가리켜 말하기를, 끝이 없는 것처럼 보이는 자연에 직접적으로 행사하던 인간의 제1단계의 힘이 다시 제2단계의 힘으로 넘어갔다는 것입니다. 즉 인간이 자연을 정복하여 인간을 해방시키는 것으로 나타나는 것이 아니라 오히려 인간을 노예로 만드는 제2단계의 힘을 점점 더 필요하게 되었습니다.

그런데 오늘날 과학기술의 힘을 제어할 수 있는 새로운 제3단계의 힘은 또한 지배자를 끌고 다니는 지배로서가 아니라 자연의 벽에 부딪혀버리는 현실을 도처에서 목격하게 되었습니다. 따라서 인간의 힘은 더 이상 순수한 것이 아니라 권력자들의 힘에 의해 좌지우지되는 상황으로 변했습니다. 이런 점에서 지식의 힘은 가짜 소유자에 의해 자신도 종속시켜 버렸으며 최소한 자신의 의지조차도 없는 집행자로서 만들어버리는 현실로 나타났습니다. 결국 행복은 인간의 힘을 무한히 확대하여 자연을 지배하려는 목적과 의도를 멈추지 않고 과학기술의 진보라는 미명 아래 여전히 힘의 행사가 지속된다면, 디스토피아의 사회가 진행될 것이라는 이야기는 더 이상 낯선 말은 아니게 되었습니다.

7. 쇼펜하우어의 행복관: 행복은 맹목적인 삶의 의지이다

염세주의의 고독한 철학자

철학을 전공하지 않은 일반 사람들도 염세주의(Pessimist)의 철학자로 우리에게 잘 알려진 쇼펜하우어(Arthur Schopenhauer, 1788~1860)를 한번쯤은 들어서 기억하고 있을 것입니다. 대체적으로 철학자들은 낙천주의자인 데 반해서 그는 염세주의자였습니다. 그의 유명한 일화 중 하나가 직업적으로 스스로 실패했다고 생각한 것이 그를 어쩌면 더욱 염세주의자로 만들었는지도 모릅니다.

1819년 쇼펜하우어는 독일의 베를린 대학교(현재의 훔볼트 대학교)에서 대학의 강사가 되었습니다. 그 당시 철학계에서 가장 명성을 떨치고 있던 철학자 헤겔(Friedrich Wilhelm Hegel, 1770~1831)과 같은 시간에 강의를 담당할 만큼 그는 자신감에 차 있었습니다. 그러나 헤겔의 수강생들은 만원을 이루며 강의실이 북적거렸지만, 그의 수강생은 소수에 불과했습니다. 헤겔과 라이벌 의식으로 견주려 했던 쇼펜하우어의 강의 실패는 그에게 불쾌한 감정만을 더욱 가져다주었습니다. 그는 곧바로 대학에서의 강의를 그만두고 독일에서 예술의 도시, 고전음악의 도시로 널리 알려진 드레스덴(Dresden)으로 이사를 하였습니다. 지금도 독일인들의 대다수가 그러하지만, 그도 개를 한 마리 키우고 있었는데 그 삽살개를 "아트마"(세계영혼 내지 헤겔)로 지칭하면서 헤겔에 대한 분풀이로 대신하였다고 전해지고 있습니다.

쇼펜하우어(왼쪽)와 그의 어머니(오른쪽)

　그는 서양에서 태어났지만, 동양적인 요소에 깊은 관심을 갖고 있었습니다. 그는 기독교를 싫어하고 인도의 종교, 즉 힌두교와 불교를 좋아했습니다. 그는 직업적인 철학자들보다도 예술가나 문학가들과 친분이 두터웠고, 사상도 어느 한 곳에 얽매이지 않고 자유분방하였습니다. 그는 부유한 장사꾼 가정의 출신으로 그의 부모님 사이의 부부관계는 별로 좋지 않았습니다. 집에는 항상 많은 돈과 호강스러운 생활은 누릴 수 있었으나 행복은 없었습니다. 아버지가 쇼펜하우어의 17세가 되던 해에 죽은 뒤에 아들의 일보다 자기 자신의 일만을 생각하는 어머니와 사이가 나빠졌습니다. 그 이후로 어머니와 점점 의가 벌어지면서 여자를 멸시하는 버릇이 생겼다고 합니다. 또한 어머니도 쇼펜하우어가 증오하고 멸시한 것처럼, 그를 경시하였습니다.

　무엇보다 쇼펜하우어의 어머니는 문학에 대해 상당한 포부를 갖고 있는 숙녀였습니다. 그의 어머니는 문인들에게 살롱을 마련하고 책을 쓰며, 교양 있는 사람들과 사귀었다고 합니다. 젊은 쇼펜하우어가 어머니에게 강하게 반발하였던 것은 그의 아버지가 사고로 중상을 당하여 죽음에 임박했을 때도 아버지의 간호를 위해 돌보는 것은 연로한 하인뿐이었고, 어머니 자신은 태연하게 피로연장에 나타나며 여러 사람과 교제를 하였기 때문입니다. 쇼펜하우어는 여자, 특히 아내의 사랑이 이런 것인가에 대해 크게 실망하였습니다. 그런데 그녀는 아들에 대해서 별로 애정이 없는 반면에 그 결점에 대해서는 민감한 눈을 갖고 있었다고 합니다. 그의 어머니는 아들에게서 찾아볼 수 있는 허풍과 허망한 감정을 경계하였습니다. 이러한 어머니의 생각에 대해 쇼펜하우어는 어머니의 그릇된 사랑이 괴로웠습니다. 이런 저런 이유로 그는 어머니를 싫어했으며 아버지에 대해서는 그나마 즐거운 추억을 남기고 있습니다. 그는 성인이 된 후에 아버지가 사망한 후 어머니로부터 상당한 재산을 상속받았습니다.

그는 1931년에 프랑크푸르트로 정착하여 여생을 보냈습니다. 그는 이웃사람들에게 심술꾸러기로 보였고 심지어는 무례하게 보였습니다. 그래서인지 그는 항상 혼자였고 친구가 거의 없었습니다. 그는 많은 여자와 관계하였고 자기가 육욕(肉慾)에 사로잡혀 있는 것을 항상 부끄럽게 여겼습니다. 그리고 여자를 가리켜 많은 인간적 불행의 근원이라고 공공연하게 깎아 내렸습니다. 특히 만년의 수필 『여성에 대하여』에서는 반여성적인 여러 가지 감상을 전개하고 있습니다: "여자의 자태나 형태를 보면 여자는 정신적으로나 육체적으로 큰일을 지향하고 있지 않음을 가르쳐 줍니다." 또한 "우리들의 어린 시절의 양육과 교육을 담당하는 사랑으로서 여자가 선택된 것은, 여자가 원래 어린이 같고 어리석고 선견지명이 없는 다 자란 어린애이기 때문입니다. 여자는 본래 어린이와 남자 사이의 중간자입니다." 이와 같이 쇼펜하우어가 여자를 혐오하게 된 이유는 어머니와의 사이가 유쾌하지 않았던 개인적 사정이 큰 원인으로 되어 있습니다.

맹목적인 삶의 의지

쇼펜하우어는 염세주의적인 측면이 많았지만 인간의 의지를 강조하였습니다. 그는 자신의 주저인 『의지와 표상의 세계』(*Die Welt als Wille und Vorstellung*, 1818)에서 의지로서 세계에 대한 방식을 전개합니다. 이 책은 우리가 경험하는 세계, 즉 우리 자신에게서 표상과 우리의 관계에 관한 추상적인 논의로부터 출발합니다. 흔히 이 책은 네 개의 악장으로 이루어진 교향곡에 비유하기도 합니다. 그는 위의 저서에서 표상의 세계를 이루는 것은 주관의 신체를 통해서 직접적으로 표현되는 삶의 맹목적인 충동으로서의 의지라고 말합니다. 동시에 자연의 세계에서도 의지의 객관화된 현상으로서 고찰하는 것이라고 말합니다. 나의 신체로서 지각에 나타나는 것은 참된 나의 의지라는 것입니다. 그는 의지라는 말을 넓은 의미로 사용합니다. 예를 들어 바위 한 덩어리도 의지의 표현입니다. 그가 말하는 의지는 지성에서 나오는 것이 아닙니다. 그것은 대부분의 인간들을 고통스러운 삶의 운명 속으로 몰아넣는 방향 없는 맹목적인 의지입니다.

"의지는 가끔 우리 주의의 자연세계에 있어서 맹목적인 분투입니다. 자기의 목적을 의식하고 있는 의지들도 그 목적에 도달하는 수단을 구사하지 못하고 충동이 끌어가는 대로 이리저리 헤매고 있습니다. 그리고 인간에게서처럼 의지가 지성의 도움을 받고 있는 경우에도 아주 숭고한 의지는 아닙니다."

왜냐하면 쇼펜하우어에게는 의지가 지성의 도덕적 행위를 보증하는 것이 아니기 때문입니다. 즉 그에게서 세계는 관념인 동시에 의지입니다. 무엇보다 쇼펜하우어에게 있어서 세계의 본질은 의지로 나타납니다. 인간에게 목표를 설정해 주는 것은 이성이 아니라 의지 그 자체라는 것입니다. 모든 객관적인 것은 의지가 나타난 것이며 이는 의지의 객관화입니다. 그러나 쇼펜하우어가 세계의 본질이라고 하는 의지는 여러 현상과 단계로 다가오는데 결국은 의지의 부정이 고통스러운 삶으로부터의 해방이라는 결론에 도달합니다. 의지는 삶에의 의지이기 때문에 무한한 욕구로부터 벗어날 수 없는 고통을 안겨다 줍니다. 그래서 쇼펜하우어는 의지의 부정을 이끌어냅니다. 의지 그 자체는 맹목적이며, 그 현상의 대부분이 무의식적으로 현상됩니다. 의지에서 뇌를 산출하면, 뇌 속에서는 고유한 자아에 대한 의식, 인식하려는 자아와 의욕하는 자아와의 일치가 성립했을 때 나타납니다. 단순한 의지는 뇌를 통해서 인식을 의욕하는 것으로 객관화됩니다.

인간의 의지와 인식과의 불화는 인간에게 나타나는 성욕·고통·불만족·고뇌·질투·야심을 낳지만, 그 중에서도 강력한 것은 성욕입니다. 그는 성욕을 인간의 내부에서 생겨나는 의지의 가장 명확한 형태라고 말합니다. 남녀의 관계는 인간의 행동과 능력을 보여주는 중심점입니다. 색욕(色慾)은 전쟁의 원인도 되고 평화의 목적도 됩니다. 생식기는 의지의 초점이며, 인간은 구체화된 성욕입니다. 성욕은 인간의 남녀 사이의 성교에 의해 생겨나며, 인간의 욕망 중의 욕망은 이성과 교제하기 때문에 생겨납니다. 이 욕망만이 인간 전체의 현상을 결합하여 영속시킵니다. 따라서 고유한 인간의 본질은 인식하는 의식 속에 존재하는 것이 아니라 근본적으로 내부의 의지 그 자체에 있으며, 인간의 반성적인 추상적 능력도 오로지 의지의 도구일 뿐입니다. 그는 철저한 의지의 부정을 통해 그의 행복관의 최상의 목표로 삼았습니다. 따라서 쇼펜하우어의 의지관은 맹목적인 삶의 의지라고 불리고 있습니다.

행복의 본질

쇼펜하우어는 의지론과 다소 다르게 『행복론』에서 행복의 본질을 다음과 같이 네 가지의 커다란 범위 안에서 말하고 있습니다. 이는 현대를 살아가는 우리에게도 마찬가지로 유사한 행복관이라고 하겠습니다.

첫째, 명랑한 질서, 행복한 활기가 중요합니다. 이것이 인간이 누리는 괴로움과 기쁨의 정도를 결정합니다.

둘째, 명랑하기 위해서는 무엇보다 몸이 건강해야 합니다. 건강은 명랑한 정서와 아주 밀접하게 연관되어 있으며, 이를 위한 필수조건이라고 말할 수 있습니다.

셋째, 정서적인 평온이 중요합니다. "행복의 대부분을 이루고 있는 것은 현명함입니다." "가장 즐거움 삶의 본질은 무념무상

(無念無常)입니다." 그는 고통과 행복의 감정은 주관적인 것이라고 말합니다. 즉 우리는 가난한 사람들이 부유한 사람들 못지 않게 즐거운 모습을 볼 수 있으며, 그러한 모습은 부유한 사람들보다 가난한 사람들에게서 더 자주 발견할 수 있다고 말합니다. 그의 마음의 평정은 "어려울 때에는 늘 평정을 잃지 않도록 하라. 행복할 때의 마음이 지나친 기쁨을 다스릴 수 있다"는 것입니다.

넷째, 외부의 재물 내지 자산이 중요한 요소입니다. 하지만 아주 약간만 있으면 됩니다. 따라서 그는 에피쿠로스의 견해에 따라 이렇게 구분하고 있습니다.

① 당연히 필요한 동시에 꼭 필요한 자산

② 당연히 필요하지만 꼭 필요하지 않은 자산

③ 당연히 필요하지도 꼭 필요하지도 않은 자산[7]

여기서 쇼펜하우어는 행복이 가르쳐야 할 것은 첫 번째 요소인 행복의 활기와 두 번째의 인간의 몸의 자산을 얻는 방법이라고 말하고 있습니다.

8. 니체의 행복관: 행복은 "힘에의 의지"이다

힘에의 의지: 자기극복

지난 20세기의 오랜 100년 동안 전공자든 비전공자든 간에 가장 많이 사람들의 회자에 오르내렸던 인물은 역시 니체(Friedrich Wilhelm Nietzsch, 1864~1900)였습니다. 니체는 쇼펜하우어의

프리드리히 니체

행복관처럼 염세주의적인 관점이 아니라 긍정적이고 낙관적인 힘찬 삶에 대한 "힘에의 의지"(Wille zur Macht)로 표현됩니다. 그는 삶 자체를 역동적으로 살았을 뿐만 아니라 사람들에게 일상적인 삶의 모습을 표본적으로 잘 보여주고 있습니다. 니체는 우리에게 긍정과 용기를 불러일으키는 삶을 말해 주는 철학자이기에 복잡한 현대를 살아가는 우리에게 용기와 삶의 에너지를 한층 불어넣어 줍니다. 한마디로 그의 행복관이라고 한다면 "힘에의 의지"로 표현할 수 있을 것입니다. 니체는 『도덕의 계보』에서 약한 자들에 의한 도덕을 분석하면서 "힘에의 의지"에 대한 철학을 근거로 삼습니다. 니체는 행복이 인간실존의 궁극적인 목적이 아니라고 말합니다. 행복은 약한 자의 모습으로도 나타날 수 있기 때문에 위버멘쉬(자기극복인)가 진정한 행복의 목적을 갖고 있다고 말합니다. 쇼펜하우어가 맹목적인 힘의 의지를 말했다고 한다면, 니체는 적극적이고 긍정적인 힘에의 의지를 힘주어 외칩니다.

니체는 학창시절 쇼펜하우어의 『의지와 표상으로서의 세계』라는 책을 읽고 사상적으로 깊은 영향을 받았고, 바그너(Richard

Wagner, 1813~1883)의 음악에 매료되었습니다. 니체는 사상적으로는 쇼펜하우어로부터, 예술적으로는 바그너의 오페라와 민족음악 등에 깊은 영향을 받았습니다. 그의 행복관은 음악과 철학이론, 특히 그리스 고전이론을 어떻게 조화시키는가에 관심을 집중시켰습니다. 아직까지도 니체만큼 예술과 철학의 접목에 커다란 재능과 관심을 보인 학자는 찾아보기가 힘들다고 할 수 있습니다. 그가 항상 외치고 있던 힘에의 의지도 이들 이론과 예술들의 결정체라고 해도 무방할 것입니다. 니체의 힘에의 의지의 행복관은 거시적인 유럽문명에 대한 비판에서 시작하고 있습니다. "우리의 모든 유럽문화는 천재지변으로 인해 불안해하고 있으며, 폭력적이고 당황하면서 이미 오래 전부터 매 세기마다 증가하는 긴장의 고문 속에서 움직이고 있다"고 절규합니다.

"우리는 새로운 정열, 왜 야만으로부터 가능한 귀환을 두려워하고 싫어하는 것인가? 야만이 인간을 현재보다 더 불행하게 만들 것 같기 때문인가? 아 틀렸다! 모든 시대의 야만인들은 더 행복했다. 우리는 생각하지 말자! 오히려 우리의 인식에 관한 충동은 우리가 인식 없는 행복을, 또는 강하고 확고한 망상의 행복을 평가할 수 있는 것보다 더 강하다."

우선 니체는 "힘에의 의지"에서 유럽의 니힐리즘을 고찰하고, 그 다음으로 지금까지의 최상의 가치를 살피고 부정하며, 세 번째로는 새로운 가치체계의 원리를 제시하고 마지막으로는 그리스 신화에서 등장하는 술의 신인 디오니소스적인 것, 자기극복인(Übermensch)을 훈련하고 길들이고자 하는 것이었습니다.

무엇보다 니체에게서 진정한 힘에의 의지란 자기를 강화하고 자기 극복에의 의지이며 자신의 힘으로 자신도 구원하고자 하는 의지입니다. 힘에의 의지는 자기를 극복하고 어떤 상태에서도 끊임없이 도달하려는 힘에의 의지의 본성입니다. 그의 힘에의 의지는 자기 자신을 통제하고 자기가 이 세상의 주인이 되는 것을 말합니다. 힘에의 의지는 주인이 되고자 하고, 더 많은 힘을 얻고자 애쓰며, 더욱 강해지고자 하는 의지들이 내재하는 본성입니다. 따라서 의지들은 외적인 원인들에 의해서 나타나는 것이 아니라 자체 내의 운동에 의해서 그 원인을 갖습니다. 힘에의 의지는 끊임없이 자신을 고양시키는 것, 즉 자기 자신을 아주 높은 단계로 끌어올리고 자신에게 깊이와 풍요로움, 그리고 통일성을 부여하는 것을 의미합니다. 이러한 자기 극복이 힘에의 의지의 본질입니다. 즉 힘에의 의지는 자신을 스스로 명령하고 지배하려는 의지, 그렇게 하여 자신을 극복하려는 의지입니다.

니체는 "모든 존재자의 투쟁은 힘을 얻으려는 투쟁이고, 쾌락은 힘으로부터의 감정에서 나온다"라고 단호하게 말합니다. 또한 그는 자기극복인으로서 행복을 말합니다. "나의 행복에는 도대체 무엇이 있단 말인가! 나의 행복은 빈곤, 더러움, 가련한 쾌락일 뿐이다. 그러나 나의 행복은 생존 그 자체를 시인하는 것이어야 한다!" 따라서 그에게서 힘에의 의지는 그 활동의 목적을 그 자체 속에 있다고 할 수 있으며, 이러한 목적은 의지의 본질과 같은 것입니다. 진정한 힘에의 의지는 무의미하게 생성변화하는 지상으로부터의 도피를 통해서가 아니라 바로 이 지상의 현 세계에서 자신의 구원을 이루어내는 것입니다. 이런 점에서 그는 과감히 자기 자신에게 먼저 신을 죽이는 행위를 주저하지 않습니다.

신의 죽음: 니힐리즘의 극복

우리가 니체에게서 가장 익숙한 격언은 "신은 **죽었다**"라는 문구일 것입니다. 니체는 "신이 죽었다"라고 외친 것을 더 넘어서 우리가 신을 죽였다고 과감히 말합니다. 그리고 이러한 신의 살해를 가장 위대한 행위라고 말합니다. 신의 살해행위는 인간이 신에 대한 의존과 종속 상태에서 벗어나 독립적으로 서기 위해서 아기가 어머니 품에서 벗어나 내딛는 첫걸음과도 같은 것이기에 지금까지의 행위 중에서도 가장 위대한 행위라고 말합니다. 그래서 그는 말합니다. "우리는 행복을 발명해 냈다. 최후의 인간은 이렇게 말하고는 눈을 깜빡거린다."

니체의 아버지는 루터교 목사였고 어머니도 목사의 딸이었습니다. 어렸을 적에 니체도 그의 친구들에게 작은 목사로 불릴 정도로 기독교에 신심이 깊은 소년이었습니다. 그는 20세 되던 해에 고전음악의 거장 베토벤이 태어난 옛 독일의 수도였던 본(Bonn) 대학에 입학하여 문헌학과 신학을 공부했지만, 한 학기 후에는 신학을 중단하고 문헌학에만 전념하게 됩니다. 이렇듯 그는 목사의 피를 부모 밑에서 받고 성장했지만, 청년기에 들어오면서부터 신의 사망선거에 대한 작업을 서서히 준비하고 있었습니다. 점점 연구의 깊이가 더해 가면서 니체는 자신이 살아온 시대를 "신이 죽은 시대"라고 부르기를 주저하지 않았습니다. 니체는 『짜라투스트라는 이렇게 말했다』에서 다음과 같이 말합니다.

> "모든 신들은 죽었다. 이제 우리는 위버멘쉬(자기극복인)로 살
> 도록 원하겠다."(Tod sind alle Götter: nun wollen, daß der
> Übermensch lebe)

　니체는 신이 죽은 우리의 시대를 니힐리즘(nihilism)이 지배하
는 시대라고 말합니다. 니힐리즘이란 낱말의 니힐은 "공허한 무"
(nihil)를 의미하는 라틴어이며, 흔히 니힐리즘은 허무주의라고
표현하기도 합니다. 니힐리즘이란 우리의 삶이나 이 세상은 신의
죽음으로 더 이상 어떤 가치나 의미도 없고 오직 공허한 무만이
있을 뿐이라는 생각입니다. 단적으로 니힐리즘은 모든 존재하는
것을 절대적으로 부정하는 입장입니다. 이 세상의 모든 존재하는
것들, 즉 존재자 전체의 무제한적이고 완전한 부정을 의미합니
다. 니체는 "니힐리즘이란 무엇인가?"라는 물음에 대해 최고의
가치들이 이제는 더 이상 없음을 의미한다고 말합니다. 최고의
가치들이 없어짐은 동시에 모든 가치들의 전도현상이 수행되고
있음을 뜻합니다. 니힐리즘의 현상은 19세기의 정신적 분위기와
연결시키면서 신의 죽음을 그의 시대정신 속에서 발견한다는 것
입니다. 그런데 니체는 누가 신을 죽였고 왜 신은 죽었는가? 라
는 물음을 계속합니다.

　이러한 니힐리즘의 진정한 극복은 인간의 자기 강화, 인격의
강화에 의해서만 가능한 것입니다. 니체는 신의 죽음에서 비롯된
의미와 공백이 삶의 공허감으로 사로잡힐 수도 있지만, 오히려

이러한 신의 죽음이야말로 인간의 모든 창조적인 기능을 발휘할 수 있는 절호의 기회라고 생각하였습니다. 니힐리즘이라는 낯선 손님이 우리를 반기고 있지만, 이는 이 세상이 절망이나 공허감으로 가득 찬 것이 아니라 오히려 이 지상에서의 은총과 은혜를 가져다줄 수도 있기 때문입니다. 신의 죽음이란 사망선거를 통해 우리는 신의 천부적인 양심의 권위에 기대었던 이른바 절대적이고 무조건적인 가치에 구속받지 않는 "자유로운 열린 시야"를 가질 것을 촉구하였습니다. 신의 죽음으로 인해서 인간의 정신과 육체를 진정으로 건강하고 강인하게 만들 수 있는 가치들을 새롭게 창조할 수 있게 된 것입니다. 오로지 힘에의 의지는 자기 자신만을 북돋으며 더 높은 곳을 추구하려는 것을 목적으로 삼기 때문에 자기 이외의 어떤 가치도 귀중한 것으로 인정하지 않습니다. 따라서 니체가 비판하던 기독교의 신도 인간의 힘을 성장시키는 데 도움이 될 때야 비로소 가치가 있다고 말합니다. 그래서 니체는 니힐리즘 시대에 직면하여 "힘에의 의지"라는 새로운 삶의 긍정적 시도를 감행한 것입니다. 니체는 처음부터 허무주의, 염세주의, 퇴폐주의 등 근대성에 둘러싸여 있었지만, 힘에의 의지를 굳건하게 지키면서 낙관주의로 나아갔습니다.

이러한 의미에서 니체의 행복관은 피안과 미래라는 환상을 통해서 인간을 위로하고 달래려는 값싼 위로의 철학이 아니라, 인간을 위험과 고통에 처하게 하여 그를 단련시키려는 해머를 들고 기존의 낡은 체계를 해체하여 새로 재편시키려는 의지가 충만한 철학입니다. 우리가 니체의 행복관을 조망하는 것도 현대인에게 있어서 의지가 점점 박약해져 갈 뿐 아니라 타인이나 절대적인 힘의 소유자에게 나약하게 자신을 맡기려는 태도에 반성적 경구를 제공해 주고 있습니다. 결국 힘에의 의지는 어떤 강력한 육체적인 힘을 의미하는 것이 아니라 자신의 내부에서 나오는 강한 정신적 의지의 산물인 것입니다.

9. 마르크스의 행복관: 인간은 노동을 통해 행복을 느낀다

프로메테우스의 사자(使者)

마르크스(Karl Heinrich Marx, 1818~1883)는 독일의 라인강의 한 지류인 모젤 강변의 트리어(Trier)라는 중세풍의 조그만 도시에서 부유한 변호사의 아들로 태어났지만, 그처럼 일생을 가난한 자, 노동자를 위해 헌신하고 그에 대한 연구에 일생을 바친 사람도 별로 많지 않습니다. 그가 추구한 행복관은 단적으로 노동자들을 위한 불합리하고 부조리한 사회현실을 변화시키는 것이었습니다. 그는 지금보다 조금 나아지고 보다 더 합리적일 뿐 아니라 추함이 전혀 없는 세계, 낡은 쪼가리로 이리저리 붙어 있는 지저분하고 다 떨어진 낡은 의복이 아니라 완전한 새 옷, 참으로 아름다운 새 세계를 건설하고자 하는 인간의 행복을 꿈꾸는 그러한 사회를 건설하는 것이었습니다.

"사회 구성원 어느 누구도 우리에게 행복을 가져다주지 못하고 갈등만을 일으키는 물질적 풍요란 무슨 소용이 있을까? 부유한 자

와 가난한 자의 대립과 갈등
을 없애고 모두 다 잘살 수
있는 방법은 없을까?"

키를 마르크스

이것은 마르크스가 고민한
그 시대의 과제였으며 해결할
문제였습니다. 20세기의 1990
년을 기점으로 독일의 통일과
소련의 붕괴 이후로 사회주의
가 거의 몰락이 길을 걷고 있
지만, 아직도 그의 사상은 자본주의건 사회주의이건 간에 우리
사회 전반에 걸쳐 많은 영향을 끼쳤습니다. 그래서 마르크스의
많은 업적들은 장구한 사회사상사 속에서도 그에 필적할 만한
대상(對象)을 찾기란 그리 쉽지 않습니다. 사람들은 심지어 청년
마르크스를 일컬어 인간을 추위와 어둠으로부터 해방시키기 위
해 신에게 불을 훔쳐오고, 예술과 과학을 인간에게 건네준 것으
로 알려진 불의 신 프로메테우스(Prometheus)와 비교하기도 합
니다. 프로메테우스는 인간의 창조적 재능, 진보와 자유, 그리고
행복을 추구하는 지칠 줄 모르는 충동의 상징이었습니다.

마르크스의 박사학위 논문인 『데모크리토스와 에피쿠로스』의
자연철학 차이의 서문에 의하면, 악화된 시민들의 지위에 대해
프로메테우스가 신들의 심부름꾼인 헤르메스에게 답했던 것처럼
다음과 같이 인용하고 있습니다.

"당신에게 강제되어 있는 나의 불행한 상황을
바꾸지 않겠다.
분명히 들어라! 결코 바꾸지 않겠다.
아버지 제우스의 충실한 사환이 되느니
차라리 이 바위에서 살리라."
(『아이스킬로스의 프로메테우스』, 966~969쪽 인용)

   마르크스는 어린 시절부터 사회를 위해 일하겠다는 의지를 여
러 메모에서 밝히고 있습니다. 한 실례로 "만일 한 인간이 자신

묶여 있는 프로메테우스
1843년에 있었던 『라인신문』의 정간을 풍자한 그림.
당시 신문 편집자였던 마르크스는 프로메테우스처럼 인쇄기에 묶여 있고,
독수리는 프로이센 군주를 나타내는 왕관을 쓰고 있다.

의 삶 속에서 인류의 가장 훌륭하게 봉사할 수 있는 위치를 선택한다면, 그는 자신의 행복이 다수에 속하기 때문에 결코 사소하고 한정적인 자기 본위의 기쁨에 젖어들지는 않을 것이다"라고 말하고 있습니다. 마르크스에게서 행복은 단지 일상적인 개인의 기쁨이나 안락함 같은 것에서 찾지 않았고 사회개혁자나 혁명가가 그러하듯이, 사회문제의 경과가 어떻게 진행되어 가는가에서 찾았습니다. 그래서 그는 인간의 본질은 "사회적 관계의 총체"라고 말합니다. 마르크스의 대표적인 잠언 중의 하나는 "인간의 의식이 그들의 존재를 결정하는 것이 아니라 사회적 존재가 그들의 의식을 결정한다"는 것입니다. 이것은 많은 사람들이 흔히 애기하듯이, 사유의 패러다임을 변화시켜야 한다는 것과 상통합니다.

노동이 인간의 행복이다

마르크스는 사회법칙을 지배하는 법칙을 발견함으로써 노동계급에게 사회적 압제를 떨쳐버리고 삶의 존엄성, 즉 인류 복지와 각 개인의 육체적·정신적 재능의 자유롭고도 전면적인 발전을 위한 필요조건을 창출해 낼 수 있도록 그 진정한 길을 제시해 준 최초의 사상가로 기억되었습니다. 산업혁명을 통한 생산력의 급속한 성장은 인간에 의한 인간의 착취를 종식시키고 노동을 해방시켜야 한다는 거대한 역사적 과업을 수행해 나갈 수 있는 현실적 기초를 마련하였습니다. 이러한 점에서 마르크스의 행복론은 노동의 인간학이나 생산의 유물론에서 찾을 수 있습니다.

마르크스의 사회적 노동과 유적(類的) 역사의 개념, 역사 유물론은 그가 일생을 두고 몰두한 작업입니다. 마르크스에게서 노동의 인간학은 인간의 본질을 노동에 의해 정의하고 있다는 사실입니다. 인간은 본질적으로 노동하는 존재라는 사실, 더 정확히 말하자면, 인간의 본질적 활동은 노동에 의해 정의됩니다. 그의 노동은 단지 개인적인 차원에서의 노동이 아니라 좀더 넓은 의미의 사회적 노동을 의미합니다. 왜냐하면 사회적 노동은 숙련도나 노동의 강도에 있어서 사회적으로 평균적인 노동을 뜻하기 때문입니다. 예를 들어 마르크스가 말하는 사회적 노동은 예쁜 질그릇을 만들기 위해 많은 노력과 시간을 들이는 도예가의 노동이 아니라, 소매·도매 시장에 내다 팔기 위해 질그릇을 만드는 도자기공의 사회적 노동을 가리키는 것입니다. 마르크스의 초기 사상을 담은 『경제학 철학 수고』, 『독일 이데올로기』 등의 저서에서 휴머니즘적 요소를 마르크스 사상 전체의 핵심으로 파악하고 있습니다.

　　노동의 인간학을 통한 소외론은 그의 행복관의 주요한 특징이라고 말할 수 있습니다. 마르크스는 『경제학 철학 수고』에서 노동의 소외, 자연으로부터의 소외, 인간의 소외를 다루고 있습니다. 이것은 독자적인 형태의 소외가 아니라 어디까지나 활동의 중심항, 즉 노동소외라는 규정 노동의 인간학으로부터 도출하고 있다는 점입니다. 마르크스는 명시적으로 노동활동을 인간 유의 본질을 실현시키는 실천이자 중심범주로 생각하였습니다. 따라서 그는 노동의 소외야말로 그밖의 다른 사회적·인간적 소외를 발생시키는 원인으로 고정시킨다고 보았습니다. 마르크스에게서 인간의 본질은 정신이 아닌 노동에 있기 때문에 노동을 통해 인간은 자아를 실현하는 것이라 생각하였습니다. 그런데 이 사회는 노동으로 인해서 오히려 인간을 비인간화 내지 소외화시키고 있다는 것을 깨달았습니다. 예를 들어 내 땅에서 열심히 벼농사를 지은 농부는 자기가 노동으로 키운 벼 작물을 통해서 자부심과 삶의 충만함을 느낍니다. 그러나 노예는 그 사정이 다를 수도 있습니다. 노예는 주인이 시키는 것만 일하거나 죽지 않기 위해서 일할 뿐이기 때문에 노동은 고통만을 낳습니다. 자본주의 사회가 진행되면서 사람들의 노동이 노예와 같은 상황으로 만들어 버렸습니다. 자신이 생산한 물건은 대부분 자기 자신의 능력으로 살수도 가질 수도 없습니다. 단지 노동은 최소한의 생계를 유지하기 위해 치러야 할 고통일 뿐이라는 점입니다. 그래서 그는 자본주의 사회 아래서는 고통이 증가되기 때문이 자본주의가 파괴되어야 한다고 믿었습니다. 자본주의 사회에서 노동자의 운명은 점점 더 악화될 것이라는 생각입니다. 자본주의는 일종의 기계와 같고 그 안에 포섭된 노동자들과 마찬가지로 붙잡힌 몸이며 기계가 그들에게 명령하는 것 이외에는 아무 것도 할 수가 없다고 말했습니다. 이러한 의미에서 자본주의 사회의 인간은 노동으로부터 소외되어 있다고 말합니다.

마르크스의 노동과 실천에 대한 새로운 문제의 설정은 『포이에르바하에 관한 테제』(1845)에서 잘 드러나 있습니다. 이 테제는 "인간의 본질"은 무엇이며, 이것이 "어떻게 소외되었는가"라는 문제의 설정을 비롯하여 인간 실천활동의 결과라는 "실정성"에 대해 파악하는 계기를 마련하였습니다. 마르크스의 실천에 대한 새로운 문제설정은 이 세계에 대한 이해를 넘어서 세계를 변화시키는 데 있었습니다. 그래서 그는 테제 11번째에서 다음과 같이 언급합니다.

"이제까지의 철학자들은 단지 세계를 해석해 왔을 뿐이다. 문제는 이 세계를 변혁시키는 데 있다."

이 문구는 후에 마르크스 자신뿐만 아니라 그를 추종하는 많은 사람들에게 광범위한 영향력을 발휘하였습니다. 이 말은 마르크스 혁명이론의 핵심을 이루고 있습니다. 마르크스에게서 역사는 자본주의에서 사회주의로 발전하는 혁명을 향해서 움직여 가고 있다는 것을 확신합니다. 자본주의 사회는 무의미한 노동과 메마른 가정생활 속에 가두어 놓는다는 사실을 깨닫는 것만으로는 충분하지 못하다는 것입니다. 중요한 것은 현재의 상태를 완전히 뒤집어 놓는 혁명입니다. 그는 사회주의로 향하는 역사·계급 이론을 형성한 지 몇 년 후에 경제이론을 발전시켰습니다. 그의 경제이론은 자본주의의 역사발전이 사회주의를 가능하게 하는 조건을 마련한다는 것을 명백하게 하려고 하였습니다. 마르크스는 자본주의를 정의하기를, 노예도 농노도 아니며 자유민인 노동자의 노동을 이용하여 생산수단을 소유하는 자의 사적 이윤을 위해 그 생산수단이 작용하는 사회제도라고 하였습니다. 따라서 노동자 계급이 곧 닥칠 투쟁에서 승리를 쟁취할 것이라 생각했습니다. 마르크스는 소외의 과정을 유물론적으로 해석하여 혁명의 이론으로 발전시켰습니다. 현재 소외에 대한 의식이 보편화되어 있는 상황에서 그의 이론은 여전히 많은 시사점을 던져주고 있습니다.

10. 피에르 쌍소의 행복관: 느리게 사는 것이 행복이다

빠르게 산다는 것의 의미

현대 프랑스의 철학자 피에르 쌍소는 『느리게 산다는 것의 의미 I』(2000)라는 저서에서 빠름 아닌, 느림의 행복을 강조하면서 일약 베스트셀러의 반열에 올려놓았습니다. 현대의 빨리빨리 문화에 익숙한 우리에게 느림의 행복관은 많은 이에게 잔잔한 파문을 던져주고 있습니다. 우리나라의 경우 1970년대 경제의 급속한 부흥으로 인한 "바쁘다 바빠"가 허세의 상징이었다면, 오늘날의 "바쁘다 바빠"는 위세의 상징이 되면서 IMF의 경제위기 이후 빨리빨리의 문화는 식을 줄 모르고 있습니다. 피에르 쌍소의 행복관은 빨리빨리 문화에 익숙한 우리에게 지난 시간을 한 번쯤 돌아볼 수 있는 여유의 시간을 갖는 데 자신을 성찰할 소중한 일깨움을 전해 주고 있습니다.

"빨리 빨리…!" 우리는 일을 할 때도 놀 때도 먹을 때도 자나 깨나 항상 이 말을 외칩니다. 그래서 세상은 모든 일을 척척 기계처럼 빠르게 처리하는 사람들을 중심으로 움직이는 것처럼 보입니다. 또한 빠르게 일 처리를 잘하는 사람이 능력 있는 사람처럼 보입니다. 느림이라는 것은 우리 시대의 낡은 가치들 중에서도 가장 뒤떨어진 것으로 나타날 수 있습니다. 왜냐하면 인간의 재능이 발휘되고 있는 현대사회는 모든 분야에서 점점 빠르게 반응하고, 더 빨리 정보를 얻고, 더 빨리 보고, 더 빠르게 프로그램을 만들어야 하기 때문입니다.

이러한 변화로 인해서 21세기는 믿음이나 이성의 시대가 아니라 정보의 시대라고 말합니다. 최근 들어 빠르게 전환의 속도를 보이고 있는 아날로그에서 디지털 기호를 통한 존재론적 전환의 움직임은 점점 무르익어 공격적이고 대리적인 실재가 되어 가고 있습니다. 여기서 존재론적 전환은 우리가 발딛고 있는 세계의 빠른 변화를 의미합니다. 이는 우리의 정보와 지식이 뿌리내리고 있는 세계 전반의 문맥상의 변화를 말합니다. 그래서 정보를 가장 많이 소유하고, 지식을 가장 많이 갖춘 자들만이 노동의 세계속으로 파고 들어가게 되는 현상은 앞으로 점점 심해질 것입니다.

그러나 다른 측면에서 볼 때 사람들은 얼마나 많은 것들을 놓치고 있을까요. 피에르 쌍소는 현기증이 날 정도로 빠르게 돌아가는 현대인의 삶 속에서 느리게 사는 것도 괜찮은 방법이라고 과감히 말합니다. 왜냐하면 느림은 자유를 일컫는 가치이기 때문입니다. 그는 느림은 개인의 성격문제가 아니라 삶의 선택에 관한 문제라고 말합니다. 어느 한 기간을 정해 놓고서 그 안에 모든 것을 처리하려고 서두르지 않아도 되고, 시간에 쫓기지 않아도 되는 그런 삶을 선택할 수 있다는 말입니다. 모든 것을 서두르게 만드는 사회 속에서 자발적으로 그리고 건강한 삶을 유지하기 위해 절실하게 필요한 과제입니다.

느리게 산다는 것의 의미

그러면 시간에 쫓기지 않기 위하여 느리게 사는 지혜는 무엇이 있을까요? 쌍소는 다음과 같이 몇몇의 과제로 느리게 산다는 것의 의미를 말하고 있습니다.

첫째, 한가로이 거닐기 — 자기만의 시간을 가질 것.
나만의 시간을 내서 발걸음이 닿는 대로, 풍경이 부르는 대로 나를 맡기는 것입니다. 이는 시간을 중단시키는 것이 아니라 시간에 쫓겨서 내몰리지 않고 시간과 조화를 이루어내는 것입니다. 이는 구애받지 않는 자유로움을 의미합니다.
둘째, 들을 것 — 신뢰할 만한 다른 이의 목소리에 귀를 기울일 것.
상대방의 이야기를 들어준다는 행위는 위로한다는 것 이상의 의미를 갖고 있습니다. 상대방의 말을 경청함으로써 그를 최고의 상태에 이르게 하는 것입니다. 우리 사회는 말하는 것과 듣는 것이 균형을 이루고 있지 못하고 있는데 이는 수정할 필요가 있습니다.
셋째, 권태 — 무의미할 때까지 반복되는 것을 받아들이고 취미를 가질 것.
권태는 우리에게 항상 달려들 자세를 취하고 있습니다. 왜냐하면 우리는 시간이라는 문제와 항상 씨름을 하기 때문입니다. 반복되는 현재라는 시간과 지속성을 갖지 못한 미래라는 시간은 항상 우리에게 붙어 다니고 있습니다. 그리 급하지 않은 일을 잠시 밀어 놓고 느긋한 행복감에 젖어서 기분 좋게 기지개를 켜면서 만족스러운 하품을 할 수 있는 그러한 권태입니다.

넷째, **꿈을 가꿀 것** — 자기 안에 희미하게 마 예민한 하나의 의식을 자리잡아 둘 것,

꿈속에 빠진다는 것은 흐르는 시간의 속도를 늦추고, 주의력과 무의식이라는 두 강물 사이에서 머무를 수 있는 가장 손쉽고 흔한 방법입니다. 꿈을 꾸는 사람들은 어떠한 개념보다는 이미지를 더 좋아하는 경향을 보입니다. 개념은 그것을 정리하는 데 까다롭기도 하고 노동이 요구되는 데 비해서, 꿈은 세상의 부스러기를 모아서 삶을 풍만하게 살찌우는 것입니다. 이것은 물이라든지, 불·공기·대지 등 모든 형태의 자연을 찬양하게 하여 우리의 의식을 풍요롭게 합니다.

다섯째, **기다릴 것** — 가장 넓고 큰 가능성을 열어 둘 것.

우리는 어엿한 성인이 되기까지 어머니의 젖을 빼는 것으로부터 시작하여 초등학교, 중학교, 고등학교의 학습과정을 거쳐 오랜 기간 수많은 단계를 하나씩 밟아갑니다. 최근에는 인터넷 등의 보급으로 인해 많은 학생들은 이와 같은 기다림을 피하게 되었습니다. 이제는 찾고자 하는 자료들은 오래 기다리지 않아도 신속하게 손에 넣을 수 있습니다.

기다림은 기다릴 필요가 있는 사건에 대해서는 피해 가지 않고, 그 사건을 예감하면서 그 첫 징조를 살짝 드러내 보여줍니다. 인간은 살아가면서 완전한 좌절, 죽음, 연인과의 사랑의 실패 등을 겪기도 하지만 바로 그것이 기다림을 필요로 하는 이유입니다. 우리는 미래를 예상하고 다가올 좋은 날들에 미리 이야기

합니다.

여섯째, **마음의 고향** — 존재의 퇴색한 부분을 간직할 것.

도시화가 진행되고 행정개편이 되면서 전국이 평준화되는 경향을 보이고 있습니다. 그렇기 때문에 마음속에 남아 있는 시골 고향에 대한 이미지는 더 한층 우리의 마음을 흔들어 놓습니다. 물론 고향에 대한 집착이 지역주의라든지 지방분권을 일으킬 수 있습니다. 그러나 우리에게서 마음의 고향은 그때의 숨결, 향기, 추억 등이 남아 있어 영원합니다. 따분하다는 일상생활이 사라지고 시골의 존재도 사라진 지금에 와서 따분함은 단지 권태가 아니라 긍정적인 색조로 우리에게 다가올 수 있습니다.

일곱째, **쓸 것** — 마음속의 진실을 형상화할 것,

글을 쓰거나 그림을 그리는 그리거나 작곡을 하는 것은 자신의 재능을 과시하기 위해서가 아니라 오직 자신의 참모습에 접근하기 위해서 입니다. 우리는 언어 속에 살고 있습니다. 언어를 사용하기 위해서는 망설임이 필요합니다. 이러한 측면은 음악이나 미술 등 예술작품을 만들어낼 때 많은 시간을 고심하여 작품의 완성으로 이루어내는 것과 같습니다. 즉 자신의 참모습을 발견하기는 쉽지는 않으나 그것을 일상적 경험이나 예술의 순수한 창작정신에서 찾는 것입니다. 특히 이는 과거에서부터 현대에 이르기까지 여러 예술가들의 예술작품에서 발견할 수 있습니다.

여덟째, **포도주 한 잔** — 그것은 지혜의 학교.

포도주는 사회적 존재로서 소박하게 사는 사람들과의 관심의 표시가 됩니다. 포도주는 우리의 모든 기능을 약하게 만드는 효과를 지니고 있습니다. 취기가 어느 정도 돌면 우선 흥분을 일으

키게 되고 말, 행동 등이 부자연스럽게도 되는 몸의 변화가 일어
지만, 조촐하게 살아가는 이웃사람들과의 조화를 이루어냅니다.
그것이 인간과 장소, 계절이 섬세하고 은밀하고 감동적인 조화를
이루었을 때 시정(時情)이 태어나며 그 자체가 시적인 행위로 나
타납니다.

아홉째, 모데라토 칸타빌레 — 극단보다는 **절제**를 가질 것.

절제란 미적지근하고 모험을 두려워하고 상상력이 결여된 태
도를 말하는 것이 아니라 합법적인 야망을 지니고 살아가는 것
입니다. 절제는 소극적으로 처신하거나 스스로 엄격하게 행동하
는 것을 의미하는 것은 아닙니다. 인류를 위협하는 극단적인 태
도를 경계하고 또한 그러한 것과 투쟁하기 위해서입니다. 사람들
이 원한다고 하여 무조건적인 정책을 세우는 것이 아니라, 효과
적인 정책을 세우기 위해서 사회세력들과 야심 찬 프로그램 등
에 같이 동참하는 것입니다. 절제는 "적은 것"으로부터 출발한다
는 점입니다. 적은 것으로 만족하며 살아간다는 것이 보잘것없는
것은 아닙니다. 그것은 곧 지혜를 의미합니다. 예를 들어 남을
함부로 비판하지 말 것, 무리한 요구를 하지 말 것, 상황이 제공
해 준 것을 최대한 이용할 것, 사회계층의 꼭대기에 있는 사람들
을 비통한 질투의 시선으로 바라보지 말 것, 자신의 취향에 따라
착실하게 앞으로 나아갈 것 등입니다. 행복의 본질은 분명하게
드러나는 것은 아니지만, 무엇이 우리 자신으로부터 벗어나게 하
는지는 모릅니다. 즉 끊임없는 수다, 쓸데없는 일들의 소모, 헛된
것들이 바로 그것입니다.

쌍소는 길을 걷는 것은 행복하다는 관점에서 그의 느림의 철학을 시작합니다. 이 책에서 그는 천천히 사는 자의 행복을 말합니다. 걷는 자는 천천히 사는 법을 배우는 중요한 요소라는 것입니다. 이 길이 나를 어디로 데려다 줄지 모른다면, 그 예측할 수 없는 삶에의 기대는 나를 더 고조시키고 있습니다. 쌍소의 걷는 자의 철학, 길에서의 사유를 말하는 것은, 길을 걷는 것이 마치 발라드 같다고도 유혹합니다. 그의 느림의 철학은 어떤 목적을 갖고 특정한 장소로 옮겨가는 것이 아닙니다. 어디로 갈지 모르고 어디에 닿아야 할 이유조차 없는 걸음인 것입니다. 따라서 그의 느림의 철학은 모든 것을 빨리빨리 처리하는 것을 능사로 여기고 잘하는 처사라고 생각하는 현대인에게 반성의 소리로 조용히 우리 곁에 다가옵니다.

제 3 장

이코노믹스(economics)의 행복관 Ⅰ

— 베스트셀러에서 나타난 행복관 —

최근 많은 사람들에게 관심을 끄는 것 중의 하나는 경제적으로 부유하게 사는 것, 잘사는 것입니다. 즉 성공한다는 것의 의미가 돈을 많이 버는 개념으로 바뀌어가고 있습니다. 이는 부정을 하여도 그렇게 이 사회는 거대한 자본주의의 흐름 속으로 빠르게 흘러가고 있습니다. 이러한 현상은 최근 우리 주변에서 베스트셀러라고 부르는 저서의 대부분이 경제적 부의 창출, 돈 버는 방식, 경제적 성공에 관한 내용들이 주류를 이루고 있는 것을 보아도 알 수 있습니다. 그러면 베스트셀러에서 말하는 경제적 행복의 의미는 무엇일까요? 우리는 앞장에서 다양한 철학자들의 행복관을 선정하여 살펴보았습니다. 앞서 언급했지만 고대나 현재에 있어서나 인간에게 있어서 행복의 요소는 획일화된 일방적인 메시지가 아니라 다양한 목소리로 우리에게 다가옵니다. 또한 행복은 어느 특정한 사상가, 사업가, 과학자, 대중의 인기연예인 등 유명 인물들이 전해 주는 것만이 아니라 누구나 자기 나름대로 행복의 척도를 갖고 있고 또한 말할 수 있습니다.

무엇보다 현재의 자본주의 사회에서 경제적 성공 내지 부의 축적이라는 것도 돈이 없으면 사람 구실을 하지 못하는 세상으로 점점 변해 가고 있다는 것을 잘 대변해 주고 있습니다. 시중에 널려 있는 베스트셀러라는 저작에서 시각의 전환이니 패러다임의 변화니 하고 말하는 것도 자본이나 재산과 연결된 돈 버는 패러다임의 변화를 언급하고 있다는 점입니다. 최근 20대의 젊은이들을 대상으로 한 앙케트 조사에서도 돈이 현실적으로 가장 중요하다고 믿으며, 돈이 단지 수단이 아니라 목적이 될 수 있다는 반응입니다. 한·일 대중문화를 주고받는 인터넷 사이트 '토마토리'(www.tomatolee.com)에서 20세 가입자들 1만 500여 명을 대상으로 벌인 장래의 꿈 앙케트 조사에서 "돈을 가장 많이 버는 사람"이 55%로 1위였다고 합니다. 그만큼 돈의 위력은 기성세대나 신세대 할 것 없이 위력을 발휘하고 있습니다. 많은 사람들은 돈 많은 부자이면서 행복한 삶을 살기를 바랍니다. 그러나 많은 돈을 벌고 싶다고 하여 갑자기 부자가 되는 것은 아닙니다. 부모에 물려받은 재산, 주식투자나 복권 등에 당첨하여 노력을 들이지 않고 쉽게 부를 거머쥔 사람도 더러 있지만, 이러한 상황은 그리 흔하게 보는 것은 아닙니다. 대부분의 사람들은 나름대로의 생활방식대로 꾸준히 성실하게 돈을 버는 방식을 추구하려고 합니다. 자본주의 사회에서 돈은 권력이며 힘의 상징으로 표현되고 있습니다. 물론 돈은 나쁜 일에도 쓰이지만 좋은 일에도 사용됩니다. 좋은 사람들의 수중에 들어가면 좋은 일에 사용될 수 있으며 나쁜 사람들 손에 들어가면 그만큼 나쁜 일에 쓰입니다. 20세기 영미철학 최고의 철학자이며 노벨 문학상을 수상한 러셀(Bertrand Russell, 1872~1970)은 돈에 대해 다음과 같이 말합니다.

"전형적인 현대인이 돈으로 바라는 것은 더 많은 돈입니다. 그 것도 겉치레와 화려한 생활을 위해서, 지금까지는 동등했던 상대를 뛰어넘기 위한 것입니다. 비록 돈이 사람을 더 위대하게 만들 수 있는 것은 아니지만, 돈이 없으면 위대해지기 어렵습니다. 게다가 돈을 모은 정도의 여부에 따라 두뇌의 척도도 달라집니다. 돈을 많이 벌면 현명한 사람이고 돈을 많이 벌지 못하는 사람은 영리하지 못하다고 말입니다. 이 세상에서 물론 바보로 여겨지고 싶은 사람은 아무도 없습니다. 돈이 어느 정도까지는 행복을 증가시킬 수 있다는 것을 부인하지 않습니다. 그러나 그 한계를 넘으면 그렇지 못합니다."

러셀도 이야기했듯이, 돈을 많이 벌었다고 하여 성공한 사람으로 생각되는 것도 아니고 그 사람의 인격을 높게 평가하는 것도 아닙니다. 자신의 친구와 불우한 이웃을 살아가는 나눔의 삶을 살아가고 자신의 권리와 이익에 도움이 되는 삶을 살아갈 때 성공한 삶이라 할 수 있을 것입니다. 우리가 살아가는 데 있어서 행복의 가치가 돈의 많고 적음에 따르는 황금만능의 시각이 바람직한 상황은 아니겠지만, 한번 긍정적인 관점을 갖고 경제적인 성공이라 할 수 있는 돈의 흐름을 추적해 보도록 합시다.

1. 『부자 아빠와 가난한 아빠』[8])에서 나타난 행복관

베스트셀러 『부자 아빠 가난한 아빠』(2000)의 공동저자인 로버트 기요사키는 현대인들에게 기존의 생각의 변화를 바꾸는 데 많은 시사점을 던져주고 있습니다. 그는 고전적인 의미에서 도덕관이나 윤리적 측면에서의 행복관을 말하지 않고, 현대인에게 실제적으로 현실에 필요한 돈 버는 방법을 구체적으로 제시하고 있습니다. 그는 현대인에게 행복의 척도는 물질적인 부, 돈을 소유하거나 돈버는 방법의 노하우를 구체적으로 배우는 것이라고 말합니다. 단적으로 말해 그의 메시지는 사람들의 생각을 변화시키는 것입니다.

기요사키에 의하면, 부자가 아닌 사람들은 자신을 위해서가 아니라 고용주나 정부, 은행을 위해 일하고 있다고 말합니다. 가난한 사람들은 남을 위해서 일하지만, 부자들은 남을 위해 일하지 않고 자신을 위해서 사업을 한다고 합니다. 또한 가난한 사람들은 지출만 하고 중산층은 부채를 사면서 자산이라고 생각하지만, 부자는 자신을 위해서 자산(資産)을 산다고 합니다. 예를 들어 부자들은 사치품을 나중에 사지만, 가난한 사람들과 중산층 사람들은 부자로 보이기 위해 큰집과 보석, 모피, 혹은 고급 차를 먼저 구입한다고 합니다. 이러한 것이 모두 사실이 아닐 수도 있지만, 대체적으로 그러한 경향을 보이고 있다는 점입니다. 그렇게 하면 부자로 보이지만, 사실 그들은 점점 더 빚만 질 뿐입니다. 기요사키는 가난한 사람들과 중산층의 사람들은 자신들의 피와 땀, 그리고 아이들에게 물려주어야 할 유산으로 사치품을 사는 데 부자와 가난한 자와의 차이점이 있다고 과감히 말합니다.

제1권에서 기요사키는 사람들이 부자가 되지 못하는 이유를 다섯 가지로 말합니다.

첫 번째는 돈을 잃는다는 **두려움**이라는 것입니다. 대부분의 사람들이 돈 문제에 이기지 못하는 이유는 돈을 잃는 고통이 부자가 되는 기쁨보다 훨씬 더 크기 때문이라고 진단합니다. 예를 들어 미국인들의 90% 이상도 재정적으로 고생하는 주된 이유는 돈을 잃지 않으려고만 하지 이기려 하지 않기 때문이라는 것입니다.

두 번째는 **냉소주의**에 기인한다는 것입니다. 우리는 다음과 같은 일상적인 의심 속에 그 원인이 있다고 합니다. "나는 똑똑하지 않아", "나는 그렇게 뛰어나지 않아", "홍길동이 나보다 훨씬 뛰어나" 등등의 의구심이 우리 자신을 마비시킨다는 것입니다. 세상은 우리가 부자가 되기를 기다리고 있지만, 많은 사람들은 의심 때문에 가난하게 살고 있다는 것입니다. 냉소주의는 의심과 두려움 때문에 생깁니다. 냉소주의들은 비판을 하지만, 승자들은 분석을 한다는 사실입니다.

세 번째는 **게으름**이라는 것입니다. 오늘날 너무나 바쁘다는 이유들이 게으름의 주원인이라는 것입니다. 종종 직장이나 아이들 때문에 바쁘지 않을 때에도 사람들은 TV를 보거나, 낚시를 하거나, 골프를 치거나, 혹은 쇼핑을 하면서 바쁘게 지내곤 합니다. 게으름의 치료법은 우리가 흔히 나쁘다고 생각하는 욕심이라는 점입니다. 우리 모두는 내면적으로는 무엇인가 좋은 것, 새로운 것, 혹은 흥미로운 것을 갖고 싶어하는 욕망이 꿈틀거리고 있으나, 욕망을 통제하기 위해 죄의식을 이용하여 내면에 갖고 있는 욕망을 잠재우고 있다는 것입니다. 따라서 부자 아빠는 "나로서는 할 수 없어요"가 아니라, "어떻게 하면 그것을 할 수 있을까요"라는 말로 사고를 긍정적인 측면으로 전환시킨다는 것입니다.

네 번째는 습관이라는 것입니다. 우리의 삶은 교육보다도 습관이 더 많이 반영되어 있습니다. 예를 들어 아놀드 슈왈츠네거가 나오는 『코난』에 대해 이야기할 때, 한 친구가 그와 같은 우람한 몸매를 갖고 싶어하였다고 합시다. 긍정적으로 생각하는 사람은 체력을 통해 단련을 할 수 있다고 생각하지만, 냉소주의자는 그런 몸매는 태어날 때부터 우람하였다고 생각한다는 것입니다. 다시 말해서 내가 정신적인 돈의 근육을 단련시킬수록 나는 더 튼튼해지며, 우람한 사람의 체력도 무서워하거나 두려워하지 않는다는 것입니다.

다섯 번째는 거만함이라는 것입니다. 많은 사람들은 거만함은 자기 중심의 무게라고 생각합니다. 대부분의 사람들은 거만함을 통해서 자신들의 무지를 숨기고 있다는 것입니다. 자신들이 어떤 분야에 대해 무지하다는 것을 깨달았을 때에는 그 분야의 전문가나 관련서적을 찾아서 공부를 해야 한다고 말하고 있습니다.

그러면 우리는 이러한 유형 중에 어느 쪽에 속할까요? 아니면 그 어느 유형에도 속해 있지 않을까요? 한번 기요사키의 부자 아빠와 가난한 아빠의 분석한 것을 토대로 하여 우리 자신을 생각해 보는 시간을 가져봅시다.

부자가 되는 열 가지의 힘

그러면 사람들이 부자가 되기 위해 구비해야 할 요건은 무엇일까요? 기요사키는 다음과 같이 열 가지로 정리하고 있습니다.

첫 번째, **정신의 힘**— 나에게 현실보다 더 큰 이유가 필요하다고 생각하는 것입니다. 대부분의 사람들이 부자가 되거나 경제적으로 자유롭고 싶어하지만, 막상 현실에 들어서면 길은 너무 멀어 보이고 언덕은 너무 많아 보이기에 포기하기 쉽다는 것입니다. 그러나 원함과 원하지 않음을 잘 조화롭게 조정해 나아가야 한다는 것입니다. 부자가 되기를 원하는 이유는 원함과 원하지 않음의 결합이라는 사실입니다.

두 번째, **선택의 힘**— 우리는 하루하루를 선택하고 살고 있습니다. 이것이 자유국가에서 살고자 하는 중요한 이유입니다. 우리는 선택할 수 있는 힘을 누구나 원합니다. 이것이 사람들이 자유국가에서 살고자 하는 주요 이유라는 것입니다. 즉 우리는 누구나 선택할 수 있는 힘을 원한다는 것입니다.

세 번째, **협조의 힘**— 친구들을 세심하게 선택하는 것입니다. 친구들을 선택할 때, 경제적인 측면을 고려하여 선택하지는 않는다는 것입니다. 우리는 돈이 많이 있건 적게 있던 간에 모두에게서 배울 수 있으며, 그 모두에게 배우기 위해 의식적인 노력이 동시에 필요하다는 점입니다.

네 번째, **빠른 배움의 힘**— 우리는 하나의 방식을 숙지하고 난 다음에야 비로소 새것을 배워야 한다는 것입니다. 빵을 만들려면 요리법을 따라야 하듯이, 돈을 버는 것도 이와 마찬가지라는 것입니다.

다섯 번째, **자기 통제의 힘** ─ 먼저 자신에게 지불하라는 것입니다. 우리가 자신을 통제할 수 없다면 부자가 되려고 원하지 말아야 합니다. 먼저 우리는 현금흐름의 관리라든지 사람 관리, 개인적 시간 관리를 잘 통제해야 한다는 것입니다.

여섯 번째, **좋은 조언의 힘** ─ 중개인들에게 잘 지불해야 하는 것입니다. 종종 사람들은 집 앞에 이런 광고를 알립니다. "주인이 직접 팝니다." 혹은 TV에서 많은 사람들이 자신들이 "할인 중개인"이라고 주장하는 것을 보곤 한다는 것입니다. 그러나 부자 입장이라면 정반대의 방식을 가르쳐야 한다는 것입니다. 그들이 전문가라면 나에게 돈을 벌어주고, 좋은 중개인은 내 시간을 절약해 주거나 돈도 벌 수 있게 해주기 때문입니다. 그들이 더 많은 돈을 벌수록 나도 더 많은 돈을 벌 수 있다는 점을 생각해야 한다는 사실입니다.

일곱 번째, **공짜로 무언가를 얻는 힘**이라는 것입니다. 사람들은 대부분 투자를 할 때는 무언가 신나는 것, 공짜인 것을 어느 정도 바라는 것입니다. 예를 들어 아파트, 작은 창고, 주택, 주식, 혹은 사무실 건물 등도 그런 실례입니다 그러나 기요사키는 위험성은 제한적이고 낮아야 한다고 말합니다. 맥도날드의 레이 크룩은 맥도날드의 체인점을 판 것은 햄버거를 좋아해서가 아니라 그렇게 해서 얻어지는 공짜 부동산을 원했기 때문이라고 말합니다. 현명한 투자가는 투자 회수율 이상의 것을 기대한다는 것입니다. 일단 돈을 회수하고 난 후에는 공짜로 얻게 되는 자산입니다. 이것 역시 금융 지능이라는 것입니다.

여덟 번째, **초점의 힘** — 자산이 사치품을 사는 것입니다. 자산 부문에서 현금 흐름을 만드는 절차는 이론적으로는 쉽지만, 돈을 관리하는 정신적 의지는 힘들다는 것입니다. 오늘날의 외적인 소비사회는 지출에 대한 유혹이 많기 때문에 지출 부문을 늘리는 부문이 훨씬 쉬워졌다고 합니다. 돈의 달인이 되려면 돈보다 먼저 영리해야 한다는 점입니다. 그렇게 된다면, 돈은 지시받은 대로 일을 하고 돈은 당신에게 복종하게 된다는 것입니다. 사람들은 돈의 노예가 되는 대신에 돈의 주인이 되어야 한다는 것입니다. 이것이 금융 지능입니다.

아홉 번째, **신화의 힘** — 영웅의 필요성이라는 것입니다.

예를 들어 윌리 메이즈, 행크 아론, 마이클 조던, 브루스 리, 박찬호, 박세리 등은 많은 어린이나 어른들에게도 미국과 한국에서는 대중의 영웅으로 군림하고 있습니다. 영웅을 모방하거나 흉내내는 것은 아주 좋은 배움의 방식일 수 있습니다. 영웅은 단지 자극을 주는 그 이상의 역할을 한다는 것입니다. 사람들은 어떤 상황이 쉽게 보인다고 생각하면, 확신을 갖고 그들처럼 행동한다는 것입니다. 그들이 할 수 있다면 나도 할 수 있다는 생각입니다. 투자에 관해서 많은 사람들은 상황을 어렵게 만듭니다. 모든 상황이 좀더 쉽게 보이도록 만드는 영웅을 찾기를 바랍니다.

열 번째, **주는 것의 힘** — 가르치면 받으리라는 생각입니다.

이 책의 저자에서 두 분의 아버지는 모두 교사였습니다. 그의 부자 아버지는 그가 평생토록 따라간 교훈을 가르쳤습니다. 그것은 자비로운, 혹은 주는 것의 필요성이었습니다. 공부를 많이 하였던 아버지는 시간과 지식의 측면에서 많은 것을 주었습니다. 하지만 돈을 준 것은 거의 없었다는 것입니다. 그분은 대부분 돈이 생기면 더 주겠다고 얘기하지만 돈이 더 생기는 경우는 거의 없었습니다. 무언가 부족하거나 필요하다고 느낄 때마다 먼저 원하는 것을 주라는 것입니다. 그러면 자기에게 푸짐하게 돌아올 것입니다. 자신이 원하는 것을 먼저 주는 것입니다. 그러면 한 뭉텅이로 돌아올 것입니다. 돈에 대해서 배움을 얻고 싶다면 많은 아이디어와 더 뚜렷한 대가가 찾아올 것입니다. 따라서 우리에게 필요한 것은 자신에게 있는 것을 너그럽게 주는 것입니다. 그러면 힘들도 우리에게 너그러워질 것이라고 저자는 말합니다.

재정적 안정과 자유란 무엇인가?

베스트셀러 『부자 아빠 가난한 아빠』의 공동저자 로버트 기요사키는 제 2 권에서 사람들이 "두려움과 욕망"의 사이에서 살아가고 있다고 말합니다. 두려움이 앞선 사람은 인생에서 안정을 구하려고 하고 욕망이 큰 사람들은 자유를 원하려고 합니다. 기요사키는 이러한 측면을 4분면으로 나누어 설명합니다. 제 2 권에서는 돈에 대한 고정관념에서 벗어나 자신의 돈 관리를 현명하게 하라고 조언합니다. 봉급생활자와 자영업자, 사업가와 투자가로 분류했을 때 자신은 어느 그룹에 속해 있으며 자신의 현재 위치에 만족하는지를 묻고 있습니다. 만약 사람들이 자신의 상황에서 만족하지 않다고 생각한다면, 앞으로 어느 그룹에 속하기를 원하는지를 알라고 말합니다. 그리고 미래에 자신이 위치해 있기

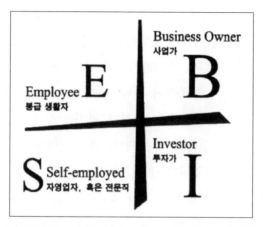

현금흐름의 사분면(『부자 아빠 가난한 아빠』 중에서)

를 원하는 곳에 정착하기 위해서는 어떤 마음과 경제적 지식을
쌓아야 하는지를 안내해 줍니다. 그는 항상 열심히 힘들게 돈을
벌고 있는데도 돈이 모아지지 않는다고 한탄하는 사람들에게 돈
관리의 중요성을 강조합니다.

그는 현금흐름의 사분면을 다음과 같이 설명합니다.

봉급생활자는 일자리를 얻고 어떤 사람 혹은 어떤 기업을 위
해 일함으로써 돈을 번다고 합니다. 이들은 안정을 느끼고 싶어
하고 그것을 문서로 보관하려고 한다. 그래서 이들에게는 돈보다
안정이 더 중요하다는 것입니다.

자영업자는 스스로 일함으로써 돈을 벌어들입니다. 이들이 원
하는 것은 스스로 고용주가 되는 것입니다. 혹은 무엇인가 자신
의 일을 하는 것입니다. 사업가는 수입을 올리는 사업체를 갖고
있으며, 자영업자 집단과 거의 정반대일 수 있습니다. 이러한 분
면에 속하는 사람들은 남에게 맡기는 것을 좋아한다고 합니다.

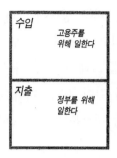

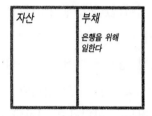

『부자 아빠 가난한 아빠』 중에서

투자가는 여러 가지 투자에서 손을 대서 돈을 벌어들입니다. 투자가는 돈으로 돈을 번다는 것입니다. 이들은 돈이 일하기 때문에 일할 필요가 없다고 말합니다. 기요사키는 투자가들의 유형을 7가지로 듭니다.

제 1 단계 : 투자할 돈이 전혀 없는 사람

제 2 단계 : 돈을 빌려 신나게 쓰기만 하는 사람

제 3 단계 : 저축만 하는 사람

제 4 단계 : 영리한 척하는 투자가

제 5 단계 : 장기적인 투자가

제 6 단계 : 능숙한 투자가

제 7 단계 : 자본가

그런데 이러한 돈을 버는 방식에는 마음의 자세, 기술적인 능력, 교육적 배경, 그리고 개인적 특성도 서로 각자의 성향에 따라 다르다는 것입니다. 그래서 그는 가난한 아빠와 부자 아빠의 의식의 차이를 다음과 같이 제시합니다.

먼저 가난한 아빠의 생각은 다음과 같습니다.

① 돈에 별로 관심이 없다고 생각합니다.
② 절대로 부자가 될 수 없을 것이라고 생각합니다.
③ 부자가 될 만한 경제적 여유가 없습니다.
④ 투자는 위험한 것이라는 생각입니다.
⑤ 돈이 인생의 전부는 아니라고 말합니다.

부자 아빠의 생각은 다음과 같이 말할 수 있습니다.

① 많은 시간을 갖고 아이들을 가르칩니다.
② 돈이 있어서 자신이 지원하는 활동과 자선단체에 기부합니다.
③ 공동체에 일자리와 재정적 안정을 제공합니다.
④ 시간과 돈이 있어야 건강도 돌볼 수 있다고 생각합니다.
⑤ 가족과 함께 여행을 합니다.

일반적으로 우리가 일상생활에서 생각할 때, 똑같은 돈이라고 하더라도 버는 방식은 아주 다를 수 있습니다. 기요사키는, 우리가 돈을 얼마나 버느냐가 중요한 것이 아니라 얼마나 많은 돈을 보유하는지, 그리고 그 돈이 얼마나 오래 일하는지가 중요하다고 말합니다. 그는 매일같이 많은 돈을 벌면서도 그것을 모두 지출하여 써버리는 사람들을 많이 본다고 말합니다. 마치 경제 설사약을 먹은 것처럼 돈은 순식간에 빠져나갑니다. 이러한 사람들은 아무리 많은 돈을 벌어들여도 돈을 들어오기가 무섭게 바로 쓴다는 것입니다. 어떤 사람들은 건강을 위협하는 가장 큰 원인이 이른바 "지갑 속의 암(Cancer)"이라고 지적하기도 합니다.

기요사키는 실제적으로 열심히 일만 하는 사람에게는 종종 부자가 되지 못함을 흔히 보았다고 말합니다. 부자가 되려면 심각하게 생각할 필요가 있다는 것입니다. 먼저 대중을 따라가기보다는 독립적으로 생각해야 함을 힘주어 말합니다. 부자들의 한 가지 위대한 자산은 그들이 다른 사람들과 똑같지 않고 다르게 생각한다는 것입니다. 그 이유는 간단합니다. 다른 사람들이 하는 대로만 하면 결국 그들과 같은 결과만 초래하기 때문입니다.

이 저서에서 "부자 아빠와 가난한 아빠"의 차이점은 다음과 같습니다. 교육을 많이 받은 가난한 아빠는 상황에 따라 일상적인 삶 속에서 자신에 대해 방어적인 태도를 취하고 선진교육을 받았다는 것을 큰 자랑으로 삼습니다. 교육을 받은 가난한 아빠는 돈과 자유의 시간이 없는 데 반해, 교육을 잘 받지 못한 부자 아빠는 자기 아버지가 죽은 후 자기 가족을 돌보기 위해 학교를 중퇴하여 초등학교만 나올 정도로 교육을 잘 받지는 못했지만 엄청난 시간을 잘 활용하여 많은 재산을 모읍니다. 부자 아빠가 갖고 있는 것은 돈과 자유의 시간을 누리고 있다는 사실입니다.

2. 『바빌론 부자들의 돈 버는 지혜』에서 나타난 행복관

조지 S. 클래이슨의 『바빌론 부자들의 돈 버는 지혜』는 6천 년 전 최고 부자들의 돈 철학의 내용을 담고 있습니다. 지금으로 부터 6천 년 전 바빌론 최고의 부자 아카드가 돈 버는 방법인 일곱 가지의 법칙은 오늘날에도 그대로 돈의 흐름을 지배하고 있다는 것을 들려줍니다. 즉 저자는 고대의 바빌로니아에서 돈 버는 교훈을 찾고 있습니다. 바빌론의 사람들은 돈을 버는 지혜와 돈을 쓰는 지혜, 돈으로 돈을 버는 지혜를 통해 당시 세계에서 가장 최고로 부유했던 문명을 이루었습니다. 바빌론이 그 당시 풍요를 누릴 수 있었던 상황은 그 시대를 살았던 사람들이 보여준 지혜의 덕분이었습니다. 바빌로니아를 건설한 수메르 사람들은 황무지에서 바빌론이라는 도시를 세웠습니다. 지금까지도 바빌론은 우리에게 풍요를 상징해 주는 말입니다. 바빌론은 자연 스럽게 형성된 도시가 아니라 수메르 사람들의 피와 땀, 그리고 지혜가 빚어낸 결실이라는 점입니다.

바빌론이 세계에서 가장 풍요로운 도시가 되었던 것은 그들이 세계에서 가장 부유한 사람들이었기 때문입니다. 그들은 금융의 원리를 착실히 지키면서 돈을 벌었고 돈을 지켰으며, 나아가 그 돈으로 더 많은 돈을 벌어들였습니다. 그들은 모두가 원하는 미래를 위한 수입을 마련해 놓았던 것입니다. 아카드는 돈이 있어야 행복해질 수 있다는 진리를 깨닫고 돈이 바로 힘이라고 말합니다. 예를 들어 집안의 멋진 장식, 먼 바다로의 항해, 아름다운 장신구, 신을 위한 웅대한 신전, 이런 모든 것들은 돈이 있어야

고대 바빌론은 부와 황금이 넘쳐흘렀던 도시였다고 전해진다.
오늘날 금융의 기본원리는 모두 이곳에서 탄생했다.
(출처: 『조선일보』, 2002. 1. 25.)

할 수 있고 돈이 있어야 세상을 즐겁게 살면서 우리의 영혼까지
도 만족시킬 수 있다는 생각을 갖고 있었습니다.

이 책에는 총 8편의 황금을 쫓는 돈의 이야기가 등장합니다.
각각의 이야기를 통해 우리는 돈을 버는 지혜, 돈을 지키는 지
혜, 돈으로 돈을 버는 지혜를 터득할 수 있을 것입니다. 그러면
돈을 버는 지혜는 무엇일까요? 이 책에서 바빌론의 부자들의 입
을 빌려서 세 가지의 방법을 소개합니다.

첫째, 각자가 일하는 분야에서 최고가 될 것.

둘째, 열심히 성심껏 일할 것.

셋째, 체면을 생각하지 말 것.

간단하지만 실천하기가 그리 쉬운 것이 아니며, 또 한편으로
이 모두는 각자가 하기에 따라 그리 어려운 것도 아닙니다.

바빌론의 왕 사르곤은 돈을 버는 방법을 모든 백성에게 가르쳐주면 어떨까 하는 생각을 하였습니다. 그러면 모든 백성이 부자가 될 것이기 때문입니다. 그 당시 바빌론의 최대 부호 아카드를 불러 "돈 버는 방법을 백성들에게 가르쳐주라"고 당부합니다. 왕명에 따라 아카드는 배움의 전당 안에 100명이 들어갈 수 있는 교실을 준비하여 시민들을 모아 놓고 일주일 동안 하루에 하나씩 자신이 터득한 돈 버는 비결을 백성들에게 가르쳐줍니다. 이것이 바로 얄팍한 지갑에서 벗어나기 위한 일곱 가지 비결입니다. 이것이 시민들을 부자로 만들어줄 비결이라고 말합니다. 아카드가 설명하는 얄팍한 지갑을 두툼하게 만드는 비결은 아주 간단합니다.

① 버는 돈의 10의 1은 반드시 저축하라.

그만큼의 돈이 없어도 예전처럼 살 수도 있고 또한 없어도 그럭저럭 살아갈 수는 조그만 진리라는 것입니다. 즉 돈이 생기면 가장 먼저 10분의 1을 떼어서 어딘가에 모아두는 것입니다. 그렇게 되면 본인이 알고 있는 보물을 가졌다는 생각에 뿌듯해질 것이라는 점입니다. 그리고 이 돈이 한푼씩 늘어날 때마다 그만큼 기쁨도 늘어납니다. 여러분들의 지갑에 10개의 동전이 들어 있다면 9개만 꺼내는 것입니다.

② 수입의 90%만으로 예산을 세우되 지출을 관리하라.

늘어나는 돈을 안전하게 관리하기 위해 지출을 관리하라는 것입니다. 먼저 불가피한 지출이라는 생각을 버려야 합니다. 많은 사람들은 욕망을 억제하지 않으면 그 불가피한 지출은 수입에 따라 증가한다는 것입니다. 욕망은 욕망을 낳는다는 점입니다. 수입의 90%만으로 예산을 세우고 지갑을 살찌워 줄 나머지 10분 1은 절대로 건드리지 마십시오. 예산을 짜는 목적은 지갑을 살찌우기 위한 것이고, 적재적소에 필요한 만큼의 돈을 지출하도록 관리하는 것입니다.

③ 돈으로 돈을 벌어라.

돈으로 돈을 벌 수 있는 것은 투자라는 것입니다. 한 사람의 재산은 지갑에 넣고 다니는 돈의 액수에 있는 것이 아니라 그가 신중하게 투자한 수입원이 지갑을 불룩하게 채워 줄 황금물줄기에 있는 것입니다. 안전한 곳에 투자를 할 때 수익을 올릴 수 있다는 진리를 깨달아야 합니다. 적은 돈이라도 어느 정도까지 모이면 그때부터 눈덩이처럼 불어나는 것이 돈입니다. 돈으로 돈을 만들고 그렇게 만들어진 돈으로 다시 돈을 만드는 것입니다.

④ 투자에 관한 한 반드시 해당분야 전문가에게 구하라.

적은 돈이라도 소중하게 생각하는 마음을 가져야 큰돈을 안심하게 맡길 수 있다는 것입니다. 투자의 1원칙은 안전성입니다. 커다란 수익을 약속한다고 하더라도 원금이 사라진다면, 아무 소용이 없기 때문입니다. 따라서 그러한 투자는 현명한 투자가 아니라는 점입니다. 투자할 곳을 결정할 때는 자신의 지혜를 너무 과신하지 말고 해당 분야에서 충분한 경험을 쌓은 사람에게 조언을 구하라는 것입니다. 왜냐하면 훌륭한 조언은 투자한 돈만큼이나 가치가 있기 때문입니다.

⑤ 자신의 집을 마련하라.

자신의 가족을 안전하게 지켜줄 집을 마련하라는 것입니다. 자기 집을 가진 자는 임대료에서 벗어날 수 있어 생활비가 줄어들고 좀더 풍요로운 삶을 누릴 수 있을 것입니다. 이것이 얄팍한 지갑에서 벗어날 수 있는 비결입니다.

⑥ 노후에 대비하는 수입원을 확보하라.

사람들은 더 이상 일하지 못할 때나 노후에 대비하여 적절한 수입원을 마련해야 한다는 것입니다. 먹고살기에 충분한 사람이라도 미래에 대비해야 합니다. 미래를 위한 안전장치로는 집을 사거나 땅을 사두는 방법, 대금업으로 돈을 늘리는 방법 등이 있을 수 있습니다. 즉 여러분의 가족의 안락한 삶을 위해서 노후를 미리 준비하십시오.

⑦ 돈 버는 능력을 키워라.

수입을 늘리기 위해서는 두루뭉실한 허망한 꿈이 아니라 소박하고 구체적인 꿈을 꾸어야 한다는 것입니다. 예를 들어 금화 다섯 냥을 갖고 싶다는 꿈을 가질 때, 이러한 구체적인 꿈은 강력하게 실천에 옮기는 원동력이 됩니다. 작은 꿈으로부터 시작하여 좀더 커다란 꿈으로 확장해 나가야 합니다. 지나치게 크고 감내하기 힘든 꿈은 곧 좌절하기 마련이기 때문입니다. 인간의 삶은 언제나 변화하기 때문에 앞장서서 변화의 물결에 빨리 동참해야 합니다. 남들에게 존경받는 사람이 되려면 다음과 같은 원칙을 지키십시오.

첫째, 빚이 있다면 능력이 닿는 한 빨리 갚으십시오.

둘째, 가족에게 충실한 가장이 되십시오.

셋째, 유언장을 정확히 작성해 두십시오

넷째, 가난한 사람에게 사랑을 베푸십시오.

이러한 조언은 흔히 우리의 주변에서 들을 수 있을지도 모릅니다. 당장 쓸 돈이 없는데, 수입의 10분의 1을 저축하라고 하는 것은 현실적으로 가능하지 않을 수도 있습니다. 그러나 저자는 황금을 찾아 나섰던 바빌론의 사람들의 다양하게 펼쳐진 우화를 통해 이 단순한 원리가 얼마나 중요한가를 여러 번 반복해서 가르치고 있습니다.

"재산이란 나무와도 같아서 처음에는 작은 씨앗에서 시작되는 것일세. 자네가 저축하는 첫 돈이 재산이라는 나무로 성장해 가는 씨앗이라고 생각하게. 자네가 그 씨앗을 빨리 뿌릴수록 나무도 그만큼 빨리 성장하게 될 걸세. 돈이란 어느 정도까지 모이면 그때부터는 눈덩어리처럼 불어나는 것이네. 그래야 나무가 드리워준 그늘을 즐기면서 살 수 있지 않겠나?"

저자는 얄팍한 지갑에서 벗어나는 7가지의 비결을 올바로 이해한다면 당신의 지갑에도 돈이 흘러 넘칠 것이라고 말합니다. 또한 아카드 자신의 아들 노마시르에게서 남긴 황금의 들판에서 알려주는 황금의 5가지 법칙은 이것이 오늘날 금융업계 자산관리 원칙의 밑거름이 되었음을 확인할 수 있습니다. 저자는 황금의 5가지 법칙을 다음과 같이 말합니다.

황금의 1법칙 : 수입의 1할 이상을 꾸준히 저축하는 사람에게 황금은 기꺼이 찾아올 것이며, 곧 그와 가족의 행복한 미래까지 보장해 주는 커다란 재산으로 커갈 것입니다.

황금의 2법칙 : 황금을 안전한 곳에 투자할 때 황금은 꾸준히 늘어나고, 나중에는 들판의 양떼처럼 급속히 늘어날 것입니다.

황금의 3법칙 : 지혜와 경험을 갖춘 사람의 조언을 받아 황금을 투자하는 신중한 사람만이 황금을 지킬 수 있을 것입니다.

황금의 4법칙 : 본인이 잘 알지 못하는 분야나, 경험 있는 사람이 추천하지 않는 분야에 투자하는 사람은 황금을 지킬 수가 없을 것입니다.

황금의 5법칙 : 일확천금을 꿈꾸거나 사기꾼의 달콤한 감언이설을 좇고 있거나, 자신의 미숙함을 깨닫지 못한 채 덧없는 욕망에 사로잡힌 사람은 결코 황금을 손에 쥘 수 없을 것입니다.

이러한 황금의 5가지 법칙을 평생신조로 삼는다면 누구나 풍족하고 풍요로운 삶을 누릴 수 있다고 저자는 말합니다. 이 책은 현재까지도 미국의 금융, 보험업계에서 교과서처럼 널리 읽히고 있다고 합니다.

3. 『누가 내 치즈를 옮겼을까?』에서 나타난 행복관

스펜서 존슨(Spencer Jonson)의 얇은 책인 『누가 내 치즈를 옮겼을까』(2000)는 일반 사람들에게 많은 의식에 대한 변화의 바람을 일으켰습니다. 이 책은 21세기의 새로운 시대에 "어떻게 변화해야 할 것인가?"를 말해 주는 대표적인 우화라고 할 수 있습니다. 존슨은 이 저서에서 변화에 대한 대처방법을 이야기하고 있습니다.

그러면 이 책에서 치즈는 무엇을 가리키는 것일까요? 치즈는 성공과 행복의 상징일까요? 이 책에서 저자는 치즈란 우리가 일상생활에서 얻고자 하는 직업, 인간관계, 재물, 근사한 집, 자유, 건강, 명예, 영적인 평화, 그리고 조깅이나 골프 같은 취미활동까지 모두 아우르는 개념이라고 말합니다. 우리들은 나름대로 자신만의 "치즈"를 마음속에 두고 그것을 추구하며 살아갑니다. 그것이 자신을 행복하게 해줄 것이라고 강하게 믿고 있기 때문입니다. 또한 자신이 그토록 갈구하던 "치즈"를 얻게 되면 누구나 그것에 집착하여 얽매어 살아간다는 점입니다. 그런데 "치즈"를 상실하게 된다면 급격한 변화를 수용하지 못하고 심리적인 공황상태에 빠져 버립니다. 존슨의 저서에서 주인공들은 각자의 치즈를 통해 우리가 지향해야 할 삶의 모습들이 어떠해야 하는가를 제시합니다. 따라서 존슨이 말하는 치즈는 성공과 행복의 상징으로 비유하고 있습니다. 우리의 음식으로 비유한다면, 치즈가 의미하는 것이 우리가 매일 먹는 밥과 김치든 아니면 떡이든 간에 어떠한 생존조건과 주변의 환경이 바뀌면 그에 알맞게 대처하여 스스로 변할 줄 알아야 우리가 바라는 성공과 행복을 얻을 수 있다고 존슨은 강조합니다.

이 책의 이야기 속에는 두 마리의 스니프와 스커리라는 작은 생쥐와 우리와 같은 모습으로 살아가는 헴과 허라는 두 꼬마인간이 주인공으로 등장하고 있습니다. 그리스 신화의 아드리아네 공주가 준 실타래를 풀어 가면서 미궁 속을 빠져 나오는 테세우스의 왕자처럼 지하의 미로 속에서 이들 모두는 맛있는 치즈가 있는 방들을 이리저리 찾아다니면서 치즈를 즐기는 나날을 보냅

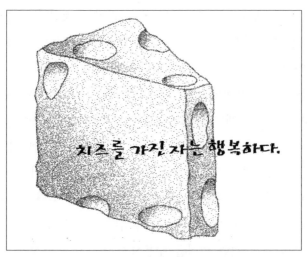

『누가 내 치즈를 옮겼을까』 중에서

니다. 그들 모두는 이 순간 나름대로 행복을 맛보았고 풍요로운 생활에 젖어 있었습니다. 또한 두 꼬마 인간은 이 치즈가 그들에게 행복과 성공을 가져다줄 것이라는 확신에 차 있었습니다. 생쥐와 꼬마인간은 서로 다른 점이 많았지만 맛있는 치즈를 찾기 위해 미로 속을 찾아다닌다는 공통점이 있었습니다. 즉 이들의 공통점은 "치즈를 가진 자는 행복하다"였습니다.

그러던 어느 날 갑자기 치즈가 없어지자 단순한 생쥐들은 사태를 받아들일 준비를 하고 바로 새 치즈를 찾아 나서지만 복잡하게 분석하는 것을 좋아하는 인간들은 주저앉아서 불평을 합니다. "누가 내 치즈를 옮겼어." "치즈가 없다고 치즈가." "어떻게 이런 일이 일어날 수 있지!" 하고 투덜투덜 불평을 쏟아 놓습니다. 꼬마인간들에게서 치즈는 행복을 가져다주는 상징물이었고, 치즈를 갖고 있다는 사실 하나만으로도 충만한 행복감과 영적인

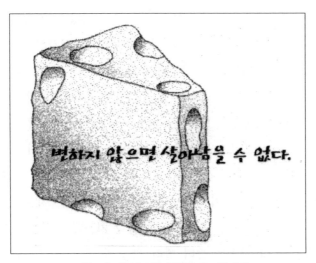

변하지 않으면 살아남을 수 없다.

『누가 내 치즈를 옮겼을까』 중에서

풍요를 느낄 수 있었기 때문에 행복이 한밤의 꿈처럼 사라져 버렸다고 느꼈습니다. 꼬마인간들은 치즈를 통해 미래의 계획을 세웠고, 치즈가 사라지자 안락한 생활, 행복한 가정, 사랑스런 아내와 아이들, 그 모든 꿈들이 물거품처럼 사라져 버렸다고 생각한 것입니다. 그런데 그렇게 불평만 해서는 아무 것도 변하지 않는다는 사실을 깨달은 한 꼬마인간 허는 새롭게 결심을 하고 새 치즈를 찾아 나섭니다. 그 꼬마인간 허는 이미 사라진 치즈에 대해 집착을 하면 할수록 상황은 악화되기만 할 뿐 자신에게는 아무런 도움이 될 수 없다는 것을 깨닫습니다. 그리고는 말합니다. "아무도 우리가 먹던 치즈를 다시 가져다 놓지 않을 꺼야. 아무리 기다려도 소용없어. 이제는 새 치즈를 찾아야 해."

그래서 그는 새로운 치즈를 찾았을 때의 안식과 정신적인 풍요로움의 행복을 떠올리기로 마음을 먹습니다. 이렇게 그는 "변하지 않으면 살아남을 수 없다"는 신념을 마음속 깊숙이 새겨 넣습니다. 그리고 허는 도중에 실망과 좌절을 심각하게 겪지만 두려움을 극복합니다. 허는 "두렵지 않다면, 무슨 일을 할 수 있을까?" 하고 스스로를 달래며 새 치즈를 찾아 나섭니다. 허라는 꼬마인간이, 두려움을 극복하는 것이 "변화"를 향한 빠른 지름길이라는 사실을 깨닫는 데는 다소 시간이 걸렸습니다. 허는 "새로운 방향으로 움직이는 것은 새 치즈를 찾는 데 도움이 되고, 두려움을 극복하고 움직이면 마음이 홀가분해진다"는 새로운 사실을 깨닫습니다. 따라서 그는 사라져 버린 치즈에 대한 미련을 빨리 버릴수록 새 치즈를 좀더 빨리 찾을 수 있다는 조그만 진리를 알아냅니다. 허는 모르는 치즈를 아무 것도 없는 빈 창고에서 기다리는 것보다 미로 속을 찾아다니는 것이 더 안전하다는 사실을 발견합니다. 더 이상 허는 치즈가 없는 빈 창고에 연연하지 않았습니다. 결국 허는 자신의 영혼을 쉴 만한 쉼터, 즉 새 치즈를 찾아내고 맙니다.

그러나 헴이라는 꼬마인간은 치즈를 누군가 도로 갖다 놓을 것이라는 생각을 완강하게 고집합니다. 헴은 여전히 "누가 내 치즈를 옮겼을까?" 하는 어리석음에 빠져 있었습니다. 아직도 과거에 대한 집착과 미래에 대한 불안으로 망설이고 있는 친구에 대해 허는 하루빨리 헴이 용기를 내어 새 치즈를 찾아 나서기를 바란다는 이야기를 이 책은 전개하고 있습니다. 지금까지의 꼬마인간 허의 경험과 두 친구들의 교훈을 토대로 하여 변화에 대해 적절히 대처하기 위한 몇 가지의 방법을 저자는 다음과 같이 제시합니다.

첫째, 자신의 주변을 간단하고 융통성 있게 행동하라.

둘째, 사태를 지나치게 분석하지 말고 두려움으로 자신을 혼동시키지 말라.

셋째, 작은 변화에 주의를 기울여서 큰 변화가 올 때 잘 대처할 수 있도록 준비하라.

흔히 사람들은 변화가 낯설다는 이유 하나만으로 변화 자체를 거부하고, 위험하다는 핑계로 마지막까지 수용하려 하지 않는다는 사실입니다. 존슨은 행복에 대한 권리는 모든 사람들에게 있지만, 그것을 얻을 수 있는 사람은 변화하려는 노력의 여지가 있는 사람에게만 있기 때문에 극히 드물다고 말합니다. 결국 저자는 우리가 추구하려는 행복이라는 것은 수동적으로 가만히 자리를 지키고 앉아서는 이루어질 수 없다고 말합니다. 결국 저자는 우리의 주변에는 변화가 항상 일어나고 있기에 변화를 예상하고 변화에 신속히 적응하고 자신도 변해야 하며, 동시에 신속히 변화를 준비하고 그 변화를 즐겼을 때, 행복이라는 것을 얻을 수 있다고 우리에게 메시지를 전합니다.

4. 『성공하는 사람들의 7가지 습관』에서 나타난 행복관

스티븐 코비(Stephen R. Covey)는 『성공하는 사람들의 7가지 습관』(1994)이라는 저서에서 개인이나 조직을 성공적으로 만드는 습관들을 배양하는 것에 관해 기술하고 있습니다. 이 책에서 코비는 성공하는 능력에 대한 주요한 열쇠를, 위대하고 영속적인 사회·가족·단체들이 공통적으로 갖고 있는 원칙들을 제시합니다. 그는 원칙이 각 개인은 물론 부부, 가족, 그리고 공사 조직체에 적용될 수 있다고 말합니다. 그가 말하는 원칙은 실제적인 상황을 해결하는 실행방법은 아닙니다. 여기서 의미하는 실행방법이란 구체적인 활동이나 행동을 뜻합니다. 어떤 상황에서는 적절하게 맞는 방법이 다른 상황에서는 잘 들어맞지 않을 수도 있기 때문입니다. 예를 들어 첫째 아이를 키울 때의 교육방법이 둘째 아이를 키울 때는 잘 맞지 않는 경우가 종종 있을 수도 있습니다. 코비는 이 세상의 어떤 사람들도 불공정·속임수·비열함·무익함·열등함·퇴폐성 등이 성공과 행복을 지속시키는 데 필요한 기본요소라고 믿지 않는다고 말합니다. 그는 성공적인 개인이나 사회의 대인관계를 위해서 올바른 지도, 즉 정확한 패러다임이 자신의 태도나 행동을 변화시키기 위해 필요한 모든 노력으로 얻을 수 있는 결과보다 훨씬 더 크고 무한한 성공을 가져와야 된다고 강조합니다.

그는 방대한 분량의 책에서 패러다임의 원칙들을 7가지로 적고 있습니다. 앞장에서 살펴보았지만, 패러다임이란 우리가 세상을 보는 방식을 말합니다. 코비는, 세상은 단지 시각적인 감각만으로 보는 것이 아니라 지각하고 이해하고 해석하는 관점에서 "세상을 보는 것"이라고 말합니다. 우리의 인생에서 강력히 영향을 미치는 것들, 즉 가족·학교·직장·친구들은 우리가 의식하지 못하는 상황에서 영향을 미치고 있으며, 우리의 패러다임을 형성하는 데 알게 모르게 영향을 미치고 있습니다. 그의 성공하는 사람들의 7가지의 습관을 간략히 정리하면 다음과 같습니다.

상호의존성

경청한 다음에
이해시켜라
5
대인관계의
승리
시너지를
활용하라
6
4 상호이익을
추구하라

독 립 성

3 소중한 것
부터 먼저하라

1
주도적이
되라
개인의
승리
2
목표를
확립하고행동하라

의 존 성

7 심신을 단련하라

『성공하는 사람들의 7가지 습관』 중에서

첫째, 주도적이 되어라.

주도성이란 단순히 솔선해서 사는 것 이상을 말합니다. 먼저 이는 스스로의 삶에 책임을 지는 것을 의미합니다. 우리의 행동은 우리 자신의 의사결정에 의한 것이지 우리 주변의 환경에 의해 결정되는 것은 아닙니다. 매우 주도적인 사람은 어떻게 반응할지를 선택할 수 있는 능력을 가지며, 책임을 인정합니다. 즉 주도적인 사람의 행동은 가치관에 기초를 둔 스스로가 의식적으로 선택한 결과이지 주변의 환경과 감정에 따라 좌지우지되는 것은 아닙니다.

주도적인 사람은 심사숙고하고, 선택하며, 내면화된 가치기준에 따라 행동합니다. 또한, 외부의 자극, 즉 물리적·사회적·심리적 자극에 의해 영향을 받습니다. 그는 대응적인 말보다 주도적인 말을 하라고 가르칩니다.

둘째, **목표를 확립하고 행동하라.**

이는 현재를 기점으로 하여 자신이 최후 순간에 가고 싶은 이미지, 모습, 패러다임을 검토하는 기준틀과 표준으로 삼는 것입니다. 우리의 현재 위치를 잘 파악하여 올바른 방향으로 갈 수 있고, 또한 어디로 가는가를 알아야 한다는 것입니다. 이를 위해 먼저 자기 자신의 인생철학 내지는 신조(信條)를 작성하는 것입니다. 우리가 어떤 사람이 되기를 원하는가(성품), 무엇을 하기를 원하는가(공헌 및 업적) 등, 자신의 존재와 행동에 바탕을 둔 가치와 원칙에 초점을 맞추는 것입니다. 이것은 삶의 네 가지 요소인 기본적인 패러다임에서 나타납니다. 즉 **안정감, 지침, 지혜, 역량**이라는 네 요소는 상호의존적으로 드러납니다. 안정감과 명확한 지침은 지혜를 낳고, 지혜는 역량에 불을 붙이는 촉매제 역할을 합니다. 이러한 삶의 핵심은 내면의 가장 중심을 이루고 있습니다.

셋째, **소중한 것부터 먼저 하라.**

이는 먼저 ① 우선 순위를 결정하는 능력, ② 우선 순위에 따라 준비하고 계획하는 능력, ③ 우선 순위의 실행 계획을 수행하는 실천력과 자제력의 순위를 정하라는 것입니다.

자신의 목표를 설정한 것을 염두에 두고 목표달성을 위해 하루의 계획에서부터 일주일, 한 달의 시간계획을 수립하는 것입니다. 이러한 계획은 우리의 언행일치를 지킬 수 있게 하는 높은 수준의 내면적 안정과 지침, 그리고 지혜를 제공해 줍니다.

넷째, **상호이익을 추구하라.**

우리가 다른 사람들과의 관계에서 효과적인 리더십을 발휘하는 것은 "나도 이기고 상대방도 이기는" 사고방식을 갖는 데서 비롯됩니다. 나도 이기고 상대방도 이기는 승(Win) / 승(Win)의 패러다임은 대인관계에서 서로의 이익을 추구하는 사고방식이라는 점입니다. 이는 한 사람의 성공이 다른 사람의 실패를 초래하거나 다른 사람의 성공기회를 박탈하지 않고 이루어진다는 원칙에서 나옵니다. 인간관계의 패러다임은 승/승의 관계뿐만 아니라 승/패, 패/승, 패/패 등이 있을 수 있습니다. 여러 대안들은 상호의존적인 현실로서 나타날 수 있지만, 승/승의 대안은 여러 단점들을 보완을 대안으로 제시될 수 있습니다.

다섯째, 경청한 다음에 이해시켜라.

대부분의 사람들은 남에게 먼저 이야기하여 이해받고 싶어합니다. 그리고 많은 사람들은 상대방에게 이해하려는 의도를 갖고 경청하는 것이 아니라 대답할 의도를 갖고 듣습니다. 따라서 대부분의 사람들은 말을 하고 있거나 말할 준비만 하고 있다는 점입니다. 말을 경청할 때는 5가지의 수준으로 나누어집니다. ① 상대방을 무시하여 전혀 듣지 않는 경우, ② 맞장구를 치면서 듣는 체하는 경우, ③ 대화에서 단지 어떤 특정한 부분만을 선택적으로 발췌하여 듣는 경우, ④ 상대방이 이야기하는 것을 집중하여 신중한 경청을 하며 듣는 경우, ⑤ 소수이나 가장 고차원적인 공감적 경청의 경우입니다. 여기서 공감적 경청이란 내가 먼저 상대방을 이해하려는 의도를 갖고 경청하는 것입니다. 이것은 서로가 진정한 이해를 추구하는 것입니다.

여섯째, 시너지를 활용하라.

시너지란 전체가 각 부분들의 합보다 크다는 것을 뜻합니다. 각 부분들의 상호관계는 전체의 일부분에 속해 있으며, 그 일부가 전체의 역할을 할 수 있다는 점입니다. 무엇보다 전체가 각 부분의 합보다 더 크다는 원칙에 입각하여 행동하느냐의 여부에 따라 달려 있습니다.

여러 식물이 서로 가까이 자라 그 뿌리들이 엉켜서 주위의 토양을 좋게 하는 것도 시너지이며, 남녀가 만나 아이를 낳아 가정을 이루는 것도 시너지입니다. 시너지의 본질은 서로의 차이를 충분히 인정하고, 그 차이를 존중하며, 강점을 최대한 활용하고, 나아가 서로의 약점을 서로 보완하는 것에서 나옵니다.

일곱째, 심신을 단련시켜라.

신체적 차원에서 운동과 영양섭취를 하고 스트레스를 관리하는 것입니다. 여기에는 영양가 있는 음식의 섭취, 충분한 휴식, 긴장 이완, 그리고 규칙적인 운동이 이에 포함됩니다. 정신적 차원에서는 독서, 사상, 계획수립과 저술, 즉 사람의 능력을 최대한 개발하고 활용하는 것입니다. 영적으로는 우리가 가진 가치체계를 명료화하고 그곳에 몰입하는 것이며, 그것은 학습과 명상을 통해서도 이루어집니다. 또한 사회조직이 제공하는 서비스, 직무 및 이에 대한 기여가 이에 해당합니다. 예술방면에 심취하는 것, 즉 문학작품이나 음악, 미술의 감상에 심취하는 것도 영적인 쇄신을 제공합니다. 세 차원인 신체적·정신적·영적 차원에서 톱날을 간다는 것은 그날그날의 개인적 승리를 실천으로 옮긴다는 의미를 지니고 있습니다.

제 4 장

이코노믹스(economics)의 행복관 Ⅱ

— 세계화시대의 행복관 —

세계화의 시대: 문화적 세계화

　현재　세계화라는　실체는　아주　불투명합니다.　코헨(Stephen
Cohen)이라는　학자는　"세계화는　갑자기　피할　수　없는　대세가　되
었지만,　그　의미는　모호하며　일관된　정의가　없다"고　말합니다.
오늘날　세계화의　중요한　차원은　경제적인　세계화에　머물러　있습
니다.　즉　현재　논의되고　있는　세계화는　경제적인　측면에서　많은
이야기를　하고　있지만,　단지　경제적으로만　이해하는　것만은　아닙
니다.　세계화는　경제적인　측면에서　진행되는　것뿐만　아니라　종
교·정치·문화·예술·영화·언어　등　다양한　각도에서　진행
되고　있습니다.　세계화는　정부·의회·노조　등　국경에　기반한

정치적 행위자들과 자본·금융·무역 주체들과 같은 국경을 초월한 행위자들 사이의 힘의 게임으로 해석할 수도 있습니다.

　문화적 세계화의 측면에서 보았을 때, 홍콩의 액션영화는 세계인에게 가장 사랑받는 영화가 되었습니다. 또한 최근 우리 한국영화가 중국을 비롯한 아시아 지역으로 급속하게 인기를 얻고 있는 것도 세계화의 한 부분이라 할 수 있겠습니다. 무엇보다 홍콩의 무술영화는 홍콩이라는 좁은 지역을 뛰어넘어 세계성을 획득한 주목할 만한 문화의 성과물로 인정받고 있습니다.

　최근 인문학 분야의 베스트셀러를 기록한 탁석산의 『한국의 정체성』(2000)이라는 저서에서는 세계화의 핵심을 문화적 보편성에서 찾고 있습니다. 그 실례로서 홍콩 무술영화의 성공을 그 사례로서 제시합니다. 홍콩은 세계인이 공통적으로 좋아할 수 있는 소재를 발굴하여 특성화시켰다는 것입니다. 여기서 홍콩의 영화가 선택한 품목은 액션이었다는 사실입니다. 세계인이 공통적으로 좋아할 수 있는 소재는 섹스·액션·사랑·모험 등이 이에 해당할 것입니다. 여기서 홍콩이 액션을 택한 이유는 경제적 제약과 문화적 배경 때문이라고 합니다. 이러저러한 이유로 홍콩은 무술영화를 개발하여 홍콩의 액션영화는 세계 여러 나라에서 환영을 받고 있고 이제 홍콩 영화 하면 액션영화를 떠올리는 것이 세계적으로 자연스러운 현상으로 되었다는 점입니다. 이런 점에서 우리의 영화도 특성화하여 세계화시킬 품목으로 개발 가능성을 타진해 보는 것도 의미 있을 것입니다.

신자유주의의 행복관이란?

현재 서구의 선진국가를 중심으로 추진되고 있는 신자유주의의 행복관은 무엇을 말하는 것일까요? 세계화를 뒷받침하는 이념은 잘 알려져 있다시피 신자유주의라고 불립니다. 신자유주의의 정책은 정의하는 사람에 따라 약간씩 차이를 보이고 있지만, 대체적으로 "시장에서 자유로운 경쟁이야말로 최선의 결과를 낳는다"라는 논리에 바탕을 둔 이념과 정책을 말합니다. 대공황으로 표출된 시장의 실패를 치유하는 과정에서 국가의 적극적인 시장개입을 추구해 온 복지국가를 공격의 목표로 삼는다는 점에서 17~18세기의 고전적 자유주의와 차이가 있습니다. 신자유주의의 토대를 세운 1930년대의 독일 경제학자 오이켄(W. Euken)에 의해 발전되고 1980년대의 신자유주의의 대변인 격인 하이예크(A. Hayek)와 프리드먼(M. Friedman)은 "시장경제의 자생적 질서를 인위적인 것으로 대체하려면, 정부의 영향이 커지고, 이러한 정부는 독재와 전체주의로 흐를 수밖에 없다"고 주장했습니다.

신자유주의는 1930년의 경제 대공황 이전의 고전적 자유주의와 대공황 이후의 케인즈 식의 근대적인 자유주의를 거쳐오면서 1980년대 미국의 레이건, 영국의 대처 정부에 의해 현실화되었습니다. 1990년대 들어 미국의 호황을 등에 업고 세계 각국에 시장개방과 자본의 자유로운 활동을 위한 각종 규제의 철폐로 나아갔습니다. 이러한 시장에 대한 각종 정부규제의 철폐를 요구합니다. 이는 "작은 정부, 큰 시장"이라는 구호로 나타났습니다.

노동조합도 부정적으로 보고, 재정정책도 결과적으로 비효율성을 낳는다며 정부의 기능을 극소화할 것을 요구합니다. 그런데 시장 개방을 받아들이고 신자유주의 정책을 실행했던 국가들에서는 이런 정책이 저성장과 고실업의 문제를 해결하는 것이 오히려 빈곤의 악순환만을 가중시켰다는 비판에 직면해 있습니다.

먼저 신자유주의 정책의 핵심은 "탈규제, 노동시장의 유연화, 민영화, 사회비용의 삭감, 자본의 국제 이동에 대한 개방" 등으로 요약할 수 있습니다. 한마디로 신자유주의는 모든 부문에서의 유연화를 강조합니다. 그런데 아직 신자유주의의 대안은 아직 모색단계라고 할 수 있습니다. 영국을 비롯한 유럽에서는 신자유주의의 한계를 극복하고자 제3의 길이 추구되었습니다. 흔히 제3의 길은 우파의 시장주의의 피해와 고전적 좌파이론의 약화를 극복하기 위한 이념적이고 정책적 좌표로 알려져 있습니다. 우리가 흔히 말하는 "제3의 길"은 영국의 사회학자 안서니 기든스에 의해 이론화되었고, 영국 수상 토니 블레어에 의해 정치적으로 표현되었습니다. 마가렛 대처 전(前) 영국 총리의 '울트라 리버럴리즘적 자본주의'와 '전통적 국가주도경제' 사이에서 중간지점을 선택했다는 의미로 제3의 길을 블레어는 주장해 왔습니다. 영국 노동당이 주창한 제3의 길은 세계화와 정보화의 변화에 대한 발빠른 대응이라고 보아도 무방할 것입니다. 이러한 제3의 길은 1980년대 이래 신자유주의 정책의 전형인 미국 로널드 레이건 대통령의 레이거노믹스를 연상시키고 있습니다. 이는 "사회주의의 역사현실에서의 수정"이라 일컬어지는 사회민주주의에 대해 재(再)수정을 요구하는 토니 블레어와 앤서니 기든스의 제3의 길에서 주창되어 왔습니다. 자본주의의 가장 강력한 역사적 대안이었던 사회주의와 사민주의 중의 하나는 폐기되었고, 다른 하나도 강력한 시장경제에 대한 수정의 압력에 놓였던 것입니다. 현재 이러한 신자유주의의 대안은 여러 단계를 시험 중이지만 불평등의 심화, 삶의 질 저하, 정부 통치의 비효율성, 복지국가가 대중의 능동성을 갉아먹고 결과적으로 성장이 둔화할 수밖에 없다는 비판에 직면해 있습니다.

세계화와 미국화

현재 경제적인 측면에서 볼 때 21세기의 국가정책은 미국을 중심으로 한 세계화의 대표적인 산물인 신자유주의의 행복관을 근거로 하여 추구되고 있습니다. 무엇보다 현재 진행되는 세계화의 실체가 우리에게 행복을 가져다주는 신기루가 될 수 있을까요? 미국을 비롯한 유럽의 선진국 및 우리 정부도 앞으로 신자유주의가 행복을 가져다줄 유토피아라고 소리 높여 외치고 있습니다. 미국을 비롯한 선진 각국의 자본주의와 그 자본의 이해를 대변하는 언론과 정치가들이 합세하여 신자유주의가 추진되면 모두가 행복한 세계에서 살게 될 것처럼 말하고 있습니다. 많은 사람들은, 세계화는 보편성의 의미를 갖고 있다고 말합니다. 그런데 문제는 미국 중심의 보편성이 세계보편성의 기준을 차지하고 있다는 사실입니다. 이런 관점에서 지금 미국에서 가장 많이 등장하는 용어는 세계화(Globalization) 혹은 글로벌 경제(Global Economy)라는 단어입니다. 특히 글로벌 경제는 "정보주의와 자본주의의 재구조화 사이의 역사적 상호작용을 통해 출현"하고 있습니다. 즉 글로벌 경제의 탄생은 이 시대 자본주의의 재구조화를 모색하려는 자본의 몸부림과 밀접하게 관련되어 있습니다. 이것은 미국뿐 아니라 전 세계의 번영을 위해 국경과 관습이란 장벽을 허물고 단일 경제체제로 나아가야 한다는 주장입니다. 미국의 자본주의는 기업주의 구조가 그 뼈대를 이루면서 사회를 이끌고 나아갑니다. 그런데 모든 자본주의 국가에서 이러한 똑같은 원리를 적용하려고 합니다. 현재 진행되고 있는 신자유주의는 세계화와 미국화(Americanization)라는 개념과 밀접히 연결되어 있습니다. 1989년을 기점으로 하여 베를린 장벽의 붕괴에서부터 소련을 위시한 사회주의의 계속된 와해는 서구국가 특히 미국에서의 자유시장 자본주의의 승리로 환영을 받았습니다. 현재 대다수의 구(舊)공산주의 국가의 발전은 특정한 경제모델에 따라 이루어지지 않는 불안전성을 보이고 있습니다. 그러한 세계는 미국이 주도하는 세계화를 통해서만 가능하다는 것입니다. 그러면 미국이 세계화를 추진하려는 계획은 어떤 내용입니까?

미국은 현재 자신의 "압도적인 군사력"과 경제력에 바탕을 두고 세계적 차원에서 군사력을 개입하고 있습니다. 이것은 미국이 자신들이 주도하는 세계의 질서유지와 세계화에 의해 새로운 세계경제질서를 모색하고 있다는 점입니다. 미국은 압도적인 군사적 성격의 나라입니다. 미국 정부는 2000~2005년간 군사예산으로 약 1조 9천 억 달러, 연평균 3천 억 달러를 의회에 요청하였습니다. 미국의 군사비는 러시아와 중국의 군사비 합계의 약 3배에 달한다고 하는데, 러시아의 약 4.6배, 중국의 약 8배에 해당합니다. 미국은 1994~2000년 기간 동안에 세계 무기시장에서의 계약액 중에서 총 1,065억 달러로 6.3%를 독차지했다고 합니다. 당시 클린턴 대통령은 무기판매를 미국의 중요한 정책사업이라고 선언하였고, 미국 내에서 무기제조 관련사업의 이익에 맞추어서 해외무기장비 판매정책을 결정해야 한다고 강조하였습니다. 1999년에 미국 의회는 무기판매 수출을 용이하게 하기 위해서 외국 무기 수입상에게 150억 달러의 정보 보증 무기 수출 차관을 승인하였습니다.

최근 들어서도 조지 부시 미대통령은 2003년도 국방 예산안으로 3,790억 달러를 제시했습니다. 이는 "테러와의 전쟁"을 구실로 2002년도보다 480억 달러(14.5%)가 늘어난 수치입니다. 이는 20년만의 최고의 증액이라고 합니다. 부시 행정부는 앞으로 5년 동안 무기·군장비 현대화에 4,080억 달러를 쏟아 부을 생각으로 무인폭격기 개발과 무인정찰기 증대, 스마트탄 재고량 확대 등에 주력할 방침이라고 합니다. 이렇게 미국은 냉전 이후 최대의 국방비를 마련하여 미사일 방어체제를 밀어붙이고 군사력으로 세계를 지배하는 일에 더욱 박차를 가하고 있습니다. 미국은 2001년 9·11테러 폭파사건 이후로 테러를 소탕한다는 명목으로 아프가니스탄에 신무기를 동원하여 일방적인 맹공을 퍼부었습니다. 그후 미국은 군사력에 한층 고조되어 이란·이라크·북한을 가리켜 "악의 축"이라고 규정하고 일방주의적 힘의 지배를 확대할 조짐을 보이고 있습니다. 따라서 오늘날의 세계는 헌팅턴(Samuel Huntington)이 말한 바 있듯이, 하나의 초강대국인 미국과 그 다음 위치에 주요한 지역 강대국들이 존재하는 기이한 일극-다극체제로 진행되고 있는 것입니다. 2위 수준의 강대국 명단에는 "유럽의 독일과 프랑스, 유러시아의 러시아, 동아시아의 일본과 중국, 남아시아의 인디아, 서남아시아의 이란, 남아메리카의 브라질, 그리고 남아프리카공화국과 나이지리아" 등의 나라가 해당됩니다. 즉 초강대국 미국을 중심으로 한 일방주의는 제 2의 강대국들이 미국의 경제력과 군사력을 압도하지 못하는 한 계속되리라는 전망입니다.

동유럽 공산주의 블록의 붕괴로 이루어진 냉전의 종식은 세계의 주변환경을 근본적으로 변화시켰습니다. 냉전의 종식은 한편으로 자유진영의 승리였지만, 다른 한편으로 소련이라는 초강대국의 몰락을 의미하였습니다. 다시 말해서 기존의 사회주의권 강대국인 소련과 자본주의 진영의 미국에 의해서 주도되었던 양극체계는 무너져 버렸다는 것입니다. 소련의 붕괴로 양극체제가 붕괴되면서 미국만이 유일하게 초강대국으로 남게 된 다극체제를 맞게 되었습니다. 현재 세계의 구도는 초강대국인 미국이라는 나라의 독주와 2위 수준의 강대국들이 난립하면서 오히려 불안의 시대를 맞게 되었습니다. 이러한 상황 속에서 미국의 위기의식은 나왔다고 할 수 있습니다. 미국이 원하는 세계는 여러 강대국들이 난무하는 다극체제와 같은 복잡한 세계가 아니라, 미국이 세계의 중심에 확고하게 우뚝 서고 정치·경제·사회·문화·예술 등 모든 영역에 걸쳐서 헤게모니를 거머쥐는 단순한 세계인 것입니다.

세계화와 변화의 시대: 인터넷의 위력

　지금은 미국의 일방주의가 세계적으로 진행된다고 할지라도 앞으로 전개될 21세기는 변화의 시대인 것만은 분명합니다. 이러한 변화는 세계화, 신자유주의, 정보통신의 인터넷 혁명과 같은 새로운 밀레니엄의 시작이라는 심리적 요인 이상의 실체를 지니고 있습니다. 미국의 보수주의적 자유주의자로 잘 알려진 후쿠야마(F. Fukuyama)는 세계화의 불가피론을 다음과 같이 세 가지로 들고 있습니다.

　첫째, 세계화 이외에는 선택 가능한 발전의 모델이 없다는 것입니다. 국가주도의 아시아적 발전모델이 과거에는 세계적인 주목을 받았으나 이제 빛을 잃었다는 것입니다. 그 예로 한국 정부의 경제정책이 세계화로의 전형적인 모델을 보여줍니다.

　둘째, 세계화의 대세는 우파에 비해 좌파 정치세력의 경제적 미숙함 때문에 경제적 불평등의 해소가 국제적인 차원에서만 가능하기 때문이라는 것입니다.

　셋째, 인터넷을 비롯한 정보혁명과 기술혁명에서 찾아진다는 것입니다.

　무엇보다 21세기에 들어와서 우리의 세계를 변화시키고 있는 두 가지의 근본적인 힘은 "정보통신의 인터넷과 유전자 혁명"을 들 수 있습니다. 이제 인터넷과 유전자 혁명으로 상징되는 신기술이 낡은 생산력의 한계를 넘어설 수 있게 하는 원천으로 작용하고 있음을 부정할 수는 없습니다. 이 신기술을 매개로 등장하고 있는 지구적 차원의 변화는 우리를 둘러싸고 있는 사회형태의 근본적 변화를 함축하고 있습니다. 이제 인터넷을 통한 세계적인 정보망이 구축되고 전 세계 지역을 포괄하는 위성 TV가 곧 현실화됨으로써 "신속한 통신과 정보수집의 수단"을 갖게 되었습니다. 세계의 인터넷 사용인구는 1999년 2억 명에서 2000년에는 4억 7백만 명으로 두 배 이상 폭발적으로 증가하였고, 5년 이내에 10억 명을 넘어설 것으로 추정하고 있습니다. 우리나라도 인터넷 사용인구가 1999년 4월을 기점으로 4백만 명을 돌파하였고, 2000년에는 1천 9백만 명, 2001년에는 2천 6백만 명 이상으로 늘어났으며 매년 폭발적으로 증가하여 세계에서 가장 빠른 인터넷 사용자의 증가율을 보이고 있습니다.

1980년대 미국의 경제불황의 수렁에 빠진 경제를 구해 준 것은 정보통신기술의 발달과 인터넷의 덕분이었습니다. 그래서 인터넷에서 멀어진 기업이나 개인은 그 생존 자체를 유지하기가 불가능한 시대로 점점 변하고 있습니다. 이러한 미국경제에 대해 1999년 11월 미국 시애틀의 WTO를 무산시킨 시민운동도 짧은 시간 내에 "인터넷을 통해 연락이 되어 일어난 일"입니다. 최근의 시민단체 및 비정부조직의 비약적인 발전은 정보화의 발전과 무관하지 않다는 것입니다. 급변하는 세계화에 따라가는 속도만큼 시민운동도 점차 분명한 형태로 드러나고 있습니다. 시민단체(NGO)의 성격도 정보통신기술의 발전에 뒷받침을 받아 그 활동 영역에서 급팽창되었습니다. 과거에는 체제운동이 조직과 지도력에 의해 크게 의존한 반면에 현재는 탁월한 지도자가 없이도 인터넷이라는 도구를 통해 급속도로 연대를 확대해 나가고 있습니다. 즉 인터넷이 세계화를 급속도로 추진해 온 핵심적인 운동의 도구가 된 것입니다. 2000년대의 체제운동은 인터넷이라는 새로운 혁명적 대화통로를 통해 뚜렷한 지도자 없이 반세계화 운동의 이념과 운동의 동력을 바탕으로 확대해 가고 있습니다. 즉 인터넷의 발달에 힘입어 시민 사회단체들은 발빠른 동원력을 보이고 있으며, 어떤 단체에 속하지 않으면서 활동하는 개인들도 점차 늘어나고 있습니다. 세계화와 "정보화"로 인한 대변화의 와중에서 조직이나 기업들의 각오도 예사롭지 않습니다. 지금 "세계화·정보화라는 구호 아래 진행되는 일련의 급박한 변화들은 물리적 토지수용, 즉 '현실' 공간의 수용이라기보다는 이른바 가상공간의 창출과 수용이라는 점입니다." 정보화는 고갈되어 가고 있는 산업자본주의의 토지수용을 대체하는 "새로운 토지수용의 가능성"으로 점차 각광받고 있습니다.

맥도날드화의 세계화: 미국 자본의 패스트푸드점화

맥도날드화란?

우리 현대인은 편리한 것을 점점 더 추구하고 그러한 것을 충족시켜 줄 수단들이 도처에 널려 있게 되었습니다. 우리 주변에서 쉽게 띄는 간판은 맥도날드나 KFC 같은 패스트푸드점일 것입니다. 21세기에 있어서 인간의 행복은 간편하고 편리한 것을 더욱 추구하는 방향으로 진행되고 있습니다. 그러한 점에서 패스트푸드점의 원리는 20세기 중반 이후 21세기에 들어선 지금까지 우리가 추구하려는 행복의 척도를 가장 단적으로 드러난다고 할 수 있습니다.

맥도날드화 (출처: 『조선일보』, 2001. 8. 18.)

맥도날드화(McDonaldization)라 부르는 것은 광범위한 과정의 주요사례이자 일종의 패러다임입니다. 즉 맥도날드화란 패스트푸드점의 원리가 미국 사회와 그밖의 세계에 더욱 더 많은 부분들을 지배하게 되는 과정입니다. 맥도날드화란 패스트푸드점뿐만 아니라 교육·노동·의료·여행·여가·다이어트·정치·환경문제·가정, 그리고 사실상 사회의 거의 모든 부문에 걸쳐 영향을 미치고 진행되고 있습니다. 사실상 패스트푸드 국가의 가치체계·문화·산업은 전 세계로 수출되고 있습니다. 패스트푸드는 할리우드 영화와 청바지·팝음악과 마찬가지로 미국의 가장 두드러진 문화현상으로 자리를 잡았습니다. 이러한 맥도날드화는 도저히 침투할 수 없을 것 같아 보이는 제도와 세계의 여러 부문에서도 그 모습을 점점 드러내고 있습니다. 맥도날드를 포함한 패스트푸드 산업이 점점 그 위력을 더해 가고 있는 것이 사실입니다. 미국이 2000년도를 기준으로 하여 패스트푸드 소비에 사용한 돈은 1,100억 달러인데 이는 고등교육에 사용한 돈 756억 달러보다 훨씬 더 많은 액수라고 합니다.

맥도날드의 역사는 1955년 믹서 판매업자인 레이 크록(Ray A. Kroc)이 딕 맥도날드와 맥 맥도날드 형제를 방문하여 프랜차이즈 판매권을 사들여 공동경영에 나선 것으로부터 시작되었습니다. 맥도날드란 이들 형제의 이름을 딴 것으로 새로운 개념의 패스트푸드 레스토랑 맥도날드에서 유래했습니다. 맥도날드화가 전 세계를 장악하게 된 까닭은 무엇보다 합리성에 있다고 하겠습니다. 한 일화를 소개하면, 1974년 맥도날드의 창업자인 레이 크록은 오스틴에 있는 텍사스 대학의 경영 대학원에서 강연요청을 받았습니다. 강연이 끝난 후 학생들이 단골 맥주집에 레이를 초청하여 맥주를 함께 즐겁게 마셨다고 합니다.

레이 : "내가 무슨 사업을 하고 있을 까요?"
학생들 : "장난치지 마세요."
레이 : "웃지들만 마시고 내가 무슨 사업을 하고 있는지 알아맞혀 보세요."
한 용감한 학생 : "세상에 당신이 햄버거 사업을 하는 걸 모르는 사람이 어디 있나요."
레이 : "여러분들이 그렇게 대답할 줄 알았습니다. 그러나 내가 하는 사업은 햄버거 사업이 아니라 부동산 사업입니다."

레이는 자신의 기본적인 사업이 햄버거 체인점을 파는 것임을 잘 알고 있었지만, 각 체인점의 위치가 아주 중요하다는 것을 항상 알았습니다. 그는 부동산의 위치가 체인점의 성공에 가장 중요한 요인임을 알았기 때문입니다. 오늘날 맥도날드는 부동산이 가장 많은 거대한 조직체입니다. 심지어는 천주교의 성당보다 더 많은 땅을 소유하고 있으며, 가장 비싼 땅을 전 세계적으로 갖고 있습니다. 맥도날드는 1999년 5월 2만 5천 번째 매장을 개장한 것을 시점으로 하여 2002년 초까지 기준으로 현재 2만 8천여 매장을 운영하는 세계에서 가장 큰 패스트푸드 서비스업체로 알려져 있습니다. 이는 매년 미국에서 생겨나는 일자리의 90%를 책임지고 있다고 합니다. 또한 이 회사는 미국 최대의 쇠고기, 돼지고기, 감자의 구매자이고 닭고기는 두 번째로 많은 구매자라고 합니다. 오늘날 세계에서 가장 많은 코카콜라를 판매하는 곳이 맥도날드인데 2001년 기준으로 미니엄 사이즈 코카콜라 한 잔의 구입원가는 대략 9센트, 판매가는 1달러 29센트라고 합니다. 이는 실로 엄청난 마진율입니다. 이러한 맥도날드 체인점의 합리적 예측가능성의 판단은 긍정적인 사유의 패턴의 변화된 모습을 보여주고도 있습니다.

맥도날드화의 특성 · 1

그러면 왜 맥도날드의 모델이 그토록 절대적인 것이 되고 있을까요? 맥도날드화의 매혹적인 특징은 고객과 종업원, 지배인 모두에게 효율성, 계산가능성, 예측가능성, 그리고 통제를 제공하기 때문에 성공을 거두어 온 것입니다.

첫째, 효율성으로서 맥도날드화는 어떤 상태에서 다른 상태로 변화하게 하는 최적의 상태를 제공합니다. 예를 들어 맞벌이 부부, 바쁜 사회, 자동차 문화, 종업원들의 관리 등에서 효율적이고, 수많은 사람들의 욕구를 충족시킵니다.

둘째, 계산가능성입니다. 판매되는 제품과 제공되는 서비스의 양적인 측면을 강조합니다. 많은 양의 제품을 신속하게 공급하는 것은 좋은 것을 의미하는 경향이 있습니다. 이는 근처의 패스트 푸드점에 갔다오는 것이 집에서 식사를 하는 것보다 시간이 더 적게 걸리는 것을 강조합니다.

셋째, 예측가능성입니다. 맥도날드의 제품과 서비스가 언제 어디서나 동일할 것이라는 확신을 제공합니다.

넷째, 통제, 즉 인간기술의 무인기술로의 대체입니다. 인간의 기술은 사람이 통제하지만, 무인기술(예를 들어 조립라인)은 인간을 통제합니다. 즉 줄서서 기다리기, 제한된 메뉴, 거의 선택의 여지가 없음, 불편한 의자 등은 고객들에게 관리자가 원하는 행동양식에 따라 움직이게 만듭니다. 좀더 구체적으로 맥도날드화의 몇몇 이점을 살펴봅시다.

① 많은 사람들이 다양한 서비스를 이용할 수 있다.
② 사람들이 원하거나 필요로 하는 것을 곧바로 얻을 수 있다.
③ 사람들이 원하거나 필요로 하는 것을 구매하는 것이 매우 편리해졌다.
④ 상품과 서비스의 질이 단일화되었다.
⑤ 고가의 맞춤상품이나 서비스보다 훨씬 경제적인 대안들을 다양하게 이용할 수 있다.
⑥ 근무시간이 길어 짬을 내기 어려운 사람들이 신속하고 효율적인 상품과 서비스를 이용할 수 있다.

⑦ 수량화되므로 소비자는 경쟁품목을 좀더 쉽게 비교할 수 있다.

⑧ 사람들을 인종이나 성별, 사회계층에 관계없이 비슷하게 취급한다.

⑨ 한 문화의 산물이 다른 문화로 더욱 쉽게 전파된다.

이러한 여러 특성으로 인해서 맥도날드화는 이제 세계 어느 곳에서도 많은 사람들의 사랑받는 제품으로 확산되어 가고 있습니다.

맥도날드화의 특성 · 2

그러면 행복해 보이기만 하는 패스트푸드의 표면 이면에는 무엇이 자리잡고 있을까요?

맥도날드화는 막강한 이점들을 제공하고 있지만, 부정적인 측면도 많습니다. 사회학자 조지 리처(George Ritzer)는 자신의 저서인 『맥도날드 그리고 맥도날드화』(1996)에서 맥도날드화가 효율성, 계산가능성, 예측가능성, 통제 등 이점을 가져다주지만, 동시에 편협한 기준을 다른 어떤 가치보다 중시한다고 비판하였습니다. 여기서 맥도날드화의 승리는 오히려 "합리성의 불합리성"이라는 말로 바꾸어 말할 수 있습니다. 많은 사람들은 패스트푸드의 제국이 미국의 놀라운 경제적 활력의 증거이며 이 나라의 생활양식을 추종하는 수백만의 외국인들로부터 사랑받는 미국식 제도라고 강조합니다.

그러나 우리가 흔히 합리적이라고 생각하는 세계는 어쩌면 불합리한 결과를 초래할지도 모릅니다. 합리적 세계는 인간 이성을 부정하는 데 기여하며 종종 비이성적입니다. 예를 들면 맥도날드화는 자연환경에 광범위한 피해를 끼치고 있습니다. 예측가능한 프렌치 프라이를 만들기 위해서는 일정한 모양의 감자를 생산해야 합니다. 그러한 감자의 생산은 미국 북서부 지역 태평양 연안의 생태계에 부정적 영향을 미쳐온 것으로 나타났습니다. 감자를 재배하는 거대한 농장들이 막대한 양의 화학비료를 사용하기 때문입니다. 완벽한 프렌치 프라이에 대한 요구로 인해 엄청난 양의 감자가 낭비되는데 나머지 못쓰는 감자는 가축사료나 비료로 사용합니다. 그러나 가축의 분뇨와 비료는 지하수의 질소함유량을 증가시키는 원인으로 작용합니다. 패스트푸드점의 또 다른 비이성적 측면은 사람들이 비인간적 환경에서 먹거나 일한다는 것입니다. 햄버거를 사기 위해 줄을 서거나 차 안에서 순서를 기다리는 고객, 그리고 감자튀김을 준비하는 종업원은 스스로가 마치 조립라인의 일부가 된 것처럼 느낄 수 있습니다.

패스트푸드점의 불합리성의 비판은 물론 맥도날드화되고 있는 세계의 모든 측면에까지 확대 적용되고 있다는 데 주시할 필요가 있습니다. 프랑스의 한 정치가는 유로 디즈니의 개장에 대해 "패스트푸드가 미각에 해독을 끼치는 것처럼, 그것은 뿌리 없는 창조물로 프랑스를 폭격하여 문화에 해독을 끼칠 것"이라고 경고했습니다.

맥도날드화에 대한 비판은, 한편으로 과거에 바탕을 두고 있지만, 다른 한편으로, 미래에 바탕을 두고 있습니다. 여기서 의미하는 미래란, 맥도날드화된 체계의 구속에서 벗어난 인간의 잠재력으로 정의됩니다. 이러한 비판은 우리 인간이 지금보다 더 사려 깊고, 유능하며, 창조적이고, 다재다능할 수 있는 잠재력을 갖고 있다고 주장하는 것입니다.

도전받는 미국의 신자유주의

　미국의 언어학자이자 사회운동가인 촘스키(Noam Chomsky)는 『그들에게 국민은 없다』(1997)라는 에세이집에서 신자유주의의 이념과 미국정책을 강력하게 비판하였습니다. 촘스키의 기본적인 생각은 신자유주의의 비판론자들의 흐름과 대체적으로 일치합니다. 그는 시장이라는 물신숭배의 이데올로기를 비판하고 폭로합니다. 촘스키는 자유무역과 세계화의 논리를 내세우는 신자유주의가 강대국의 기업과 부유층의 이익을 위해 교묘히 포장된 지배논리에 불과하다고 꼬집고 있습니다.

　그는 신자유주의 정책을 계속 추진하고 있는 미국 클린턴 정부와 이를 지지하는 기업계와 언론계를 신랄하게 비판한 바 있습니다. 즉 미국 정부는 민주주의의 개념을 왜곡시키면서, WTO, IMF, MAI(다자간 투자협정) 등 세계기구를 통하여 남미 등 제3세계 국가의 노동자와 빈곤층을 추락시키고 있다는 것입니다. 세계화는 권력을 한 쪽으로 집중시키고 일반인들을 소외시킬 것이라고 경고합니다. 이러한 반세계화에 대한 경고는 그에 대한 반체제운동으로 이어지면서 다자간 투자협정 반대 투쟁, 상환 불가능한 외채의 완전 탕감 운동으로 나아갔습니다. 또한 촘스키는 2001년에 개최한 세계경제포럼(WEF)이 기업의 이익을 위해 세계화를 추진하고 있지만, 세계사회포럼은 일반 시민의 이익을 위한 세계화를 추진하고 있다고 말합니다.

미국은 1980년대 중반부터 한국에 대한 집요한 통상개방 압력을 통해 시장개방에 성공해 왔습니다. 이에 더해 미국은 쌍무협상을 통해 끊임없는 추가개방을 요구해 왔고 여기에다 WTO 출범과 OECD 가입으로 시장개방이 확대되었습니다. 또한 IMF 구제금융 조건으로 시장개방이 전면적으로 확대되었습니다. 미국의 의도는 미국의 힘과 가치 그리고 제도의 세계화와 보편화를 의미하는 것입니다. 그래서 지금은 이에 반대하는 국가들이나 인종·종교·문명집단들에 의해 많은 저항을 불러일으키고 있습니다.

미국을 중심으로 한 세계화의 문제점이 전 세계적으로 확산되면서 시민단체(NGO)의 활동이 점차 강력한 저항세력으로 등장하고 있습니다. 지금까지 미국 주도의 세계화 논리는 전 세계적으로 많은 불만을 낳고 있습니다. 이를 바탕으로 1999년 11월 시애틀에서 개최하였던 세계무역기구 밀레니엄 라운드에서는 종전의 세계화의 논리에 대해 조정을 이루어내야 한다는 주장이 제기되었습니다. 다국적 기업과 소규모 내국인 생산자 사이의 대립관계가 심화되고 있다는 사실을 보여준 것입니다. 농업 부분은 그 당시 시애틀 라운드에서 가장 중요한 쟁점이었습니다. 무엇보다 시애틀의 반세계화 운동에는 5만 여명 이상이 참가하여 전통적인 노동운동단체들과 정치단체들뿐만 아니라 여성·환경·인권·소비자 건강 등 특정분야에서 활동하였던 다양한 세력들이 참가하여 앞으로의 발전방향을 예고했습니다.

1999년 12월 12일에는 수천 명의 시위대가 유엔무역개발회의 (UNCTA) 10차 총회가 열리고 있는 방콕의 회의장 앞에서 전 세계 사람들을 가난으로 몰아넣고 있는 세계금융제도를 근본적으로 개혁하라며 시위를 벌였습니다. NGO들은 "세계화가 전 세계를 혼란과 불평등 및 광란으로 몰아가고 있다는 것을 유엔기구들이 알아주기를 바란다"고 요구하였습니다. 2000년 4월 17일에 폐막된 IMF · 세계은행의 연례 춘계회의 개막일인 16일에는 세계화에 반대하는 1만여 명의 NGO들이 미국 워싱턴 시내에서 항의를 하였고 1주일 이상 연이은 시위를 벌였습니다. 즉 세계화가 "국가간 빈부격차를 더욱 확대시키고 있는 것"9)에 대대적인 반기를 들었습니다. 세계화 반대의 시위는 국제금융기관에 대한 대중적 관심이 높아지고 있다는 것을 반증하는 것입니다. 세계적 차원의 진보와 평등 · 안정을 위해서는 다양한 국제기구들을 유지하고 강화하는 것이 필요합니다.

2002년 1월 31일 브라질에서 개막된 제2회 세계사회포럼 (WSF) 대회에서는 부자와 선진국의 권위와 독단, 약육강식의 세계화 논리에 반대하는 깃발과 구호, 시위대로 넘쳐 났습니다. 전 세계 20여 개 국가에서 날아온 시민운동가들을 비롯한 포럼 참석자 5만여 명은 "세계화 반대"를 외치면서 시위를 벌였습니다. 투레 회장은 "전체 인구의 80%에 이르는 인구가 여전히 농촌 인구이며, 이들 대부분은 식량 사정도 열악하여 영양실조가 만연해 있는 상황에서 외채를 갚기 위해 전체 예산의 13%를 쓰는 것은 죽음으로 내모는 일"10)이라고 말합니다.

21세기가 얼마 지나지 않았지만, 지금 전 세계의 빈부격차는 더욱 심해지고 있다고 합니다. 그리고 그 밑바탕에는 미국이 주도하는 신자유주의적 세계화가 깔려 있다고 지적받고 있습니다. 미국은 제2차 세계대전 이후로 세계자본주의의 체계 안에서 헤게모니를 차지하였습니다. 먼저 전 세계의 금이 미국으로 유입되면서 세계 금의 60%를 갖게 되었습니다. 여기서 미국은 "금과 함께 달러가 국제통화의 중심이 되어야 한다"고 주장하면서 아메리카 헤게모니의 일환으로 미국의 달러 공급정책을 가속화시켜왔습니다. 현재 미국이 주도하는 새로운 무역질서 중에 "경쟁라운드"가 있지만, 이는 미국의 공정 경쟁법을 세계에 확산시키자는 것과 맥을 같이 하고 있다고 하겠습니다. 즉 미국이 진정 외국에 수출하고 싶어하는 것은 미국의 법제도들뿐이라는 말도 들리고 있습니다. 미국의 정보자본주의의 논리 이면에는 불평등과 양극화가 갈수록 심각해지며, 정보시대의 사회적 균열이 커진다는 문제점을 안고 있습니다.

알고 보면 세계화는 매우 배타적인 측면을 낳고 있습니다. 미국만 하더라도 전체 인구의 5~10%만이 세계화의 혜택과 문화를 향유하고 있다고 합니다. 나머지는 제외되고 있다는 것입니다. 지구적 차원에서 보았을 때도 해외를 자유롭게 여행하고 외국인을 만나고 무역거래를 하면서 세계화를 느낄 수 있는 사람은 전체의 5%도 안 된다는 것입니다. 이렇듯 반세계화 운동은 미국식 신자유주의의 확산에 대한 집단적 대응방식의 하나로 시작되어 점차 그 세력이 확대되고 있습니다. 신자유주의로 인해 중산층의 붕괴현상을 보이면서 현재 20세기형 소득 불균형과 21세기형 정보화 불균형의 복합된 양상으로 더욱 치닫고 있습니다.

이러한 세계 시민·사회단체의 반세계화 운동에 힘입어 지금까지 고자세를 견지하던 미국의 태도도 조금씩 변화하고 있다고 합니다. 2001년 11월의 카타르 도하에서 열린 세계무역기구 각료회의에서는 이제껏 다자간 무역규범을 무시하던 미국이 반덤핑 규정들의 개정 문제를 뉴라운드의 협상의제로 포함시키는 데 성공하였습니다. 또한 아프리카 지역 나라들의 요구에 따라 무역과 관련된 지적재산권 협정과 공공건강에 대한 안건도 채택되었습니다. 미국이 강경 자세를 보였던 에이즈 치료제 등 다국적 제약회사가 갖고 있는 특허권을 개발도상국이 제한적으로 침해할 수 있는 길도 열어 놓았습니다. 제3세계 외채문제는 외채탕감 운동단체인 "주빌리 2000"의 활약으로 클린턴 전대통령은 1999년 독일 쾰른에서 열린 주요 8개국 정상회의에서 100% 탕감을 약속하기도 하였습니다.[11)

이런 점에서 다행히도 최근 들어 세계화의 신자유주의적 쇠퇴 경향이 두드러지고 있습니다. 시장개방과 금융자본주의 승리만이 인류의 번영을 가져온다고 주장하는 소리도 점차 사라지고 있습니다. 뿐만 아니라 미국의 세계화 전략의 중추기관이라 할 수 있는 국제기구의 어조도 점점 달라지고 있습니다. 시애틀의 세계무역기구(WTO) 협상이 부분적으로 국제 NGO의 활동 때문에 결렬되었습니다. 시애틀 시위에는 "환경, 인권, 초국적자본 반대, 공정무역 등을 주요사안으로 하는 비교적 제도화되고 전문적인 NGO들이 대거 참여했다"[12)고 합니다.

최근의 반세계화 시민운동에서 주목해야 할 것은 미국 시민운동의 강화를 들 수 있지만, 반세계화 시민운동이 이러한 거대한 역사적 사명을 완수하기 위해서는 좀더 구체적인 대안작성을 길러야 할 것입니다. 우리가 신자유주의를 규탄하는 이유는 인간을 시장독재에 굴복시키고 희생시키기 때문입니다. 신자유주의라는 유일사상은 기어코 기아, 근본주의, 전쟁을 낳고 궁극에는 인류를 멸망으로 끌고 갈 위험이 이미 현실적으로 존재하고 있습니다.

결국 세계화는 미국화를 의미할 수도 없고 또한 서구화만을 의미하지도 않습니다. 이런 세계화는 마치 지진이 진원지로부터 변방으로 퍼져나가는 듯한 중심의 세계화이기에 반드시 변화되어야 할 것입니다.

한국의 신자유주의적 세계화

우리나라에서 세계화라는 말을 공식적으로 처음 제창하고 나선 것은 김영삼 정부였습니다. 김영삼 정부는 1993년 출범 초기 문민정부의 정통성을 내세우면서 우루과이라운드(UR)의 타결에 동참하면서 국제화를 외쳤습니다. 1994년 말에는 세계무역기구(WTO) 체제 가입에 대한 국회비준을 요청하면서 이른바 1994년 11월 17일의 "시드니 선언"으로 정론화된 세계화라는 구호를 통치이념으로 내세웠습니다. 김영삼 대통령 자신이 말하는 세계화는 다음과 같은 것을 그 골격으로 하였습니다.

첫째, 먼저 모두가 세계 일류, 일등이 되는 일류화

둘째, 비합리적 관행과 의식을 고치는 합리화

셋째, 모두 하나가 되는 일체화

넷째, 고유의 가치와 전통문화를 존중하는 한국화

다섯째, 일류공동의 문제를 함께 해결하도록 하는 인류화

이는 다소 추상적이고 우리가 수행해야 할 당위적인 대책과 전략을 나열한 것이었습니다.

김영삼 정부 다음으로 김대중 정부가 집권한 이후 김 대통령은 1998년 2월 5일 대통령 취임사에서 IMF 경제신탁 위기를 극복하기 위한 총체적 개혁을 선언하며 "작지만 강력한 정부"를 목표로 하겠다고 취임포부를 밝혔습니다. 취임 만찬사에서는 "무엇보다 시장경제의 원리에 입각한 경제개혁"을 관철시킬 것이며 WTO 체제가 요구하는 개방과 개혁의 자세를 견지하겠다고 밝혔습니다. 1998년 4월 28일의 국제경제회의에서는 "한국경제를 철저한 시장경제의 원리에 입각한 개방형 경제로 정착시키겠다"고 언급하였습니다. 이러한 언급들은 선진국들이 요구하는 세계화에 부합하는 내용들이었습니다. 김대중 정부는 위의 발언들을 근거로 하여 세계화의 대열에 선진국과 합류를 하였습니다. 그래서 항간에서 한국을 가리켜 비아냥거리는 "세계에서 제일 기업하기 좋은 나라 만들기"라는 소리를 들으며 신자유주의 매몰정책을 추진하였습니다. 그러면서 더욱 대미예속의 심화와 전면화를 몰고 왔습니다. 그 결과 우리나라의 대외개방은 "IMF의 요구수준을 훨씬 능가하는 거의 전면적 대외개방"이라고 알려져 있습니다. IMF의 프로그램과 정부의 위기극복은 워싱턴 연합이 제시한 8개항의 필요조치를 전적으로 수용한 것으로 드러났습니다. 여기서 8개 조항의 조치들은 자본시장의 자유화, 외환시장의 개방, 관세인하, 국가기간산업의 민영화, 외국자본에 의한 국내 우

량기업들의 인수·합병의 허용, 정부규제 축소 등입니다. 즉, 자발적인 과잉세계화와 종속적인 신자유주의를 추진하여 IMF의 요구를 넘어서 대외정책을 광범위하게 진행시키는 "IMF 특별장학생"13)이 된 것입니다.

김대중 정부의 경제정책은 세계체계의 위상과 관련하여 "종속적 신자유주의" 정권이라는 비판의 소리가 무성합니다. 이는 "IMF 관리체제에 따라 외부로부터 강제된 결과이기도 하지만, 김 대통령 자신을 비롯한 김대중 정부 내의 헤게모니적 분파의 경제철학의 발로"14)라는 말도 들립니다. 김대중 정부의 신자유주의 정책으로 인해 고통받는 다수의 사람들이 있다는 데에 그 심각성이 있습니다. 즉 김대중 정부의 개혁정책은 구조조정으로 인해 실업자와 영세 극빈층을 심각하게 양산했다는 데 큰 문제가 있다는 사실입니다. 신자유주의가 가져온 자본의 시장논리는 부익부 빈익빈 현상을 심화시켰을 뿐만 아니라 중간층의 붕괴를 가져다주었습니다.

역사적으로도 우리는 해방 이후 자유주의·사회주의·사회민주주의 등을 주체적으로 경험하지 못하였습니다. 그러기에 김대중 정부의 새로운 경제흐름에 대한 반성과 신자유주의에 대한 근본적인 비판 없이 너무 쉽게 신자유주의의 물결에 휩쓸리고 있는 결과는 그 골이 이미 깊게 패였습니다. 우리 사회의 정치·경제·문화 구조 및 그 역사는 서구의 것과 확연히 다른 것은 분명합니다. 쉬운 예로 아직 좌파와 우파의 구별도 혼재된 우리 상황에서 쉽게 제3의 길을 끌어들이는 것은 우스운 상황이 되고 말았습니다.

    이러한 김대중 정부의 부정적인 진단에도 불구하고 만약 한국식 제3의 길이 존재하고 풀어야 할 과제가 있다면, 노사정 협력, 남북의 사심 없는 교류와 대화, 남녀평등, 부익부 빈익빈 갈등의 해소 등을 들 수 있습니다. 아울러 창의와 정의, 효율을 중시했을 때, 아직은 불완전하지만 새로운 사고를 촉발할 수 있는 계기를 마련할 수 있을 것입니다. 또한 제3의 길을 위한다는 구실 아래 개혁이라는 이름으로 흔히 사용하기 쉬운 사이비적 주장들을 경계해야만 합니다. 지금은 구체적인 대안작성 능력을 갖고 있는 것이 중요하며, 대안이라고 하더라도 서구식 제3의 길은 우리 실정에 맞지 않는 내용들이 많이 내재해 있으므로, 좀더 진실성 있고 우리 사회에서 우리 모두가 더불어 살 수 있는 현실적이고 구체적 대안을 마련하였을 때 신세계질서를 지향하는 길도 아울러 열릴 것입니다.

행복한 세계화: 부익부 빈익빈의 현실화된 삶이란?

    프랑스 철학자인 장 보드리야르(Jean Baudriallrd)는 독일의 주간지 『슈피겔』과의 인터뷰에서 "세계화의 내재적 자기 모순이 온갖 사회 병리현상을 일으켰으며 마침내 온 세상에 바이러스처럼 테러가 번지게 되었다"고 진단하였습니다. 현재 신자유주의를 찬양하고 있는 "행복한 세계화"는 세계적으로 빈곤과 소외현상의 악화로 인한 불평등을 가중시키고 있습니다. 특히 많은 개발도상국에서는 세계화가 민주화 과정과 독립 자체를 위협하고 있기도 합니다. 현재 세계의 많은 국가들은 미국의 부시 정부가 어떻게 말하든 간에 세계화가 2001년 9·11 동시다발 테러와 무관하지 않다고 믿고 있으며, 그로 인한 변화가 있기를 기대했습니다. 그러나 2001년 11월 카타르 도하에서 개최된 무역기구회의는 이러한 기대에 실망을 주었을 뿐만 아니라 오히려 테러 참사를 이용하여 1999년 미국 시애틀에서 중지된 무역협안을 재생시켰습니다. 현재 진행되는 미국 중심의 세계화는 행복한 세계화의 청사진을 제시하고 있지만 점점 불행의 세계화로 치닫고 있다는 것입니다.

현재 세계화를 변화시키는 실체는 무엇일까요? 현재 우리 사회의 변화를 가로막는 장애물은 무엇일까요? 이러한 미국 주도의 세계화는 미국 자신을 비롯한 그밖의 나라에 어떤 영향을 끼치고 있을까요? 1980년 초반 자유시장만이 세계적 번영과 가난한 나라에 경제적 풍요를 가져다줄 수 있다는 믿음이 세계를 휩쓸었습니다. 그러나 실제로 벌어진 결과는 부자 나라와 가난한 나라의 틈이 더 넓어졌다는 것뿐입니다. 또한 한 국가 안에서도 부자와 가난한 자의 불평등이 더욱 심화되었다는 것입니다. 이러한 현상은 우리의 경우에서도 쉽게 찾아 볼 수 있습니다. 우리의 경제가 지금껏 고도의 성장을 진행해 오면서 어느 정도 계층간의 소득격차가 커지기는 했지만 하위계층은 더욱 가난해지고 상위계층은 더욱 부유해지는 현상은 없었습니다. 비록 적게라도 하위계층도 실질적인 소득은 늘어 왔다고 볼 수 있습니다. 그러나 IMF의 외환위기 이후 소득 변동은 글자 그대로 "부익부 빈익빈"의 삶이었습니다.

무엇보다 한국의 경제정책이 가져온 부작용은 부익부 빈익빈 현상의 심화가 가장 큰 문제일 것입니다. 세계화의 신자유주의적 시장논리는 한쪽은 부자, 다른 한쪽은 빈자인 두 개의 국민을 동시에 만들어 놓았습니다. 전문화된 지식을 소지하거나 정보의 흐름을 통제할 수 있는 능력을 갖고 있는 사람들은 부와 권력과 명예를 독점할 수 있으나, 그 이외의 나머지 사람들은 세계화의 과실(果實)로부터 배제를 당하게 됩니다. 김대중 정부의 개혁정책은 신자유주의적 편향으로 흘러 실업자와 영세 극빈층을 가중시킨 것은 현재 가장 커다란 문제로 심각하게 부각되었습니다. 즉 신자유주의가 가져온 자본시장 논리의 가장 큰 문제는 부익부 빈익빈 현상의 심화로 인해 중산층이 붕괴하고 있다는 것입니다. 따라서 부익부 빈익빈 현상을 막기 위해 민생·복지 정책의 강화는 물론 다양한 시각에서 전문가들의 진단에 귀를 기울여야 합니다.

이렇듯 신자유주의 정책으로 인한 중산층의 몰락과 계층간 빈부격차의 문제는 날로 심각해지고 있습니다. 그러나 이를 해결하기 위한 정부와 정치권의 노력은 여전히 겉돌고 있습니다. IMF 충격 이후 이러한 일환으로 정부는 급박했던 외환위기를 해결하기 위해 고금리 정책을 추진하였고 금융·기업 구조조정을 밀어붙이고, IMF 요구를 받아들여 국내 금융시장을 완전 개방하여 경제효율성을 중시하는 신자유주의적인 경제정책을 채택하였습니다. 이 같은 정책은 IMF라는 초유의 경제위기를 만나 불가피했던 것이라고 하더라도, 이 과정에서 실업자가 대거 쏟아졌으며 중산층의 몰락이라는 엄청난 부작용을 가져왔습니다. 김대중 정부는 외환위기를 맞아 외국으로부터 달러를 끌어오는 일이 무엇보다 급했고, 국난극복을 위해 시장경제와 효율성을 강조하는 과정에서 신자유주의의 색채를 짙게 풍겼습니다. 그러나 이로 인해 부익부 빈익빈 현상이 더욱 심화되는 폐해가 드러났고, 정치적으로 전통적 지지기반인 서민층과 중산층의 허탈이 두드러졌던 것입니다. 누구를 위한 정책이고 무엇을 지향하는 정책이냐는 힐난하는 물음이 숱하게 제기됐으나, 이러한 빈부의 격차는 이중적으로 계속 증가하고 있습니다. 그 하나는 선진국과 후진국 간의 격차, 또 하나는 선진국 안에서의 빈부격차입니다. 이러한 상태는 교란과 분쟁을 일으키지 않을 수 없습니다. 세계 역사는 언제나 대결, 이해력 결핍, 전쟁, 청산을 통한 역사였습니다. 그런데 지금 우리 역사 앞에 뚜렷이 윤곽을 나타내고 있는 것은 폭력과 대결로 치닫고 있는 현실입니다.

낮아지는 행복지수: 20대 80의 사회란?

현재 한창 이야기되고 있는 20대 80의 사회 내지 80대 20의 법칙은 100년 전 이탈리아의 경제학자인 파레토(Vilfredo Pareto, 1848~1923)가 처음 발견했습니다. 그가 발견한 원리는 파레토의 법칙, 파레토의 규칙, 80/20의 규칙, 최소노력의 원리, 불균형의 원리 등 수많은 이름으로 불려 왔습니다. 파레토는 19세기의 영국의 부와 소득의 균형을 연구하던 자료를 통해서 소수의 국민이 대부분의 소득을 벌어들인다는 부의 불평등현상을 발견했습니다. 즉, 인구의 비중과 그에 상응하여 소유하고 있는 부 혹은 소득의 비중 사이에는 항상 일관된 수치가 나타난다는 것입니다. 간단히 말해서 전 인구의 20%가 전체 부의 80%를 차지한다고 볼 때, 10%의 인구는 65%의 부를, 5%의 인구는 50%의 부를 차지하고 있다는 것입니다.

최근 독일의 『슈피겔』 기자가 쓴 『세계화의 덫』(1996)은 이러한 현상을 잘 표현하여 주목받고 있습니다. 특히 이 저서는 1990년대에 와서 나타나고 있는 경제적 세계화의 문제점과 파멸의 위기를 경고하면서 세계는 20 : 80의 비율로 부와 빈곤이 차별적으로 구조화되고 있다고 파악하고 있습니다. 이는 "20%의 선진국이나 강대국들이 전 세계의 부를 80% 이상 차지하고, 나머지 80%의 빈곤국, 후진국의 인구들은 20%의 부를 나누어 갖는 현상"으로 나타나는데, 이것은 세계화 과정이 촉진되면서 더욱 빠른 속도로 분명하게 드러나고 있다는 것입니다. 즉 앞으로의 사회는 점점 불평등이 심화되어 20대 80의 사회가 될 것이며 그 인력 중 20%만이 운 좋은 사람이 될 것이라고 말합니다.

이러한 불평등의 예측은 현재 세계 여러 곳에서 이미 시작되었고, 빈부격차는 이미 우리나라에서도 그 골이 깊숙이 파고들어 사회문제로 급부상하고 있습니다. 이제 어느새 우리 사회는 소수의 가진 자와 다수의 없는 자로 확연히 갈라지고 있으며 중산층 몰락의 아우성도 거세게 일고 있음을 TV, 신문 등 여러 매스컴을 통하여 알 수 있습니다. 우리 사회도 소득 불균형의 문제가 이른바 "20%의 가진 자가 80%의 없는 자"를 지배한다는 말로 설명되고 있는 것입니다.

최근 나온 통계청의 통계는 우리 사회의 현주소를 잘 대변해 주고 있습니다. 인구 1.6%의 고소득층이 국민 총소비의 25%를

계층별 소득 증감과 조세부담 증감(1998년 기준)

자료: 통계청

계 층	소득 증감	조세납부 증감
상위 20%	2.3% 증가	3.6% 증가
하위 20%	14.9% 증가	17.6% 증가

차지하고 있습니다. 상위 20% 계층의 소득은 하위 20% 계층 소득의 5~6배에 이르고 있습니다. 2002년 초를 기준으로 연간소득 1억 원 이상인 자는 1998년에 비해 두 배 이상 늘어난 2만 3천여 명에 이르고 있다고 합니다. 반면에 소득이 최저생계비를 밑도는 빈민의 수는 더욱 늘어났습니다. 한국빈민연구소에 따르면, 빈민의 수는 1996년 760만에서 2001년 중반까지 약 1천만 명을 육박하기도 하였습니다. 우리 사회도 이제 상위 20%가 모든 생산과 소비를 독점하고 나머지 80%는 잉여인력이 되고 마는 "20대 80 사회"로 가파르게 진행되고 있다는 것입니다.

한 실례로 2000년 6월 통계청의 자료에 의하면, 상위 20%가 소비증가를 점차 이끌고 있다고 합니다. 통계청은 "가처분 소득에서 소비지출이 차지하는 비중인 평균소비성향은 1990년대 들어 최고수준인 79.4%이며, 교양비·오락비·외식비 등 반드시 필요하지 않은 소비가 큰 폭으로 늘고 있다"고 지적했습니다. 이와 같이 공식자료를 보더라도 빈익빈 부익부 현상이 우리 사회에 뿌리깊게 심화되었음을 쉽게 느낄 수 있습니다. 이러한 결과는 날로 확산되고 있는 "신자유주의"가 삶의 질에 대한 개선 없이 성장률만 높이는 결과를 낳고 있고 구조개혁이 계속되고 있어 중산층 기반을 더욱 약화시키고 있기 때문입니다. 이러한 양상은 정부의 신자유주의 정책의 기조에서 비롯되었다고 합니다. 외환위기로 불어닥친 한국경제 위기의 탈출구로 받아들인 이른바 시장만능의 신자유주의 정책과 이에 따른 무분별한 구조조정이 소득불평등 구조를 심화시킨 근본적인 원인이라는 분석입니다. 실제로 IMF 이후로 노동자들은 "시장"과 "생산성", "구조조정"이라는 명목으로 직장에서 쫓겨나 졸지에 빈곤층으로 전락하였습니다. 더구나 구조조정은 한국 사회의 노동시장을 기형적인 구조로 개편시켰습니다. 전체 노동자의 58.4%가 비정규 노동자로 전락하였습니다. IMF 구조조정 이후 실업자 80만~100만 시대의 근처에서 왔다갔다하는 것도 이러한 신자유주의적 정부 정책의 필연적인 결과라는 전문가들의 분석입니다. 신자유주의적 정책으로 우리 사회가 외환위기를 극복한 것처럼 비춰지고 있으나, 국민경제의 종속과 실업자 양산에 따른 소득 불평등 등 사회의 문제를 가져왔고 이제는 민주주의마저 실종되는 사회의 위기에 직면해 있습니다. 20대 80의 사회의 가장 큰 위험은 인간의 얼굴이 없는 야만의 사회란 점일 것입니다.

통계청이 발표한 도시근로자를 다섯 분위로 나누어 분석해 본 결과, "상위 20%인 5분위가 전체 소득에서 차지하는 비중은 1998년의 37.2%에서 39.8%로 늘어난 반면, 1분위는 8.3%에서 7.4%로, 2분위는 13.6%에서 12.8%로, 3분위는 17.7에서 17.1%로, 4분위는 23.2%에서 22.9%"[15])로 하위 80%가 차지하는 비중은 모두 줄었습니다. 이런 추세는 지난 몇 년 동안 상류층의 소득비중은 줄고 중산층의 소득이 늘면서 이들 간의 격차가 줄어

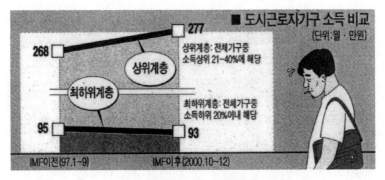

도시근로자 가구 소득 비교
(출처:『조선일보』, 2001. 8. 13.)

들던 추세와 반대되는 현상으로 우리 사회의 빈부격차가 다시 벌어지고 있음을 보여주고 있습니다.

　1979년 통계작성 이후 소득격차는 IMF 외환위기를 기점으로 2002년 초까지 가장 높은 수준이라고 합니다. 도시근로자 가구의 소득격차도 날로 벌어지고 있습니다. 1999년 근로자 가구의 평균소득은 1997년의 97%까지 회복됐지만, 하위 20% 계층의 소득은 1997년의 84%에 그쳤습니다. 반면 상위 20%의 소득은 1997년 수준을 훨씬 넘어섰습니다. 중산층도 급감하고 있습니다. 최근의 각종 여론조사 결과 스스로를 중산층으로 여기는 사람의 비중은 1997년 70%대에서 현재는 30%까지 낮아졌습니다.[16) 상위 20%의 소득이 하위 20%의 소득의 몇 배인지를 보여주는 지표를 5분위 소득배율이라고 합니다. 이 지표는 1997년 3분기에 4.75배였습니다. 이어 외환위기 직후인 1998년 3분기에 5.40배로 높아졌다가 1999년 3분기에 5.28배, 2000년 3분기에 다시 5.19배로 떨어졌습니다. 그러다가 2001년 3분기에는 다시 5.5배로 높아져서 소득격차가 다시 벌어지고 있다고 합니다.[17] 1998년 외환위기를 겪은 후 지금까지 경제는 예전의 수준을 되찾았다고 하지만, 2001년 3분기까지 도시근로자 가구의 60%는 외환위기 전보다 실질소득이 줄었다고 합니다. 또한 저소득 근로자 가구일수록 실질소득의 감소율이 큰 반면에 고소득층의 소득은 큰 폭으로 늘어나서 "빈익빈 부익부 현상"이 현실화[18]되었습니다.

소득격차로 인해 중산층이 점점 사라지고 대부분 하위층으로 편입되어 가고 있습니다. 정부의 중·서민층 육성지원 대책에도 불구하고 저소득층과 고소득층 간의 불평등이 커지면서 빈익빈 부익부 현상이 점점 심화되고 있다는 것입니다. IMF 외환위기 이후, 그 동안 스스로를 중산층이라고 믿고 살던 대다수의 시민들은 **신빈곤층**으로 전락했습니다. 구조조정은 노동자 계급을 실업과 빈곤의 위협으로 몰아넣었으며, 사회는 이미 20대 80의 사회로 굳어져 가고 있습니다. 사회통합의 완충지대이자 경제활동을 촉진하는 생산·소비의 중심역할을 하던 중산층의 몰락은 사회계층을 양극화시켜 20%의 상류층이 80%의 하류층 위에 군림해 자칫하면 사회붕괴를 야기할 수 있다는 점에서 심각한 위기로 받아들여지고 있습니다. 또한 이제까지 "시민운동 = 중산층운동"이라는 도식은 근본적으로 재검토되어야 하는 상황으로 변해 가고 있습니다. 뿐만 아니라 IMF 외환위기는 정부와 재벌, 제도권정치에 대한 신뢰의 기반을 철저히 뒤흔들어 놓았지만, 동시에 그들 내부의 역관계가 새롭게 재편되면서 신자유주의라는 거대한 흐름을 등에 업고 지배체계가 더욱 공고해지는 계기가 마련되어 가고 있습니다. 우리 사회가 20대 80의 **사회**로 변하고 있다는 사실은 통계청이 발표한 1998년도 도시근로자 소득통계에서도 나타납니다.

통계청이 내놓은 1998년도 3분기 도시근로자 가계지수 동향을 기점으로 우리 경제현안을 두 가지로 살펴볼 수 있습니다. 하나는 앞에서 언급한 IMF 사태 이후 깊어가는 빈부격차의 문제이고, 다른 하나는 소비급증의 문제입니다. IMF 관리체제가 시작되면서 우려했던 부분의 하나가 빈부격차의 문제였는데 현실로 나타났습니다. 이것은 IMF가 처방한 "거시경제 안정화 정책"을 표방한 대부분의 나라에서 확인된 일이기 때문입니다. 빈부격차의 확대는 더 이상 수수방관해서는 안 될 것입니다. 정부에서 "중산층 및 서민층 안정대책"을 시행하고 있으나 이것만으로 근본적인 문제를 해결할 수는 없습니다. 소비급증 추세도 세심한 관심을 가져야 할 것입니다. "소비증가율(17.9%)이 소득증가율(8.5%)의 두 배에 이르고 흑자율이 줄어든 것"[19]은 가계는 물론 나라 경제 운영에 커다란 부담을 줄 수 있습니다. 2001년도 3분기의 소비지출에서도 소득은 그다지 늘지 않았는데 가계지출은 크게 늘어났다고 합니다. 그만큼 가계에 여유가 없음을 뜻하고 있습니다. 교통통신비가 예전에 비해 52.9% 늘었고, 광열수도비가 44.8%, 주거비가 20.1% 늘어났습니다. 조세, 사회보험료 등의 비소비지출이 늘어났고, 소비지출에서도 공공요금의 성격인 지출들이 크게 증가하여 다른 씀씀이는 더욱 빠듯해졌다고 합니다.[20]

21세기의 새 시대는 이미 세계인구가 60억이 넘어섰습니다. 그중 50억은 가난한 나라에서 살게 될 것이라고 합니다. "세계인구의 15%를 차지하고 있는 부유한 나라들이 세계 총소득의

80% 가까이 장악하고 있는 데 반해서, 세계인구의 약 56%를 차지하는 30억 이상 살고 있는 '저소득 국가' 군이 세계 총소득에서 차지하는 비율은 1993년 현재 불과 5% 정도밖에 되지 않는다"고 합니다. 이러한 구조적 불평등을 재생산하는 현재의 세계 경제질서에 대한 보완 없이 신자유주의적 시장경제의 세계화가 지속적으로 진행될 때, 세계차원의 불평등을 심화하는 결과는 더욱 가속화될 것입니다. 지금의 국제경제질서는 불평등을 심화시킬 뿐 아니라 경제적 안정마저 주지 못하고 있습니다.

1970년대 말부터 미국과 영국은 신자유주의 경제정책을 세계에서 가장 먼저 도입하면서 최근까지 큰 변화 없이 유지해 왔습니다. 최근 영국의 경제상황은 신자유주의 20년의 성적표에 해당한다고 할 수 있습니다. 무엇보다 신자유주의 국가들이 내세우는 치적은 실업률입니다. 미국의 실업률은 1986년 6.9%에서 1999년 3월 4.2%로, 영국은 11.6%에서 6.3%(1998년 말)로 내려갔습니다. 그러나 미국과 영국은 저임금 노동자가 갈수록 늘어나는 추세입니다. 이른바 신자유주의의 "노동시장 유연화 정책"에 따라 고용의 불안정이 심화되고 있습니다. 경제협력개발국가 가운데 노동자 평균임금의 3분의 2 이하를 받는 저임금 노동자의 비중이 가장 높은 나라는 단연 미국(25%)입니다. 한국(24.5%), 영국(19%)도 그 뒤를 따르고 있습니다. 빈곤율(평균 가구수입의 50% 이하를 버는 사람들의 비율)도 미국이 18%로 가장 높고 영국도 15%로 높은 편입니다.[21] 미국 통계청은 소득 불평등이 이처럼 계속 심화되는 것은 노동시장의 변화에 기인하는 것처럼 보인다고 평가합니다. 이와 같이 신자유주의로 실업률은 줄었지만 국민들의 행복지수는 더욱 낮아지고 있습니다. 미국은 빈곤층의 증가와 양극화현상이 첨예하게 나타나고 있습니다. 1970년대 중반부터 1989년 사이에 실업자가 받는 실업보험금의 비율이 70%에서 33%로 크게 줄었습니다. 1972년에 미국 전체 가구의 상위 20%는 하위 20%에 비하여 7.5배의 소득을 얻었는데, 이후 그 격차가 11배 이상으로 확대되었습니다.[22] 즉 빈부의 격차가 심화되고 사회적 열패자는 헤어나기 어려운 빈곤의 늪에 빠졌습니다. 1979년 미국 내 상류층 5%의 소득은 하위층 20%의 소득보다 10배 높았으나 1999년에는 이 격차가 19배로 벌어졌습니다. 또한 1976년 최상류층 1%가 미국 전체가계 재산총액의 19%를 차지했던 것이 2000년에는 그 비율이 40%에 달했습니다.[23] 미국 등 5개 선진국 국민의 평균소득이 5개 최빈국 국민 평균소득의 74배에 이르는 부국과 빈국의 불평등 격차가 커지고 있으며, 인터넷 등 첨단기술의 사용도 불평등하게 확산되고 있는 것으로 나타났습니다. 유엔개발계획(UNDP)이 2000년 펴낸 「인간개발 보고서」에 따르면, "선진국에 살고 있는 세계인구의 20%가 전 세계 총소득의 86%를 차지"[24]하고 있습니다.

결과적으로 볼 때 전반적으로 부의 수준이 높아지는 나라에서 오히려 불평등이 심화되고 있다는 것입니다. 부의 재분배가 이루어지지 않는다면, 자유시장에서의 부의 불평등 현상은 지속될 것이며, 시장의 자유가 확대될수록 이러한 불평등은 더욱 심각해질 것이라 합니다. 시장경제를 추구하고 경제활동의 자유를 극도로 끌어올린 미국·영국·일본을 비롯한 선진국들에서는 이러한 현상이 나타나고 있습니다.

참된 인간적 행복관이란? : 사회적 불평등의 해소를 위해

　선진국가 중에서 부의 수준이 높은 나라일수록 오히려 사회적으로 불평등이 심화되는 현상을 보여왔습니다. 부의 재분배가 제대로 이루어지지 않는 한 자유시장은 부의 불평등을 계속 심화시킬 것이며 시장의 자유가 확대될수록 이 불평등은 더욱 심해질 것입니다. 우리나라에도 IMF 처방에 따른 외환위기 대응과정은 두 가지 방법으로 사회적 불평등을 심화시켰습니다.

　첫째, 더 직접적인 방법으로 기업의 도산과 인력감축이 실업자들을 급격히 증가시켰습니다. 금융긴축, 고금리, 소비감축은 수많은 기업들을 도산하게 만들었고, 살아남은 기업들도 인력감축을 통한 구조조정을 단행하였습니다. 한 실례로 한때 1998년 실업자 수가 100만 명 이상 증가하여 130만 명에 이르렀고, 실업률도 7~8%를 기록하였습니다. 이는 외환위기 이전 우리나라의 실업자 수가 대체로 20만 명 이하였고, 실업률이 2% 전후에 머물렀던 것에 비하면 엄청난 증가였습니다. 사회적 안전망(social safety net)이 거의 존재하지 않았던 상황에서 급격히 증가한 실직자들은 IMF 사태의 한 중요한 사회적 단면을 형성하였습니다. 빈곤층이 증대하고 거리로 쫓겨난 실직자들이 서울역 등에 무리를 지어 나타났습니다. 정부는 이러한 사태에 직면하여 다양한 형태의 사회적 안전망 건설에 나섰는데 대대적인 "공공근로사업의 실시"가 그 대표적인 예입니다. 즉 정부의 사회 안전망 구축은 공공근로사업 등 실업기금에 적지 않은 돈을 투입하고 있으나, 이는 아직은 "언 땅에 오줌누기"에 불과하며, 얼마 되지 않

는 예산 역시 체계적인 정책의 부재로 비효율적으로 낭비되고 있다는 사실입니다. 이러한 현상은 행정체계가 제 기능을 발휘하지 못함으로써 실업자들의 생계보호와 고용촉진의 효과성이 결여되고 있는 점에서 심각한 문제로 지적되고 있습니다.

둘째, 신자유주의적 개혁조치들이 광범위하게 진행되면서 시장에 있어서 강자와 약자 간의 차이가 더욱 크게 벌어졌습니다. 노동시장의 유연성 제고는 비숙련 근로자들의 입지를 크게 약화시켰고, 경기회복에 따른 고용증대효과는 상용직 근로자보다 임시직·일용직 근로자의 고용비용증대로 나타났습니다. 다시 말해서 실업과 빈곤의 확대 속에 "사회적 불평등이 크게 심화"[25] 되었고 국가의 채무가 급격히 증가했으며, 외국자본의 한국 경제에 대한 지배력이 크게 증가했습니다. 세계화 시대의 경쟁은 국가를 단위로 한 승자와 패자가 결정되는 것이 아니라 지역·부문·산업·기업 등의 단위로 하여 승자와 패자가 다양한 측면에서 나타납니다. 따라서 세계화는 앞으로도 "지역간·부문간·사회집단 불평등을 더욱 강화시킬 것"[26]으로 예상합니다. 다시 말해서 "계층간·지역간·산업간·기업간의 불협화음의 격차가 심화되면서 사회통합의 측면에서 세계화가 내다보는 미래는 불투명하다는 것"[27]입니다. 따라서 이에 대한 대책을 마련하는 것은 시급한 국가적인 중요안건이 되었습니다.

위에서 살펴보았듯이, IMF 구제금융체계 이후로 나타난 문제는 신빈곤의 문제입니다. 노동시장의 유연화 및 부실금융기관 및 기업의 구조조정 과정에서 나타난 정리해고, 명예퇴직, 새로운 불평등 구조화로 인한 신빈곤의 문제가 이미 심각하게 사회 전반에 퍼졌습니다. 경제위기가 진행되면서 자본 내부의 분화가 더욱 가속화되었으며, 노동시장의 유연화 정책으로 인해 불안정·불완전 고용 등으로 고통받는 "상대적 과잉인구"는 더욱 늘어났습니다. "적자생존한 자본"은 더욱 독점적 지위를 누리게 되었고 노동자와 농민은 새로운 빈곤으로 도처에서 고통받고 있습니다. 현재의 경제위기 속에서 진행되는 구조조정은 "구(舊) 빈익빈 부익부를 넘어서 신(新) 빈익빈 부익부의 구조화가 이미 진행"[28] 되고 있습니다. 사회적 안전망의 건설을 확충하려는 사회보장제도의 보완적 사회정책이 보강되지 않으면 불평등화로 인한 사회의 갈등은 더욱 심화될 것이다. 위의 근거에서 우리는 빈익빈 현상의 몇 가지 사실을 이끌어낼 수 있습니다.

첫째, 빈익빈 현상이 심화되었다는 사실은 현재의 재분배정책이 빈곤층을 위한 대책으로 나아가야 함을 시사합니다. 예를 들어 사회적 안전망은 진정으로 도움을 필요로 하는 취약계층을 보호하는 데 중점을 두어야 합니다. 선거 때마다 표를 얻기 위해 수혜자 숫자만 불리는 방식으로 재분배정책을 수행해서는 안 될 것입니다. 바람직한 재분배 정책은 소득계층 사이의 이동을 원활히 하고 이 과정에서 낙오된 빈곤층을 보호하는 일임을 잊어서는 안 됩니다. 정부가 시행한 공공근로나 일자리 창출 등은 최소한의 안전망 구실을 해왔습니다. 그런데 "공공근로 등 정부의 5대 실업대책의 혜택을 받고 있는 실직자의 비율은 전체의 15.5%에 불과하며, 나머지 84.5%는 방치"[29]되어 있는 실정입니다.

둘째, 빈익빈 부익부 현상의 정확한 근거지를 정부가 짚고 넘어가야 합니다. 현재 고통분담에 동참해야 할 집단은 실물자산을 운용하는 기업가가 아니라 가만히 앉아 고금리의 덕을 본 금융 소득자들이라는 분석입니다. 이러한 관점에서 볼 때 금융소득 종 합과세를 유보하여 부유한 금융 소득자에게 뜻하지 않은 이득을 안겨준 정부의 처사는 커다란 잘못으로 지적할 수 있습니다.

셋째, 우리 사회에서 빈익빈 부익부와 같이 중요한 문제가 엄 밀한 근거 없이 논의되고 있는 것에 정부가 책임을 느껴야 한다 는 점입니다. 현재 정부는 빈부문제 해결을 위한 가장 기초적인 자료인 빈곤층 규모나 소득불균형 정도에 대한 정확한 통계조차 갖고 있지 않습니다.[30] 소득 파악이 제대로 안 될 경우 정부의 대책은 그 혜택이 엉뚱한 사람들에게 돌아갈 공산이 큽니다. 정 책당국의 감이 아니라 과학적 근거에 의하여 정책을 수행하려면 정확한 통계가 뒷받침되어야 합니다. 정부가 사업자 가구까지 포 함한 통계를 공개해야만 재분배 정책 논의가 합리적으로 이루어 질 수 있을 것입니다. 신빙성이 적다든지 민감한 문제에 악용될 소지가 있다고 해서 자료공개를 회피한다면, 외환위기의 쓰라린 경험을 되새길 필요가 있습니다. 정부는 IMF 구제금융의 극복과 같은 거시적인 경제적인 문제에 치중한 결과 사회불평등의 해소 나 대중적 삶의 질 향상과 같은 사회적인 문제들을 거의 도외시 해 왔습니다. 절대빈곤의 생활이 붕괴되어 가고 있지만 정부의 복지정책은 뒷북 치는 정책을 하고 있습니다. 정부는 금융권 구 조조정에는 수십조 원을 쏟아 부으면서도 복지부문에 대해서는 늘 예산타령만 일삼아 왔습니다. 기존의 시혜적인 시각에서 공동 체적 시각으로 복지에 대한 인식을 바꾸는 것이 급선무일 것입 니다.

빈부격차의 해소를 위한 제언: 생산적 복지정책

정부는 빈부격차의 해결책으로 생산적 복지정책을 내세우고 있습니다. 생산적 복지란 "생산에 기여하는 복지 또는 생산에의 참여를 통한 복지"를 의미합니다. 여기서 생산적 복지의 정책은 스웨덴의 복지모델을 특징으로 하는 것에서 유래합니다. 복지정책가인 에스핑 안데르센(Esping Andersen)은 스웨덴의 복지정책의 기초가 직업훈련과 안정에 중점을 두는 적극적인 노동시장정책을 통해 사회구성원들의 인적 자원을 개발하고 이들의 생산과정에 투입되면서 생산과 복지를 조화시킬 수 있는 개념으로 제시하였습니다.

생산적 복지는 국가가 시장경제의 활성화에 기여하는 방향으로 복지정책을 추진하며, 개인은 능력이 닿는 대로 노동시장에 참여하여 자신과 가족의 복지를 향상시켜야 한다는 것입니다. 생산적 복지는 경제효율성 증대 또는 시장경제의 활성화를 주요 목표로 하면서도 저소득층에 대한 일정 정도의 지원방안을 제시하는 것입니다. 저소득층 대책이 노동능력을 상실한 극빈자에 대한 약간의 생활보조금 지급에 그쳤던 반면에, 생산적 복지정책은 노동능력이 있는 저소득층에 대해서도 생활보조금을 지급한다는 특징을 보입니다. 김대중 정부가 제시한 "생산적 복지정책"의 주요 내용은 크게 세 가지로 분류됩니다.

첫째, 모든 국민이 빈곤선 이하에서 생활하지 않도록 기초생활을 보호하는 것입니다. 2000년 10월부터는 소득이 최저생계비에 미치지 못하는 모든 가구에 최저생계비에서 부족한 만큼의 생계비를 지급하도록 규정한 국민기초생활법이 시행되었습니다. 국민기초생활법은 IMF 사태 이후 사회복지의 사각지대가 늘고 빈부의 격차가 커지면서 이것을 시정하기 위한 조처로서 1999년 9월 국회에서 통과되었습니다. 18세 미만, 65세 이상의 노동 무능력자에 한해서 시혜적 차원에서 지원하던 기존의 생활보호법(거택보호)과는 다르게 취업여부와 나이에 불문하고 소득이 최저생계비에 미치지 못하는 모든 사람에게 생계급여 등을 지급하도록 규정하였습니다. 이 법은 당시 한국 복지 역사의 가장 큰 전환점이라고 환영을 받았습니다.

생계비 지원을 통해 근로노동이 있는 저소득층에게도 최저생활을 유지하도록 한다는 것은 모든 시민들에게 복지권 혹은 사회권을 보장하는 것입니다. 생계비 지원대상이 늘 전망이어서 관련 정부예산의 확충이 필요한 셈입니다. 그러나 정부는 "1998년 1조 9,400억 원이었던 생활보호대상자 지원예산을 1999년에는 4.1%"로 줄여 잡았습니다.[31] 이 통계에서도 보여주듯이, 정부는 구호성 구호에 끝나지 않고 보다 더 적극적인 복지정책으로 나서야 할 것입니다.

둘째, 사회보험제도를 확충하고 내실화하여 모든 국민을 질병·노령·재해 등 각종 사회적 위험으로부터 제도적으로 보장하는 것입니다. 한편으로 사회보험제도의 적용범위를 전 국민으로 확대하고, 다른 한편으로 사회보장제도의 급부 및 서비스 수준을 향상시켜야 할 것입니다.

셋째로, 저소득층을 비롯한 사회 취약계층의 자활을 돕기 위해 다양한 취업방안을 마련하는 것입니다. 이를 위해 "정부는 중소

벤처기업과 지식기반사업을 육성하여 2002년까지 2백만 개의 일자리를 창출할 계획"[32]을 세우고 있으나, 보건·복지·환경·교육 등 공공분야에서 새롭게 일자리를 마련해야 할 것입니다. 이러한 신빈곤층에 대한 대응책은 국내뿐만 아니라 국제주의적 차원의 인식으로 새롭게 나아갈 것을 요구하고 있습니다. 우리는 1990년대 말 이후 IMF의 외환위기나 세계은행이 강제하는 거시경제 안정화 정책과 구조조정 프로그램을 통하여 사회적 양극화와 빈곤의 세계화를 경험해 왔습니다. 따라서 우리는 중산층의 몰락과 소득불평등의 심화 등의 문제를 해결하기 위해 세계화와 무한경쟁, 지식우위의 시대 등 세계적인 흐름과 IMF 체제로 비롯한 고실업, 고금리, 외환가치의 급변, 자산 디플레 등으로 분배구조를 변화시키는 데서 그 대응책을 찾아야 할 것입니다.

제 5 장
생명공학시대의 행복관

인간수명의 연장이 미래의 행복을 가져다줄까?

"200살을 맞은 사나이"라는 뜻의 영화 『바이센터니얼 맨』 (*Bicentennial Man*)은 영원한 수명을 지닌 로봇이 인간이 되는 과정을 그리고 있습니다. 2005년 미국 뉴저지의 어느 집에 가정 일을 돌보는 로봇이 배달됩니다. 엔지니어가 로봇을 조립하는 과정에서 그의 실수로 마요네즈가 회로에 떨어져 지능과 호기심을 가지게 된 불량 로봇 앤드류가 새로 탄생됩니다. 말과 생각을 할 줄 아는 앤드류는 주인집 아가씨의 말벗이 됩니다. 앤드류는 시간이 흐르면서 주인집 아가씨를 사랑하는 감정까지 가지게 되지만 단지 로봇이기 때문에 인간과는 다르게 시간의 지배를 초월

영화 『바이센터니얼 맨』 중에서

하고 늙지 않고 고장이 나도 고쳐서 오래 동안 살 수 있다는 것을 깨닫습니다. 앤드류는 무의미한 미래의 영원한 삶보다는 현재의 가치 있는 삶을 원하며, 자신을 죽을 수 있는 존재로 만듭니다. 앤드류는 단순한 수명의 연장은 값어치 없다는 것을 깨닫고 사랑하는 주인집 아가씨와 같이 죽기를 원합니다. 즉 앤드류는 "영원한 기계로서 살아가기보다는 인간으로서 죽기"를 바랍니다. 왜 죽고 싶은가라는 물음에 앤드류는 "인정받고 싶기 때문"이라고 말합니다. 앤드류가 말하는 인정은 자신의 존재를 있는 그대로 인정해 주고, 인간으로서 죽고 싶다는 아주 단순한 진실에 대한 바람입니다. 인간과 함께 살면서 인간의 마음을 가지고 있지만, 인간이 될 수 없는 로봇 앤드류는 어쩌면 영원히 살기를 바라는 인간의 모습을 간접적으로 빗대어 이야기하는 것일지도 모릅니다.

현재 세계에서 최장수 국가로 인정받는 일본은 100세 이상 노인의 인구가 10만 명당 8명 정도로 알려져 있습니다. 일본에서도 최장수 지역인 오키나와에서는 100세 이상 인구가 1976년에는 32명, 1997년에는 336명으로 21년간 10.5배가 증가되었으며, 1999년에는 2,455명으로 기록하고 있습니다. 2000년 일본 후생성의 발표에 의하면, 일본의 평균수명은 80.2세로 세계 최고장수 사회로 나타나고 있습니다.

미국의 경우 2000년까지 평균수명이 77.1세이며, 의학자들은 100세 이상 사는 노인이 2050년까지 85만 명에 달할 것으로 예상하고 있으며, 21세기에는 평균수명이 125세를 넘을 것으로 예측합니다. 2100년부터 우리 후손들은 200세까지 사는 날이 올 것이라고 전문가들은 내다보고 있습니다.

현재 한국의 경우는 100세 이상 인구가 10만 명당 4명 이하로 추정되며, 제주도의 경우는 약 8명 정도로 일본의 전국평균치와 거의 유사한 경향을 보이고 있다고 합니다. 유엔기금의 발표에 의하면, 2000년 현재 북한 남성의 평균수명은 68.9세, 여성은 71세로 보고하고 있습니다. 통계청에 따르면, 2000년 남한 남성의 평균수명은 71세, 여성은 76세에 달하고 있습니다. 평균수명도 의료기술의 발달에 힘입어 2001년에 75.9세에서 2030년에는 81.5세, 2050년 83세로 계속 늘어날 전망입니다. 통계청이 2001년 11월말 현재 발표한 "장래인구 추계 결과"를 살펴보면, 우리 나라 인구는 2013년에 5천만 명을 돌파해 계속 증가 추세를 보이다가 2023년을 시점으로 점차 감소할 것이라 합니다.

최근 들어 새로 태어나는 아이의 수가 빠르게 줄고 있어 2020년대 초반에는 인구의 증가가 멈출 것이라는 보고가 있습니다.

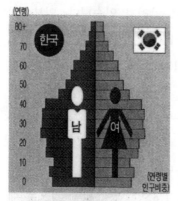

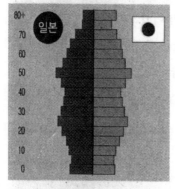

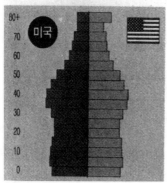

한국·일본·미국 인구구조 비교
(출처:『조선일보』, 2001. 11. 24.)

이런 현상은 평균수명의 연장 등과 맞물려 우리 사회가 노령사회로 접어들고 있다는 것을 암시하고 있습니다. 인구가 줄어드는 반면에 노령인구가 많아지고 여성이 남성보다 많아지는 여초(女超)현상이 두드러질 전망입니다. 통계청은 2024년에 여성인구가 남성인구보다 1만 900명 많은 2,534만 6천 명에 이를 것으로 예상하고 있습니다. 이와 함께 결혼연령은 갈수록 올라가고 출산율이 떨어지면서 사회의 노령화가 급속히 진행될 것으로 전망하고 있습니다. 또한 65세 이상 인구의 비중이 2019년에는 14%를 넘어서 본격적인 고령사회로 접어들 것으로 예상하고 있습니다. 노령화의 진전으로 노인의 부양부담도 갈수록 커질 것으로 분석하고 있습니다. 이러한 우리나라 노령인구의 증가속도는 선진국보다 훨씬 빠르다고 합니다. 즉 이러한 수치는 선진국에서 보여주고 있는 장수현상의 징후를 따라가고 있다는 것입니다. 예를 들어 2001년 7.2% 정도인 65세 이상 노령인구가 2019년에 14%를 기록하면 미국이나 일본보다 훨씬 빠르다는 얘기입니다. 일반적으로 노령인구 비율이 7%이면 고령화사회, 14%면 고령사회, 20%에 달하면 초고령사회라

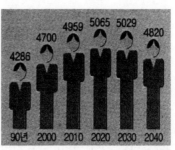

자료: 통계청
국내 인구증가 추이(단위: 만 명)
* 2010년부터는 예상치

고 합니다. 통계청은 우리 사회가 2019년부터 고령사회로 들어서고 7년 뒤인 2026년부터는 초고령사회로 본격적으로 진입할 것이라고 합니다.

  앞으로 인간의 수명은 의료기술의 발달로 인해 유전자 조작을 통해서 그 기술을 습득함으로써 노화의 현상을 점점 늦추게 될 것으로 예상합니다. 한 실례로서 『가타카』(Gataca)라는 영화에서 의사가 새롭게 태어난 아기를 유전자 감식을 통해서 앞으로 살아갈 인간의 수명과 질병에 걸릴 확률, 건강상태의 프로율(%)까지 정확히 예측하는 장면이 나옵니다. 이러한 이야기는 이제 영화 속에서나 등장하는 먼 미래의 이야기만은 아니게 되었습니다. 하루 한 갑 이상의 담배를 피우면 폐암을 비롯해 각종 질병에 걸릴 확률이 85%라든지, 태어날 아기의 키가 나중에 210cm 이상 되고 운동신경의 유전자가 있어서 뛰어난 농구선수나 배구선수로 될 가능성을 예측하는 것은 그리 어려운 일이 아니게 되었습니다. 앞으로의 유전자 연구가 현재의 추세대로 간다면 부모들이 자식의 출생에 앞서서 "유전자 슈퍼마켓 쇼핑"을 통해 부

모 자신들의 뜻에 맞추어 자식에게 유전자를 집어넣어 주는 상황이 올지도 모릅니다. 그럴 경우 태어난 아기가 자라면서 운동선수가 되기를 희망한다면 음악재능만을 투입해 준 부모를 원망하는 기이한 상황이 올 수도 있다는 것입니다. 이는 인간의 운명을 자신의 의지로서가 아니라 부모가 먼저 결정하는 시대가 오고 있다는 것입니다. 신문이나 TV 등 매스컴의 보도를 통해 우리가 알고 있듯이, 게놈 프로젝트의 인간 유전자지도가 거의 밝혀져서 앞으로 인간의 수명을 연장시키고 에이즈·위암·간암 등 난치병과 불치병도 유전자의 해독을 통해 그리 어렵지 않게 치료할 수 있을 것으로 보여집니다. 최근 통계에서 인간의 수명이 제시하고 있듯이, 인간의 수명은 점점 더 연장의 속도를 더해 갈 수 있다는 증거들이 나타나고 있습니다.

유전자의 해독이 인간의 행복을 보장할까?

인간의 행복은 단지 오래 장수하는 양적인 삶에 있을까요? 아니면 양적 삶보다 질적인 삶의 단명에 행복의 가치를 두는 것일까요? 인간은 태어나고 또한 죽는다는 것은 만고불변의 이치일 것입니다. 그러나 인간은 죽지 않고 영원히 살기를 희망하는 동물일지도 모릅니다. 우리는 인간의 수명을 생물학적 현상이라고 말하기도 하고 문화적 현상이라고 부르기도 합니다. 인간의 유전정보에 의해서 수명이 결정된 부분도 있지만 물려받은 유전정보를 기초로 하여 개인이 어떠한 삶의 과정을 거치는가에 따라 수명이라는 복합적 현상이 결정된다고 합니다. 유전정보의 수치로

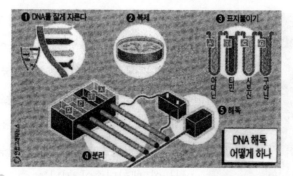

DNA 해독 방법 (출처: 『조선일보』, 2000. 6. 27.)

장수하는 인자를 물려받은 사람이라고 하여 모두 오래 살 수 있는 것은 아니며, 단명하는 인자를 안고 있는 사람이라고 수명이 짧게 끝나는 것도 아닙니다.

이제껏 인간은 늙음이라는 자연현상을 순순히 받아들이는 것을 자연현상의 하나라고 생각해 왔습니다. 인간이 영원히 살 수 있는 불로장생을 바라는 것은 고대 중국의 진시황 이전부터의 오래된 인간적 소망일 것입니다. 인간은 세월이 가면 누구나 늙게 마련이고 죽음을 겸허하게 받아들이는 자연의 섭리를 순순히 따르는 것이라 믿어 왔습니다. 그러나 최근에는 생명공학의 비약적인 발전으로 인해 인간게놈 프로젝트(HGP)의 연구를 통해서 염기서열상 A(아데닌), G(구민), T(티민), C(시토신)에서 장수 유전자를 발견해 내고, 체세포의 노화현상을 방지할 수 있는 생화적인 과정을 구성해 낸다면, 인간수명은 상당히 연장될 것이라는 보도가 종종 우리의 귀를 쫑긋하게 합니다.

2000년 6월 말 미국의 국제공공 컨소시엄 인간게놈 프로젝트(HGP)와 "셀레라 제노믹스"에서는 유전자 염기의 배열지도가

제임스 왓슨
1953년에 크릭과 함께
DNA의 구조를 밝혀냈다.

밝혀졌다고 공식으로 발표했습니다. 또한 2001년 2월 말에는 미국과 영국에서 10여 년 간에 걸친 인간게놈 프로젝트의 연구를 최종 발표하였습니다. 앞으로 50 ~100년에 걸쳐 유전자 활동을 조절하는 미묘한 메커니즘과 생명체의 활동에 있어서 이 메커니즘이 지니는 중요성에 관해 많은 발견이 이루어질 것이라고 합니다. 이러한 발견은 인간의 개성과 지능, DNA암호 등을 어떻게 해독할 것인지를 밝히고 있습니다. 이번에 완성된 유전자지도 초안은 인간의 염기 쌍 31억 개 중에서 28억 개를 해독했다고 합니다.

게놈(Genome)이란 유전자(Gene)와 염색체(Chromosome)의 합성어입니다. 국내에서는 독일어 발음에 따라 "게놈"이라고 표기합니다. 인간이 가진 유전정보를 담고 있는 물질이 DNA입니다. 게놈이란 DNA를 담고 있는 그릇의 개념으로 유전정보 전체를 뜻합니다. 그래서 DNA는 아데닌, 구아닌, 시토신, 티민 등 4가지 염기의 조합으로 구성되어 있습니다. 이들 4개의 염기서열간에 이루어지는 마주보는 짝은 A와 T, 그리고 G와 C로 이루어집니다. DNA의 이중나선은 그 암호가 풀리기만 하면 자기의 짝을 만들어 이중나선이 새롭게 만들어지는 성질을 갖고 있습니다. 이러한 DNA 분자는 매우 안전하여 다행히 시험관 속에서 쉽게 다룰 수 있습니다. 이러한 DNA가 생명공학의 재료이며, DNA는 바이러스에서 인간에 이르기까지 다르지 않다고 합니다. 그래서 생물들간의 DNA 재조합은 시험관 속에서 이루어지고 있으며 이 조합체의 정보를 세포라는 공장에서 제조할 수 있다고 합니다.

1944년 DNA가 발견되고 1953년 제임스 왓슨과 프란시스 크릭의 DNA 분자구조 혁명 이후 DNA가 생명의 암호임이 처음으로 밝혀졌습니다. 생명공학의 급격한 발전으로 1970년대 중반 이후로 생명공학이 본격화되면서 1999년에 와서 비로소 과학자들은 영화에서나 볼 수 있었던 그토록 열망했던 인간게놈 지도를 밝혀냈습니다. 이러한 게놈 프로젝트의 완성으로 인간의 질병예방과 수명연장 시대가 개막되었습니다. 게놈 프로젝트 연구결과의 공개로 "무병장수(無柄長壽)의 시대"의 꿈이 이제 가시권에 들어왔습니다. 이제 생명에 대한 신비가 한꺼풀 벗겨졌고, 이에 대한 전략을 앞으로 계획할 수 있는 계기를 마련하였습니다. 게놈 프로젝트는 인간의 생명을 구성하는 부품의 설계도를 완성한 것이며, 앞으로 이와 같은 설계도를 분하여 각종 질병의 원인과 생명의 신비를 밝혀내는 작업이 남은 셈입니다.

그런데 아직 사람 몸의 생성이나 각종 장기·조직·질병에 관여하는 코드는 극히 일부분이라고 합니다. 아데닌-티민, 구아닌-시토신의 반복서열로 기록된 이 코드가 바로 유전자입니다. 유전자는 코드대로 단백질을 만들어 사람의 생명현상을 관장한다고 합니다. 단백질은 염기 3개당 1개씩 만들어지는 아미노산이 수십~수백 개가 모여 생성됩니다. 유전자를 구성하는 염기코드는 전체의 2%에 불과하지만 염기가 한 개라도 잘못되면 돌연변이의 단백질을 생성하게 되어 암과 같은 유전인자를 일으키게 됩니다. 이 코드에 따라 인종간, 개인간의 신체적 차이가 생

파킨슨병으로 투병 중인
무하마드 알리

긴다고 합니다. 그런데 유전자 염기 서열은 모두 밝혀졌지만, 그 기능은 아직 밝혀지지는 않았다고 합니다. 예를 들어 사람의 유전자 3만 여 개 가운데 키를 결정하는 유전자가 10개인지 20개인지 모르는데 롱다리 유전자를 검사해 준다는 것은 아직 시기 상조라는 비판도 있습니다. 지금 수준에서 유전정보 자체가 아직도 정확하지 않을 뿐만 아니라 자칫하면 유전자가 모든 것을 결정한다는 잘못된 인식마저 퍼뜨릴 수도 있다고 합니다.

그러나 유전자의 해독은 체력·신장·장수·비만·인성·지능·적성·중독 등에 앞으로 많은 영향을 미칠 것으로 예측됩니다. 즉 유전자 염기서열이 해독되면서 질병의 원인을 분석하고 일부 예방, 치료할 수 있는 고비를 넘어섰습니다. 즉 여러 종류의 암, 동맥경화, 고혈압, 당뇨, 에이즈, 바이러스성 질환, 류마티스성 관절염, 파킨슨병 등의 발명원인을 규명하고 치료하는 데 획기적인 도움을 줄 것으로 보입니다.

예를 들어, 세계 헤비급 프로권투 챔피언계를 주름잡던 권투선수였던 무하마드 알리가 많은 시합으로 인해 뇌의 심한 충격으로 파킨슨병을 앓고 있다는 사실은 여러 매스컴을 통해 잘 알고 있을 것입니다. 이러한 파킨슨병도 곧 유전자 정보의 해독으로 그 질병의 원인이 밝혀지면 손쉽게 치료할 날도 멀지 않을 것이라고 예상합니다. 따라서 우리가 치명적인 질병을 얻었다고 해도 개인의 특성에 맞는 가장 적절한 치료약이 될 수 있어 근심이 자연스럽게 사라지게 될 것입니다. 막 결혼을 앞둔 청춘남녀가 건강진단서를 보여주는 대신에 유전자분석 카드기록을 주고받게 될 것입니다. 이러한 유전자지도의 완성은 인간의 수명연장과 생명의 신비로운 규명을 밝혀내는 데 획기적인 계기가 될 것으로 평가하고 있습니다. 앞으로 21세기의 생명공학시대에서 인간의 수명은 자연의 섭리에 따르는 것이 아니라 하나의 질병현상으로 받아들여 극복해야 할 대상으로 취급될 것으로 예상됩니다. 만약 그러한 세계가 머지 않아 펼쳐진다면, 인간의 유전자 해독이 인간의 행복과 어떤 연관관계를 맺고 전개될까요?

유전자와 문화현상은 함수관계인가?

인간의 수명, 질병, 선천적 · 유전적 특성 등이 생물학적 현상이 아니고 문화적 현상으로 바꾸어질 수 있는 것이라고 한다면, 앞으로의 세계는 어떻게 전개될까요? 우리는 문화적 현상으로서 유전자 담론을 3가지 과정을 통해 우리의 의식과 생활을 변화시키고 새로운 문화를 형성시킨다는 사실에 주목해 볼 필요가 있습니다.

첫째로 질병, 행동, 생리적 기능 등 개인간의 모든 차이를 유전자의 차이로 바꾸어 생각하는 유전화(geneticization)가 진행된다는 점입니다. 이는 생물학적 심리적 현상의 다양성과 복잡성이 단순화나 기계화로 될 수 있다는 것입니다. 이 유전자화의 극단에는 사회생물학자들이 주장하는 이른바 "이기적 유전자"라는 것이 있습니다. 이 입장에 의하면, 인간은 어떠한 주체성도 없으며 단순히 이기적으로 자신을 증식해 가려는 유전자가 잠시 머무르는 장소에 불과하다고 말합니다. 남을 동정하고 도우려는 이타적 행위나 사랑의 감정조차도 내 속의 유전자가 자신을 증식하려는 의도로 나의 행위를 조절하기 때문에 나타난다고 말합니다.

둘째, 앞으로 모든 현상을 유전자로 설명하면, 정상과 비정상을 나누는 기준도 자연스럽게 유전자가 된다는 사실입니다. 모든 생명현상이나 사회현상조차도 정상과 비정상으로 자연스럽게 나누어집니다. 정상의 판단기준도 일상적인 생활에 토대를 두고 나오는 가치가 아니라 유전자 속의 염기서열이 됩니다. 앞으로는 노화현상이나 죽음과 같은 정상적인 생리현상으로 간주하던 변화마저도 질병으로 생각할 수 있는 시대로 점점 바뀌어 가고 있습니다. 생리적 현상과 병리적 현상을 구분하는 기준조차도 선과 악을 구분하는 염기서열로 환원될 수 있다는 점입니다. 아이들이 도둑질하는 도벽도 도둑질을 유발하는 유전자 있기 때문에 생기는 질병이며, 성적이 부진하고 열등한 아이는 학습 유전자에 의해 이상이 있는 병을 앓고 있는 것으로 간주됩니다. 우리 사회 전체에 걸쳐 병리화 현상이 진행될 수 있기 때문에, 이 사회가 거대한 병원으로 변해 갈 수 있습니다.

셋째, 만약 유전자의 질병을 가진 비정상이 양산된다면, 아주 평범한 일상사까지도 의학의 관리대상이 되는 의료화가 크게 진행될 수 있습니다. 유전자마저도 의료의 관리대상이 된다면 어쩌면 병원은 거대한 행정기관으로 바뀌게 될지도 모릅니다.[33]

넷째, 유전자 염기성 배열이 밝혀짐에 따라 환자 개개인의 유전적 특성에 다른 맞춤형 치료가 가능해지는 등 각종 난치병을 치료할 수 있는 길이 열렸지만, 생명의 암호를 푼 대가로 인간은 윤리적인 짐을 더욱 떠 안게 되었습니다. 게놈의 사용을 어떻게 통제할 것이며, 개인의 유전정보 누출을 어떻게 막을 수 있을 것인지에 관한 우려들이 나오고 있습니다. 예를 들어 타인의 난치병 치료를 목적으로 부모가 골라서 아기를 출산하는 일이 발생할 수 있습니다.

미래의 인간은 돈이 행복을 좌우하는가?

유전자 조작은 단지 인간의 수명을 연장시킬 수 있지만, 이제 인간복제가 실현되면 영생으로 가는 디딤돌이 될지 모른다는 흥분에 사로잡혀 있습니다. 21세기의 생명공학시대에 진정한 행복은 어디에 있을까요? 태초부터 인간의 행복은 영생을 추구하려는 데 그 궁극적인 목적을 두고 있었을까요? 아니면 인간은 자신이 죽어서도 자신과 똑같은 모습을 한 복제된 인간으로 살아남는 것이 인간의 영원한 삶이라고 생각했을까요? 인간복제가 진정 영생으로 가는 디딤돌이 될 수 있을까요? 위의 물음들은 그리 어려운 답변은 아닙니다. 분명 인간복제를 시도하려는 직접적인 의도는 미래에도 영원한 삶, 즉 영생을 바라기 때문일 것입니다. 또한 많은 사람들이 누구나 일생생활에서 겪게 되는 수많은 질병과 난치병·불치병 또는 죽음을 극복할 수 있는 영생의 꿈을 찾기 때문일 것입니다. 인간은 미래에도 존재하고 싶음, 즉 살아남음에 대한 욕구로 인해서 인간동일성의 본성이 신체적인 소멸에도 불구하고 어떻게 살아남을 수 있는지 많은 흥미를 갖게 된다는 것입니다.

이제 과학기술의 급속한 발전으로 인해서 인간은 영원한 삶을 누리는 기술을 맛볼 수 있는 시기가 다가오고 있습니다. 오늘날의 의미에서 과학기술의 급속한 발전은 "기술이 곧 우리의 운명"이 되었다는 말은 도처에서 피부로 느낄 수 있습니다. 우리가 최근 들어 가장 빈번하게 TV, 신문 등 매스컴의 보도를 통해서 일상적으로 접하고 있는 생명공학, 즉 생명복제 내지 인간복제도 다름 아닌 기술의 산물인 동시에 우리의 가까운 미래상에 있어서 인간의 운명을 좌우하게 되는 힘으로 다가오고 있습니다. 이제 동물복제가 시작되었기 때문에 인간복제의 기술은 과학기술자들의 마음먹기에 따라 얼마든지 실패율을 낮춰서 그 연구를 현실화시킬 수 있습니다.

그런데 앞으로의 생명공학의 미래는 돈의 힘이 인간의 영생을 좌우할 거대한 공룡으로 대체할 태세를 보이고 있습니다. 최첨단 생명공학의 나아갈 방향이 권력과 부의 불평등을 심화시킨다는 측면이라는 점에서 우려할 요소가 많습니다. 돈 있는 사람이 월등한 능력을 가진 아이를 낳고, 돈이 없는 사람들은 그러지 못한다면 우리의 미래사회는 어떤 모습으로 될까요? 최첨단 과학기술로 인해서 돈 있는 자들은 그들의 낡은 장기를 새로운 장기로 살 수 있고, 그것도 여러 번에 걸쳐 돈의 위력으로 장기를 대체할 수 있을 것입니다. 이렇게 해서 돈은 늙고 병드는 자연적 과정의 극복을 가능하게 할 것입니다. 수명이 마음대로 조작될 수 있으며, 얼마나 오래 사느냐 하는 것도 어느 정도의 돈을 소유하

고 있는가 그렇지 않은가에 따라 밀
접한 함수관계가 있게 될 것입니다.
이제껏 인간의 죽음은 가진 자와 못
가진 자의 빈부의 차이에 따라 구분
하지도 않았을 뿐더러 재능의 배분
에서 의해서 귀족과 평민을 구분하
지도 않았습니다. 그러나 자연의 권
능은 과학기술 앞에 길들여져서 자
연은 공평한 균형자로서 황금의 축
복으로 바뀌게 되었습니다.

클로나이드사의 창립자 라엘

　몇 년 전 인기를 끈 『가타카』(Gattaca)라는 영화도 유전자 조
작을 통해 경제적으로나 지적인 능력을 갖춘 사람들과 돈이 없
어서 자기가 하고 싶은 것을 이루지 못하는 사람들 사이의 지배
와 갈등을 그리고 있습니다. 미래사회가 경제적 부의 여부에 따
라 유전자 조작을 통해 우성형질을 갖게 된 자는 지배계급으로
되고, 돈이 없어서 우성형질을 못 가진 자는 피지배계급으로 전
락할 것이라는 암시는 전혀 근거 없는 이야기가 아니라 현실로
점점 다가오고 있습니다.

　최근 세계 최초의 인간복제 회사인 클로나이드(Clonaid) 사는
인간복제를 반드시 이루어내겠다고 여러 매스컴을 통해 발표한
바 있습니다. 인간복제를 하는 데 1인당 20만 달러, 복제를 위해
서 체세포를 보관하는 데 5만 달러로 책정해 놓고도 있습니다.
한국 사람도 8명이 이 회사에 복제신청을 해놓았다고 합니다. 인
간복제의 윤리적인 문제를 접어두고, 앞으로 자기와 똑같은 생명

을 복제하는 것이 현실적으로 가능해진다고 하더라도 돈이 없으면 그림의 떡에 지나지 않을 것이며 그로 인해 갈등의 폭이 커지게 될 것이라는 우려가 생깁니다.

인간복제가 왜 문제인가?

인간복제는 반인반수의 괴물을 낳을까요? 아니면 인간복제가 우리 사회에 존재하는 우생학적 경향을 한층 더 강화시킬 수 있을까요? 인간복제는 우리 사회의 계급적 차별과 사회적 삶의 불평등을 강화할까요? 현재 선진국을 비롯한 각국의 정부당국과 생명공학자들 사이에 인간복제에 관해 논란이 되고 있는 사안은 크게 두 가지 사항으로 접근할 수 있습니다.

첫째는 인간배아 복제(human embryonic cloning)의 생명체 시기의 논쟁입니다. 여기서 생명체 시기 논쟁의 핵심은 임신 시작에서부터 원시생명선(the primitive Streak)이 출현하는 수정 후 14일까지의 배아를 생명으로 볼 것인가에 초점이 맞추어져 있습니다.

둘째는 치료목적의 유전자 조작 및 복제 허용여부입니다. 치료목적의 인간복제 허용여부는 최근 미국에서 한참 논란을 일으켰던 "선택적 임신"과 같은 각종 유전질환 치료를 위한 유전자 조작과 인간복제에 대한 허용의 여부입니다. 즉 딸의 유전병을 치료하기 위해 유전자 검사를 통해 부모가 원하는 조건을 갖춘 아이를 선택적으로 선별하여 낳는 것이 윤리적으로 괜찮은가를 다루는 문제입니다.

1997년 2월 24일 오후 4시 영국 스코틀랜드에 있는 에딘버러 근처의 로슬린 연구소(Roslin Institute)에서 발생학자인 윌머트(Ian Wilmut) 박사와 그의 동료에 의해 인류역사상 첫 체세포 복제동물인 체중 6.6kg의 건강한 양 돌리(Dolly)가 탄생하였습니다. 이 연구소에서 유전자 조작

복제양 돌리

으로 양을 복제하는 데 성공하자 세계의 매스컴은 인간복제가 『멋진 신세계』 같은 공상과학소설이나 『블레이드 러너』 같은 공상과학영화에서만 볼 수 있는 것이 아니라 현실적으로 과학기술의 힘으로 가능하게 되었다고 놀라움을 금치 못하였습니다. 흔히 이 실험은 유전자 조작에 대한 학문적인 발견을 위한 것이 아니라 유전자 조작된 동물을 이용하여 의약품을 생산하려는 실용적인 목적을 위한 단계로서 시도한 것으로 알려져 있습니다. 이제까지 복제개구리(1952), 복제생쥐(1983), 복제송아지(1990) 실험 등이 성공한 사례가 있었으나 모든 동물의 복제는 정자와 난자를 통한 생식세포를 이용한 것이었습니다. 그러나 돌리는 어미양의 체세포를 가지고 세포핵의 이식기법을 이용하여 새끼양을 복제함으로써 1세대의 유전자와 똑같은 2세대의 유전자를 탄생시키는 데 성공을 거두었습니다. 윌머트 박사는 6년생 암양의 체세포를 복제해 암양과 똑같은 유전자를 지닌 양의 복제에 성공한 것입니다.

돌리의 탄생은 276번 실패한 끝에 비로소 성공을 거두면서 이

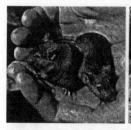

왼 쪽 : 1998년 하와이대학이 복제한 쥐
가운데 : 일본에서 복제된 젖소
오른쪽 : 미국에서 복제된 돼지

제 인간복제(human cloning)가 현실적으로 실현될 수 있다는 자신감으로 우리 곁에 바싹 다가왔습니다. 인류의 첫 체세포 복제 동물인 돌리의 탄생 이후로 쥐·염소·소·돼지 등의 동물복제가 잇달아 성공하였습니다. 우리나라에서도 1999년 2월 서울대 수의학과의 황우석 교수팀에 의해 젖소 "영롱이"와 그해 3월 27일에 한우(韓牛) "진이"가 체세포 복제로 탄생함으로써 미국(쥐)과 일본 및 뉴질랜드(소)에 이어 세계에서 다섯 번째로 연이어 성공하였습니다.

그러면 인간복제란 무엇을 얘기하는 것일까요? 우리가 흔히 말하는 인간복제라는 의미는 체세포 핵이식(somatic cell nuclear transfer) 기술을 이용한 생명복제 기술을 인간을 대상으로 시행하는 것을 말합니다. 즉 인간복제는 난자에서 핵을 제거한 후에 복제될 사람의 체세포 DNA를 주입하고, 이 난자를 자궁에 착상시키는 것입니다. 정자와 난자의 수정을 거쳐 태어난 아기는 유전자를 반씩 지니는 반면에, 복제아는 복제된 사람의 유전자만 고스란히 건네 받습니다. 분화가 끝난 성숙한 체세포의 핵을 난

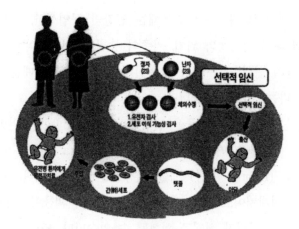

선택적 임신 (출처: 『조선일보』, 2000. 12. 13.)

자에 이식하는 방법으로 기존의 동물과 유전형질이 100% 동일한 개체를 만들어내는 것입니다. 즉 인간복제란 한 개인의 유전자를 100% 동일하게 복제하는 것을 말합니다. 그래서 복제인간이란 100% 동일하게 복제된 유전형질을 지닌 인간을 말합니다. 인간복제가 일란성 쌍둥이에서 흔히 볼 수 있는 것임에도 불구하고 인간 유전자의 인위적인 복제는 바람직하지 않다고 하는 이유는 무엇일까요?

과학자들은 인간복제의 유용성에 대해, 핵의 변화, 배아의 분열, 핵과 세포질의 상호작용, 쉬운 유전자 조작, 가장 좋은 우량품종의 복제, 노화방지의 연구, 유전적으로 동일한 동물의 확보라는 이점을 들어 환영해 왔습니다. 이러한 인간복제의 직접적인 이유는 아기를 갖지 못하는 불임부부에게 한정하고 있습니다. 그러나 상업적 벤처사업의 차원에서 복제를 추진하고도 있기 때문에 이는 아직은 사회윤리적으로 문제가 있어서 법제화가 시급히 필요한 실정입니다. 즉 인간복제는 인간의 공업생산, 인간 개성의 상실 내지 정체성의 위기, 가족의 붕괴, 반인반수의 괴물창조, 과학자들의 권력을 추구 등이 현실적으로 존재하기 때문에 금지해야 한다는 소리가 높습니다.

인간복제는 인간과 동물을 혼합한 잡종을 포함한 반인반수(反人反獸)의 괴물을 만드는 소위 키메라(Chimera: 괴물) 기술이나 하이브리드(Hybrid: 잡종) 기술을 창조할 수 있습니다. 예를 들어 반은 침팬지이고 반은 인간인 반인반수의 괴물이 신화나 소설 속에서가 아니라 실제로 실현될 수 있습니다. 또한 인간과 동물을 비롯한 혼합한 혼성잡종이 의학연구를 의한 실험대상으로서 널리 이용될 수 있다는 사실입니다. 만약 이러한 기술들이 실제로 발전된다면 태아살인에 못지 않은 심각한 윤리적 문제를 초래할 것입니다.

최근 복제양 돌리를 탄생시킨 윌머트 박사는 인간복제는 지뢰밭처럼 위험하다고 경고하였습니다. 먼저, 복제는 100개의 배아 중에서 기껏해야 2~3개만 태어날 만큼 성공률이 매우 낮다는 것입니다. 인간태아에 대한 정보가 훨씬 많아 동물복제보다 인간복제가 훨씬 쉽다는 정보도 있지만, 현재 공식적인 동물복제의 성공률이 5% 미만이라는 점을 들어 대부분 부정적 견해가 지배적입니다. 즉 인간복제의 실험이 유산으로 끝나거나 기형아로 태어나는 비율이 지나치게 높은 데다가 겉으로 보기에는 정상적으로 보일지라도 호흡계 및 순환계 등의 속병을 갖고 있어 유산될 비율이 높다는 것입니다. 정상적으로 태어난다고 하여도 얼마 못가서 죽어버릴 확률이 많다는 것입니다.

복제된 인간은 자아 정체성의 위기와 전통적인 의미에서의 가족관계가 붕괴될 수 있습니다. 그것은 이제까지의 가족의 관계를 헝클어뜨릴 수 있으며 자신의 의도에 따른 삶의 설계에 의해 계획적으로 만들어졌기 때문에 복제된 아이는 정체성을 잃어버릴 위험성에 처할 수 있습니다. 특히 복제아의 입장에서 보면, 무서운 도박일 수 있습니다. 그렇게 될 때, 인간복제는 "인간의 존엄성을 모독하는 짓"이 될 것이라는 견해입니다. 종교계에서는 대표적으로 교황 바오로 2세가 생명의 존엄성을 침해하는 복제실험에 대하여 공개적으로 비난을 가하였으며, 영국 정부는 돌리 탄생의 주역인 에딘버러 로슬린 연구소에 대한 자금지원 중단의사를 밝혔습니다.

　1997년 5월 세계보건기구(WHO)에서도 인간복제는 인간권위에 대한 존경을 해치고 몇몇 기본원리에 반하기 때문에 윤리적으로 받아들일 수 없음을 발표하였습니다. 유럽 국가들도 생물학과 생명공학, 그리고 의학 분야에서 인간권위의 존중에 기초한 윤리적 기준을 근본적으로 제정하는 것이 중요하다고 보았습니다. 같은 해 파리에 본부를 둔 유네스코(UNESCO: 국제연합 교육과학문화기구)도 "인간 게놈과 인권에 관한 세계 선언"을 통해 유전자에 관한 권리를 보호대상으로 규정하였습니다. 또한 여러 나라에서 앞다투어 인간존엄에 관련한 인간복제를 금지하는 법의 제정에 나서고 있습니다. 그 실례로 클린턴 미국 전(前) 대통령은 인간을 복제할 목적으로 생명복제기술의 사용을 향후 적어도 5년간 금지하는 것을 골자로 한 법안 채택을 의회에 요청한 바 있습니다. 40개국으로 구성된 유럽회의 각료회의는 같은

해 7월 1일 유전적으로 동일한 개체를 만드는 일체의 행위를 금지한다는 내용을 골자로 한 생물의학협의의 수정안에 합의하였습니다. 최근 CNN과 Time의 여론조사에서도 미국 국민의 약 75%가 인간복제를 신의 의사를 거스르는 인간의 잘못된 과학기술의 도전이라 생각하였습니다. 결국 앞으로 인간복제는 실패율을 아무리 낮춘다고 해도 윤리적인 비난을 쉽게 피해갈 수 없을 것으로 보입니다. 유산과 기형아의 출산에 대한 부담은 부모만이 아니라 사회 전체가 짊어질 수밖에 없기 때문입니다.

인간복제는 왜 허용을 제한해야 하나?

이러한 인간복제를 허용했을 때 우려되는 문제는, 태아의 복제 내지 개체복제로 나아갈 가능성입니다. 만약 인간의 복제가 허용되면, 개개인의 복제는 장기적으로 이 기술을 대규모로 우생학적 목적에 사용하는 임상적 실용을 위한 목적으로 반드시 전개될 것이며, 그로 인해서 도덕적 문제가 초래될 것이라는 것입니다. 즉 이러한 관점이 실행된다면, 개별복제에 국한되는 것이 아니라 반드시 우생학적 목적을 위해 무제한의 복제로 나아갈 수 있다는 가정에 근거합니다. 이는 미끄러운 언덕길 논증(a slippery slope argument)에 근거하여 개입할 수밖에 없음을 시사합니다. 배아복제, 태아복제, 개체는 하나의 연속성을 그리고 있다는 점입니다. 비록 현 단계에서는 도덕적인 문제가 없어 보이는 특정한 방법이나 연구라 할지라도 일단 허용하게 되면 거기서 그 허용범위가 그칠 수 없다는 주장입니다. 즉, ① 일단 허용하게 되

생명윤리의식 조사 (출처: 『한겨레』, 2002. 3. 21.)

면 결국 허용범위를 제한할 수 없게 될 것입니다. ② 부정적인 결과를 예측하기 힘들다는 것이 그것입니다.

그러나 생명공학계에서는 인간배아 복제는 의료적 목적과 상업적 이해에 의해 그 연구를 지속할 것으로 보입니다. 우리가 일찍이 경험하지 못했던 인간복제의 윤리적 문제와 그 가공할 잠재력은 심각하고도 위험한 예측불허의 난제임에 틀림없습니다.

인간배아가 왜 문제인가?

배아(embroy)는 언제부터 인간이라 할 수 있는가의 문제는 지금 한창 논의되고 있는 생명윤리 논쟁의 출발점입니다. 이것은 인간배아의 도덕적 지위를 어떻게 설정하는가에 따라 다르게 나타납니다. 인간배아는 태어난 인간과 마찬가지로 동등한 도덕적 지위를 갖고 있을까요, 아니면 배아의 소유자나 원인제공자인 부모의 의지에 따라 마음대로 좌우될 수 있을까요? 그러면 인간배아 복제란 무엇을 말하는 것일까요?

배아복제란 핵을 제거한 난자에 복제하려는 사람의 체세포의 핵을 이식하여 이를 실험실에서 배양하여 키우는 것을 말합니다. 이는 수정된 배아의 초기상태에서 인위적으로 세포를 분리시켜 유전적으로 동일한 개체를 발생시키는 것을 의미합니다. 즉 복제된 개체의 생존을 배아상태로 한정하여 사용하는 것을 일컫고 있습니다. 다시 말해서 이는 주로 "개체 탄생의 목적이 아니라 배아 단계의 초기에 잠시 존재하는 신비스러운 세포로 알려진 줄기세포를 얻거나 배아의 형성과정을 연구하기 위하여 체세포핵 이식을 적용하여 인간배아를 복제하자는 것"입니다. 여기에 이용되는 난자가 체세포와 같은 종이면 동종간 복제라 하고, 다른 종이면 이종간 복제라고 합니다. 인간배아 복제는 1993년 조지 워싱턴(George Washington) 대학의 한 연구소팀에 의해서 처음으로 행해졌습니다. 수정된 배아를 이용하여 인간을 복제하려는 기술은 인간생명의 발생학적 과정 중에서 초기단계에서 가능합니다.

무엇보다 인간배아 복제는 인간개체 복제로 나아갈 위험성이 있기 때문에 여러 반대의 의견이 있습니다. 여기서 인간체세포 복제에 의한 배아연구는 인간복제로 이어질 수 있어 윤리적·사회적 관점에서 국내외에 큰 논란을 일으키고 있습니다. 법적으로 배아는 수정후 8주까지 분화한 상태를 말하며 8주 이후에는 태아라고 정의하고 있습니다. 배아복제를 연구하는 생명공학자들은 분화가 안된 배반포 단계인 수정후 14일까지를 배아 또는 전배아(pre-embroy)로 규정하고 있습니다. 여기서 배아는 인간인가 아닌가의 문제가 논의되고 있습니다.

먼저 인간배아는 성인의 인간존재와 마찬가지로 도덕적으로

동등하다는 주장입니다 어떤 측면에서 인간배아는 특별한 도덕
적 지위를 갖고 있는 것이 아니기 때문에 그 소유자인 부모의
뜻에 따라 어떠한 과학적 실험에도 사용할 수 있는 유용한 물건
일 뿐이라는 의견도 있습니다. 다시 말해서 인간배아의 복제를
하는 데 있어서 가장 논란이 되는 부분은 배아의 지위에 관한
것입니다. 그래서 이러한 인간배아에 대한 연구의 찬반논쟁은 계
속 끊이지 않고 논의되고 있습니다. 인간배아에 대한 관점은 완
전한 인간, 단순한 세포 덩어리, 잠재적 인간 등 크게 세 가지로
나누어 말하고 있습니다. 즉 인간배아의 도덕적 지위에 대한 전
문가들의 상이한 견해는 다음과 같습니다.

첫째, 인간배아는 창출되는 그 순간부터 "완전한 인간의 지위"
가 부여되어야 한다는 것입니다. 이것은 잠재력을 가진 인간(a
human being with potentiality)으로 인식하는 견해입니다. 이러
한 관점은 대체적으로 종교적인 관점에서 주장하고 있습니다. 즉
배아를 대상으로 하는 어떠한 연구도 절대 허용할 수 없다는 입
장입니다. 이들은 배아연구의 전면규제를 정당화하는 소수의 집
단입니다.

둘째, 인간배아는 단순한 "세포 덩어리"(Bunch of cells)에 불
과하다는 것입니다. 배아는 인간의 존재가 아직은 아니기 때문에
도덕적으로 특별한 주의를 기울일 필요가 없고, 배아를 대상으로
하는 모든 연구가 가능하다는 주장입니다. 이는 배아연구의 자유
방임을 천명하는 극단적 집단입니다. 따라서 이것은 배아를 비인
격적 존재로 파악함으로써 임신한 여성의 소유물로 간주하여 소
유자의 결정에 따라 어떠한 과학적 실험도 가능하다는 것입니다.

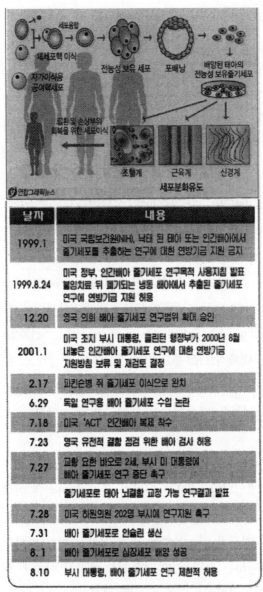

날짜	내용
1999.1	미국 국립보건원(NIH), 낙태 된 태아 또는 인간배아에서 줄기세포를 추출하는 연구에 대한 연방기금 지원 금지
1999.8.24	미국 정부, 인간배아 줄기세포 연구목적 사용지침 발표 불임치료 뒤 폐기되는 냉동 배아에서 추출된 줄기세포 연구에 연방기금 지원 허용
12.20	영국 의회 배아 줄기세포 연구범위 확대 승인
2001.1	미국 조지 부시 대통령, 클린턴 행정부가 2000년 8월 내놓은 인간배아 줄기세포 연구에 대한 연방기금 지원방침 보류 및 재검토 결정
2.17	파킨슨병 쥐 줄기세포 이식으로 완치
6.29	독일 연구용 배아 줄기세포 수입 논란
7.18	미국 'ACT' 인간배아 복제 착수
7.23	영국 유전적 결함 점검 위한 배아 검사 허용
7.27	교황 요한 바오로 2세, 부시 미 대통령에 배아 줄기세포 연구 중단 촉구
	줄기세포로 태아 뇌결함 교정 가능 연구결과 발표
7.28	미국 하원의원 202명 부시에 연구지원 촉구
7.31	배아 줄기세포로 인슐린 생산
8.1	배아 줄기세포로 심장세포 배양 성공
8.10	부시 대통령, 배아 줄기세포 연구 제한적 허용

인간배아 줄기세포 복제생산 과정(위)과 인간배아 줄기세포 연구일지(아래)
(출처: 『한겨레』, 2001. 8. 11)

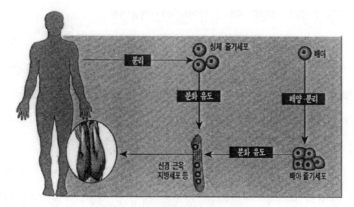

성체 및 배아 줄기세포 개념도
(출처: 『한겨레』, 2001. 8. 20.)

셋째, 인간배아를 "잠재적 인간존재"(a potential human being)로 보는 것입니다. 배아는 출생 이후의 인간보다는 낮은 특수한 지위를 가지고 있습니다. 그러나 얼마간의 시기가 지나면 인간으로 자랄 수 있기 때문에 어느 정도의 권리는 인정하면서 인간과 동일한 존재로 받아들이지는 않는 관점입니다. 이는 배아를 대상으로 한 연구로부터 얻은 잠재적 이익이 배아의 도덕적 지위에 비해 높을 경우에 한해서 까다로운 규제를 통해 공개적인 연구를 제한적으로 허용할 수 있다고 주장하는, 양극단의 중간입장을 취하는 가장 큰 집단입니다.

이 세 가지 주장들은 여성계·종교계·과학계 등 입장에 따라 상이한 견해가 존재하므로 아직은 쉽게 결정을 내릴 수 없는 상태입니다. 인간배아의 도덕적 지위에 관한 관점은 특정 소수집단의 이해관계에 따라 진행되는 것이 아니라 공론화된 의견수렴이 충분히 이루어진 뒤에 확정되어야 할 것입니다.

인간생명의 시작은 왜 설정하는가?: 14일론

생명의 시작은 어디이고 생명의 종말은 어디일까요? 요즘 인간배아 복제의 논쟁에서 생명의 연속성상의 현상과 맞물려 가장 많이 논의되는 부분은 14일론입니다. 그러면 왜 이러한 논쟁은 시작되었을까요?

14일론에서 등장하는 원시(原始)생명선은 우리가 어떤 의미에서 생명의 여부를 구분하는 경계를 어떻게 지을 수 있을까 하는 점에서 중요합니다. 원시생명선이 인간의 생명을 결정하는 데 핵심적인 시점이라면, 어떻게 원시생명선을 14일로 규정하여 생명의 규준으로 삼을 수 있을까요? 다시 말해서 어떤 배아는 12일, 13일 혹은 15일에도 출현할 수 있는데, 어떻게 분명한 경계지점을 한정지을 수 있을까요? 의학적으로 13일과 14일의 원시생명선의 출현을 어떻게 구분하며, 14일과 15일 역시 그 이전과 이후의 생명을 어떻게 그 기준으로 설정하여 변화의 증거를 확실하게 잡을 수 있을까 하는 것이 의문점으로 남고 있습니다. 따라서 사람의 생명이 한 생명으로 완성되는 시기가 언제인가에 대한 명확한 규정은 아직 분명하게 알려져 있지 않은 채 전문가들마다 제각기 의견이 분분합니다.

14일론의 반대론자들은 줄기세포를 배아에서 추출하는 것은 배아를 죽이는 행위가 된다고 보는 반면에, 옹호론자들은 4~5일 된 배아는 생명으로 볼 수 없으며 오히려 생명을 위한 연구에 기여할 수 있다는 입장입니다. 여성계를 비롯한 낙태 반대론자들과 가톨릭 등의 종교계에서는 반대론의 주장들이 우세하게 나타나고 있습니다. 즉 여성계와 카톨릭 등 종교계에서는 수정된 순간부터를 완전한 인간으로 보고 배아연구 자체를 반대하고 있습니다. 여성단체들은 인공수정, 배아연구 등 생명공학기술은 여성의 몸과 밀접한 관련을 맺고 있기 때문에 생명공학의 수혜자이자 대상자인 여성이 과학기술 방향에 의견을 내는 것은 당연한 모성의 권리라며 논쟁에 적극 참여하고 있습니다. 즉 여성들의 건의문에 의하면, 배아는 잠재적 생명체이며 인간배아 연구는 금지되어야 하며, 인간수정에 대한 규제방안을 생명윤리기본법에 포함하고, 국가생명윤리위원회(가칭)에 여성위원의 비율을 최소 40%로 할 것 등을 주장합니다.

우리나라의 한해 출생아는 60만 명이지만, 낙태건수는 2백만 건, 잉여배아는 20만~40만 건에 달합니다. 이러한 사회에서 인간배아 연구의 효율성만을 논의하는 것은 낙태를 합법화하고 생명경시현상을 가져올 우려가 있습니다. 그렇기 때문에 여성의 성적 능력을 도구화하는 생명공학은 지역적인 차원을 넘어서 좀더 거시적인 사회문제로 다루어져야 합니다. 가톨릭계는 "정자와 난자가 수정된 순간부터 생명이 탄생한 것"이라며, 배아 줄기세포에서 특정한 장기를 유도해 내는 것은 "편리를 위해 다른 생명체를 죽이는 행위"라고 말합니다. 즉 가톨릭계는 자연의 원리를 하나님의 섭리와 뜻이라고 보기 때문에 수정되는 순간부터 이미 인간배아를 생명이라고 간주합니다.

그러나 대부분의 과학자들은 수정된 후 14일 이내의 미발육 상태인 수정란은 아직 완전한 인간이 아니라고 믿고 싶어합니다. 그래서 과학자들은 신경이 형성되는 수정 이후 14일쯤부터를

"인간개체"로 해석하고, 이러한 수정란 이후의 배아를 인간개체로 간주하기 시작합니다. 이러한 정의는 종래의 수정방식이나 그 밖의 다른 절차에 의해서 나타난 배아인간에 적용할 수 있습니다. 인간의 정자와 난자가 결합한 수정란은 14일까지 분화한 뒤 210여 개의 장기와 기관으로 성장합니다. 14일론은 대화와 타협으로 해결할 수 없는 난제이기도 하고 "여성의 자궁에 체세포 핵이식체를 이식할 목적으로 체세포 핵이식 기술을 이용하거나 기타 다른 인간복제 방법에 이 기술을 활용하는 것은 불법이라는 식의 인간복제를 금지하는 구체적 규정을 마련하는 쪽으로 논의를 좁혀야 한다"고도 주장합니다. 과학자들은 "인간 냉동 수정란을 이용한 배아 줄기세포 연구는 배아복제의 윤리적 논란을 피하면서 심장조직 · 신경조직 · 알츠하이머병 · 파킨슨병 등 불치병과 난치병을 극복할 새로운 의료기술을 개발하는 유일한 길"이라고 말합니다.

과학자들은 그 동안 암 · 당뇨병 · 파킨슨병 · 알츠하이머병 등 불치병 환자의 배아 줄기세포를 배양해 이식하면 완치가 가능하다고 주장해 왔습니다. 실제로 과학자들은 줄기세포를 이용해 심장세포와 근육 · 줄기세포를 만들어내는 방법을 쥐 실험을 통해 밝혀 냈습니다. 많은 의과학자들은 14일 이전은 세포 덩어리에 불과하다고 보면서 14일째 이전의 초기 배아는 의학연구 대상으로 삼을 수 있게 하자는 주장입니다. 또한 참여연대 시민과학센터 등을 비롯한 시민단체는 "불임치료에 쓰고 남은 잉여 냉동배아의 경우 수년이 지난 뒤에 공여자의 동의를 받고 철저하게 관리한다는 조건하에, 치료목적의 의학연구에 제한적으로 쓸 수 있다"는 견해를 보입니다.

결국 생명의 시작이 14일의 원시생명선으로부터 시작된다면, 그 이전 원시선이 나타난 배아도 인간의 생명임에도 불구하고 죽임을 당할 수 있다는 데 문제의 심각성이 존재합니다. 이는 좀 더 사려 깊은 연구와 폭넓은 생명시작의 근원지를 새로 묻는 데서 출발해야 할 것입니다.

줄기세포 연구는 불치병·난치병 치료 등을 위해 허용이 불가피한가?

한국의 줄기세포 연구

일반적으로 우리가 아는 상식으로 생명체는 정자와 난자가 결합하여 수정의 과정을 거쳐서 태어납니다. 2001년 11월에 미국 매사추세츠주의 생명공학 벤처회사인 어드벤스트셀테크놀로지(ACT)가 이러한 수정과정을 거치지 않고 체세포 복제기술로 생명의 초기단계인 배아를 만들었다고 발표하였습니다. 인간생명체가 그 이전과는 다른 방법으로 태어난 것입니다. 이로 인해 종교계·시민계·여성계·과학계에서는 우려를 표명하면서 국내외에서 뜨거운 생명윤리의 논쟁에 불을 지폈습니다. 그런데 심장병·당뇨병·암·파킨슨병·알츠하이머병 등 수많은 난치병과 불치병 환자들은 매스컴의 보도에서 줄기세포라는 이야기만 나오면 눈을 부릅뜨고 지대한 관심을 보이고 있습니다. 현재 인간 배아의 줄기세포를 연구하려는 과학자들의 희망이 뜨겁게 달아오르고 있는 것입니다.

줄기세포의 연구는 다른 장기나 조직의 말단세포로 분화하는

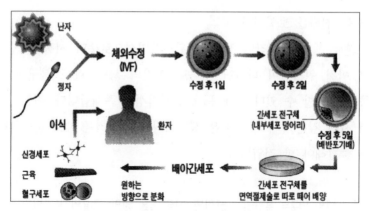

줄기세포를 이용한 장기이식 모식도
(출처:『조선일보』, 2000. 11. 7.)

뛰어난 변신능력을 지니고 있다고 하여 난치병을 치료할 21세기 의료혁명의 주인공으로 받아들여지고 있습니다. 이러한 세포의 연구는 신경세포, 심장근육 연구와 파킨슨병·알츠하이머병·심장병 등을 가진 환자에게 유효하게 적용될 수 있다는 것입니다. 줄기세포는 배아복제를 통해서 얻어지는 세포로 실험실에서 인간의 모든 세포를 만들 수 있는 모든 세포와 조직을 만들어낼 수 있는 꿈의 전능세포를 말합니다.

이와 같이 요즘 들어 가장 뜨거운 생명공학의 논란은 배아 줄기세포(幹세포: embryonic stem cell) 연구입니다. 배아 줄기세포는 배반포(blastocyst)의 내부 세포군으로부터 유래한 세포계입니다. 배아에서 추출한 줄기세포를 배양하면 인체의 피부·심장·뇌·근육·혈액·신경 등 조직을 형성하는 세포로 키울 수 있어 획기적으로 의료의 진전을 가져올 수 있다는 주장입니다. 다시 말해서 인간배아 줄기세포는 인체 내의 모든 조직세포나 성장할 수 있는 세포로 이를 이용하면, 손상된 조직이나 장기를 복원할 수 있습니다. 그렇기 때문에 암·당뇨병·파킨슨병·알츠하이머병·척추부상 등 각종 질병치료에 혁신을 가져올 것으로 기대하고 있습니다. 이는 "인간의 몸을 구성하는 조직들로 분화하는 능력을 가진 인간세포를 조직하여 백혈병·파킨슨병 등 환자의 장애세포를 치료할 수 있는 정상세포를 만들거나 더 나아가 한 개의 체세포로부터 자신을 위한 이식용 기관을 배양하는 것을 가능하게 할 수 있다"는 것입니다. 대뇌나 척수신경이 손상을 받거나 퇴행성 질병에 걸려 신경세포가 죽게 되면 파킨슨병·헌팅턴병·알츠하이머병 등 한번 죽은 신경은 스스로 회복될 수 없게 되나, 이런 질병에 걸린 환자의 신경계에 태아의 조직세포가 이식되면 다시 중추신경계가 회복될 수 있다는 것입니다. 즉 이러한 세포의 연구는 위에서 언급한 질병들을 가진 환자에게 유용하게 적용된다는 것입니다. 이러한 치료세포의 복제의 잠재적 이득은 엄청나게 클 것이기는 하지만, 아직 이러한 연구는 인간복제와 연관시켜 활발하게 진행되고 있지는 않습니다. 여기서 줄기세포는 다른 장기나 조직의 말단세포로 분화하는 뛰어난 변신능력을 지니고 있어서 난치병을 치료할 21세기 의료혁명의 주인공으로 받아들여지고 있습니다. 연구자들은 뇌 질환의 파킨슨병 환자에게 줄기세포를 넣어주어 뇌세포를 되살리고 손상된 간이나 위의 세포를 재생시켜 주는 "세포공장" 구실을 할 것이라는 기대도 많습니다.

사람의 난자와 정자가 수정한 지 약 5일이 지나면, 지름 0.1~0.2㎜ 크기의 속이 빈 공모양의 배아가 되며 수정 후 6일째에

쥐배아

배아줄기세포

생쥐 뇌에
줄기세포 이식

분화

파키슨병 치료용
도파민성 뇌세포

헌팅톤병 치료용
GABA 신경세포

자료: 차병원 세포유전자치료연구소

배아 줄기세포 이식에 의한
신경세포 분화

신체 각 기관으로 분화되기 직전의 세포인 줄기세포가 형성됩니다. 즉 이 배아의 안쪽에는 전능세포라고 불리는 줄기세포가 붙어 있습니다. 줄기세포는 마치 암세포처럼 무한히 분열하며, 분자신호에 따라 우리 몸을 이루는 210여 개의 장기 어느 것으로도 분화할 수 있습니다. 즉 인간배아는 신경·혈액·근육·뼈 등 210여 개 기능의 세포로 분화 내지 발전할 수 있기 때문에 전능세포로 불립니다. 다시 말해서 배아 줄기세포는 전능성을 보유한 세포로서 특정한 환경 속에서 신체를 구성하고 있는 다양한 세포 및 조직으로 발생할 수 있는 능력을 갖고 있습니다. 그래서 배아에서 추출한 줄기세포는 잘만 배양해 분화시키면 알츠하이머병·백혈병 등 난치병 환자를 대체(代替) 치료하는 조직 및 장기로 이용할 수 있다는 것입니다. 생명공학계가 인간배아 줄기세포 연구에서 갈수록 치열한 경쟁을 벌이는 것도 이러한 줄기세포의 엄청난 잠재력을 알고 있기 때문입니다.

국내에서는 1999년 박세필 마리아병원 기초의학연구소 소장이 세계에서 처음으로 냉동배아에서 줄기세포를 추출해 내는 데 성공하였습니다. 세계 최초로 인간배아 줄기세포를 이용하여 심근세포를 배양하는 데 성공한 박 소장은 "윤리를 쫓을 것인가, 실용을 택할 것인가"[34]라는 현대의학의 난제를 동시에 해결해 보이겠다고 말한 바 있으나, 두 마리 토끼를 다 쫓기란 그리 쉽지만은 않을 것으로 보입니다. 그는 "앞으로 줄기세포를 특정기능의 세포로 배양·분화하는 기술이 줄기세포 연구의 성패를 가를 것"이라고 말합니다. 줄기세포를 이용한 세포 치료술이 이르면 5~10년 안에 실현되어 의술의 개념을 바꾸어 놓을지도 모릅니다. 그러나 세포의 치료술이 배아의 줄기세포를 얻는 데에만 쓰인다고 하지만, 문제는 자궁에 이식하면 인간복제로 쉽게 이어질 수 있다는 사실입니다. 이러한 논란을 피하기 위하여 이 연구는 불임치료기관에 냉동보관 중인 잉여 수정란에서 줄기세포를 얻어 5년 뒤에 환자의 동의 아래 폐기될 수정란을 재활용하였습니다. 박 소장팀의 연구는 사람의 배아 줄기세포를 이용한 실험에 대한 윤리적 논란을 불러일으켰지만, 수정 후 5년이 지나 폐기될 냉동수정란을 이용한 것은 윤리적 비난을 피하려는 의도로 학계는 보고 있습니다. 배아 줄기세포는 배반포의 각 세포군으로 유래한 이후 210개 신체기관으로 성장하기 때문에 이 단계의 배아를 인간개체로 인정할 것인지가 생명복제 윤리논쟁의 핵심사안이 되어 왔습니다. 우리나라에서는 1998년 경희대 불임클리닉 김승보 교수팀이 시험관 아기 시술 때 폐기된 인간의 난자에 인간체세포 핵을 이식한 뒤에 4세포까지 배아를 배양해 파문을 일으킨바 있습니다.[35]

이러한 배아 줄기세포 연구가 생명체인 배아를 대상으로 이루어져서 생명윤리 논란을 피할 수 없는 데 비해서, 성체 줄기세포 연구는 성체세포를 대상으로 한다는 점에서 최근 생명윤리 논쟁이 커지면서 더욱 주목을 받고 있습니다. 그러나 새로운 연구성과에도 불구하고 성체 줄기세포 연구는 여전히 넘어야 할 산이 많습니다.

외국의 줄기세포 연구

최근 영국과 미국에서는 인간배아 줄기세포 연구가 의료목적으로 이미 시행되고 있는데, 14일 이내 착상전 수정한 단계까지는 연구가 허용되고 있습니다. 조지 부시 미국 대통령은 2001년 8월 9일 인간배아 줄기세포 연구에 대한 연합정부의 재정적 지원을 부분적으로 허용하였습니다. 그러나 자금지원은 엄격히 제한하여 이루어질 것이라고 강조하면서 "연구에 사용되는 배아 줄기세포는 불임치료를 위해 배아 가운데 사용하고 남은 부분은 이미 파괴된 인간배아에서 추출된 60개로 한정한다"[36]고 밝혔습니다. 미국을 비롯한 선진국에서는 인간배아의 허용과 관련하여 대부분 복제배아를 자궁에 착상하여 인간개체를 복제하는 것은 금지하고 있지만, 기타 의학적 연구는 허용하고 있습니다. 이는 "배아 줄기세포는 3~5년 내에 상용화하여 연 3백억 달러의 부가가치를 낳을 것이라는 전망"[37]이 나올 만큼 배아복제 연구를 통해 얻어지는 혜택이 크기 때문입니다. 따라서 난치병이나 불치병을 앓고 있는 환자들은 자신에게 필요로 하는 줄기세포를 통해 만들어 이식받는 것에 마지막 희망을 걸고 있습니다. 현재 논란이 되는 문제는 배아복제라는 생명의 윤리와 서로 충돌을 빚는 데 있습니다. 생명을 인위적으로 창조하고 폐기하는 것이 괜찮은지를 심각하게 묻는 것입니다.

독일에서 인간배아 줄기세포 연구는 국가윤리협의회(German Ethics Council)의 반대로 지체된다고 합니다. 특히 독일은 인간배아 줄기세포의 연구는 나치시대 동안에 인간연구의 남용이 있었기 때문에 아주 민감한 사항입니다. 그러나 독일의 연구공동체 (Deutschen Forschungsgemeinschsft)나 생화학자들은 배아 줄기세포의 연구는 의료의 새로운 분파의 선구자로 보기 때문에 허용해야 한다는 입장입니다. 그래서 많은 독일 생명공학 연구자들은 인간배아 줄기세포를 미국과 같은 국외의 나라에서 수행하기를 원한다고 말합니다.

최근 영국과 미국에서는 인간배아 줄기세포 연구가 의료목적으로 이미 시행되고 있으며, 14일 이내 착상전 수정한 단계까지는 연구가 허용되고 있습니다. 무엇보다 현재 생명공학 논쟁의 초점은 앞에서 살펴보았듯이, 인간배아 복제에 집중되어 있다는 사실입니다. 여기서 문제의 핵심은 수정 후 14일 이전의 배아에 관한 도덕적 입장입니다. 조직이 형성되기 시작하는 2주일 이전의 배아는 생명체로 볼 수 없기에 복제를 허용하자는 것이 많은 연구자들의 주장입니다. 그러나 복제된 배아는 14일이 지나기 전에 폐기해야 하며 자궁에 착상시키는 개체복제는 금지하였습니다. 생명공학의 논쟁 중에서 임신중절의 문제가 배아를 생명으로 볼 것인가가 논란의 주 대상이라면, 인간복제에서도 이와 유사한 쟁점이 되고 있습니다. 영국 정부는 과감하게 인간배아 복제를 허용하기로 했으나 독일을 비롯한 유럽 여러 나라는 대체적으로 부정적인 견해입니다.

2001년 11월 25일 미국의 ACT는 초기 단계의 인간배아 줄기세포 배양에 성공했다고 밝혔습니다. 이 회사는 모든 인간의 인체기관으로 전환할 수 있는 줄기세포의 종자로 쓰일 작은 공 모양의 세포들을 배양했다고 발표했습니다. 이번 실험이 파킨슨병에서 청소년 당뇨병에 이르는 각종 질병의 맞춤치료 기술로 이어지기를 바란다고 말합니다. 4~6세포기까지 자란 초기단계 인간배아의 복제 사실이 공식 확인된 것은 이번 연구가 처음이지만 앞으로 많은 논란을 일으킬 것으로 보입니다.

2000년 초 유네스코 산하 국제생명윤리위원회(IBC)는 전문가들의 토론을 거쳐 그해 4월에 "의학 연구용 배아 줄기세포의 사용"이란 제목의 윤리 권고안을 발표하였습니다. 유네스코의 권고안에서는 배아 줄기세포 연구가 가져다줄 의료혁명의 혜택과 무분별한 남발로 인한 생명파괴의 이중성을 지적하였는데, 생명윤리는 하나의 국제기준보다는 나라마다 사회·문화적 토양 위에서 이루어야 하는 과제를 안고 있습니다.

인간배아와 인간복제의 관련법은 어떻게 진행되고 있는가?

안전성의 규제: 유럽의 경우

아직은 대부분의 나라에서 인간복제가 금지되어 있지만, 그렇지 않은 나라도 있습니다. 만일 세계 어느 곳에선가 인간복제가 이루어진다면, 우리는 어떻게 대응하거나 어떻게 생각해야 할까요? 인간배아는 생명공학 연구에 사용되어야 할까요? 1980~1990년대에 갖추어진 인간배아 연구의 관련법은 나라마다 조금씩 다릅니다. 제2차 세계대전 당시 생체실험의 아픈 역사를 겪은 독일과 오스트리아 등은 배아연구 자체를 엄격하게 금지하고 있으며, 영국은 배아연구 뿐만 아니라 연구목적의 배아복제까지 허용하는 가장 개방적인 법 체제를 갖추고 있습니다. 유럽에서는 유독 영국만 연구목적의 인간배아 복제를 허용하였습니다. 즉 영국은 줄기세포에 관한 한 연구의 자유를 현재 가장 폭넓게 허용하고 있는 나라입니다.

줄기세포 연구에 대한 영국의 현재 입장을 가장 잘 보여주고 있는 문건은 2000년 6월 영국 보건부에서 발간한 『줄기세포 연구: 책임 있는 의학발전 — 줄기세포 연구와 세포치환법의 발전에 따른 잠재적 의료가치에 대한 보건장관의 전문가 그룹 평가 보고서』입니다. 그러나 영국이 줄기세포의 연구에 관용적 태도를 보인다고 해도, 복제된 배아는 14일이 지나기 전에 폐기해야 하며 자궁에 착상시키는 개체복제는 금지했습니다. 유럽에서는 1990년 이후로 대부분의 나라가 「배아보호법」 혹은 생명조작의 위험을 방지하고, 생명으로 조작하는 행위에 대하여 더욱 분명한 법률적 한계를 정하려고 노력해 왔습니다. 영국은 「인간의 수정과 배아에 관한 법」(1990)에서 수정란 조작과 사용 등을 금지해 왔으나, 정부가 지난해 인간배아 복제 연구 허용방침을 밝히고 이를 법률로 추진하고 있습니다. 그런데 영국 정부가 치료목적의 인간배아 복제를 허용하기로 한 것에 대해 비판여론이 유럽에서 들끓고 있습니다. 반대의견들은 "영국의 결정은 목적이 수단을 정당화시킨다면, 생명도 이용할 수 있다는 철학을 보여 주는 것"이며 "그것은 다른 목숨을 구하기 위해서라면 어떤 생명도 희생할 수 있다는 생각이며 이는 윤리·도덕적으로 심각한 결과를 초래할 것"이라고 비판합니다.

1990년 독일은 비교적 강력한 신체형 조항을 담은 「배아보호법」을 제정하여 임신 이외의 목적으로 자궁 밖에서 배아를 성장시키는 행위를 금하고 있습니다. 그리고 1997년 3월 21일의 독일 연방의회(하원)가 만장일치로 인간복제에 대한 연구 개발금지를 결의하였습니다. 1990년 「인간 생식과 배아에 관한 법령」을 마련한 영국과 「인간신체의 존중에 관한 법」(1994)을 제정한 프랑스 등의 유럽연합은 인간의 복제를 제도적으로 금하고 있습니다. 프랑스는 인간배아의 생성·취득·사용을 「인간신체의 존중에 관한 법」으로 금지해 왔지만, 정부는 2001년 말 국가윤리자문위원회의 제안에 따라 관련법 개정이 필요하다고 밝히는 등 전향적인 자세를 보이고 있습니다.

독일은 현재 「배아보호법」에서 복제배아를 만들거나 여성의 체내에 주입하는 것을 전면 금지하고 있습니다. 이미 줄기세포의 연구를 허용해 온 영국은 2000년 말에 인간배아 복제를 허용하는 법안을 통과시켰습니다. 프랑스 정부는 2001년 6월 인간배아 복제 금지법안을 의회에 제출한 상태입니다. 이스라엘은 2000년에 인간을 대상으로 한 복제를 전면 금지하였습니다.

그러나 배아연구에 엄격한 법을 적용하는 것에 비추어 볼 때, 인간복제에 대해서는 아직 법안 마련이 느슨하게 진행되고 있습니다. 미국과 영국 등 배아연구를 허용하는 정책과 독일과 프랑스 등 엄격하게 제한하는 정책이 서로 대립하고 있습니다. 2001년 말을 기준으로 하여 유럽에서 배아복제를 법으로 허용한 나라는 영국뿐이고, 이를 금지한 나라는 독일·아일랜드·스위

배아복제 연구 관련 외국 입법 동향

국 가	관련법	내 용
미 국	인간복제 금지법	배아복제 연구 허용하되 자궁에 착상은 금지
영 국	인간의 수정과 발생에 관한 법	불임치료, 선천성 질환연구 등의 의료목적에 한해 착상 14일 이내 수정란 조작 사용 가능
일 본	인간에 관한 복제기술 등의 규제에 관한 법률	복제한 배아의 태내이식 금지 배아 취급시 문부성 지침 준수
프랑스	인체의 존중에 관한 법률	상업 또는 연구 목적으로 인간배아의 생성·취득·사용 금지

스·오스트리아·핀란드 등입니다. 즉 유럽에서의 인간배아 연구에 관한 규제는 도덕적이고 윤리적 문제들에 관하여 서로 다른 관점들을 반영하고 있습니다. 상당수의 국가들은 아직 이러한 배아의 문제에 관해 명백한 법률을 제정하고 있지는 않습니다. 이는 각 국가마다 배아 연구에 관해 새롭게 검토하는 가운데 법 제정의 작업을 진행 중에 있으나, 앞으로도 지속적으로 변화의 정도가 큰 분야이기 때문에 공식적인 결정은 현재 유보하고 있는 입장입니다.

2001년 말 현재 인간복제에 대한 구체적인 법적 기준을 세운 국가는 그리 많지 않습니다. 인간배아 관련법이 1980~90년대 유럽을 중심으로 만들어진 것과는 다르게 인간복제를 금지하는 법률은 국가별로 입법화하고 있지만, 관련법에 관한 제정은 아직 진행형입니다. 유럽은 이미 1980년부터 영국·독일·프랑스 등을 중심으로 생명공학기술의 발달에 따른 부작용을 막기 위하여 생명공학에 관한 관련법들이 제정하여 시행되고 있거나 의회에 제출되어 있는 상태입니다. 독일에서는 기존에 태아보호법이 있어 왔기에 인간복제를 금지해 오고 있었습니다.

이미 앞에서 언급했듯이, 생명공학에 대한 대중적 인식이 확산된 것은 1997년 2월 영국의 에든버러 근처에 있는 로슬린 연구소의 발생학자인 윌머트(Ian Wilmut) 박사에 의해 복제양 돌리가 탄생된 이후였습니다. 당시 미국의 클린턴 행정부를 비롯한 유럽 여러 나라의 정부들은 서둘러서 윤리위원회를 만들고, 인간복제의 문제에 제도적으로 대응하기 위한 조처를 서둘러 마련했습니다. 민간 차원에서는 1997년 제29차 유네스코(UNESCO: 국제연합 교육과학문화기구) 총회에서 「인간게놈과 인권에 관한 보편선언」이 채택되었고, 초기에는 주로 인간복제와 연관시키고 있었습니다. 유네스코는 인류를 보존하고 인종차별을 막기 위하여 유전공학과 복제에 대한 세계윤리규약을 마련할 것을 촉구하였고, 1999년 5월 유네스코 국제생명윤리위원회는 이에 대한 학술적 지원을 위해 1999년 5월 11일~12일까지 파리에서 제 1 차 실무회담을 열기도 했습니다. 유럽회의(Council of Europe)는 독일과 영국을 제외한 41개 회원국 중에서 프랑스·이탈리아·스웨덴·그리스·룩셈부르크·덴마크 등 25개국의 비준으로 인간복제 금지에 대한 법적 장치를 마련하여 2001년 3월부터 발효했습니다. 프랑스 정부는 2001년 6월 인간복제의 금지법안을 의회에 제출한 상태입니다. 이스라엘은 1999년에 인간을 대상으로 한 복제를 전면 금지하였습니다.

1990년대에 들어오면서 많은 나라들은 생명공학기술의 발전에 따른 부작용을 제어하기 위하여 다양한 입법조치들을 취하고 있

습니다. 유럽의 경우 제 2 차 세계대전 당시 히틀러 정권이 범하
였던 우생학적인 인종실험, 유태인에 대한 인종차별적 대량학살,
인체실험, 동성애자살해, 장애인학대 등의 역사적 경험이 있기
때문에 인간실험에 관한 과학적 실험에 대해서는 아주 민감한
반응을 보이고 있습니다.

안전성의 규제: 한국의 경우

최근 생명윤리자문위원회는 2000년 12월 12일 개최된 전체회
의에서 7가지의 기본법들을 제안하였습니다. 이 기본법에는 ①
국가생명윤리위원회의 설치와 운영, ② 생명복제와 종간교잡행
위, ③ 인간배아의 연구와 활용, ④ 유전자 치료, ⑤ 동물의 유
전자변형 연구와 활용, ⑥ 인간 유전정보의 활용과 보호, ⑦ 생
명특허가 그것입니다.[38] 생명윤리위원회가 내놓은 생명윤리기본
법은 체세포 복제 등을 이용한 인간개체 복제는 일절 금지하였
습니다. 또한 불임치료 이외의 목적으로 난자를 채취하거나 인간
배아를 창출하는 행위도 금지하였고, 아울러 그러한 방법으로 생
산된 인간배아와 줄기세포에 대한 연구도 금지하였습니다. 단 불
임치료 목적으로 체외수정을 통해 얻어진 인간배아 중에서 잉여
분을 이용하는 인간배아 연구는 한시적으로 허용됩니다.

이에 따라 각 연구소에서 진행되고 있는 인간배아 연구들은
허용되는 셈입니다. 대부분의 병원과 연구소들이 체외수정 후 남
은 수정란을 이용하여 배아연구를 하고 있는데, 불임 시술 후 남
은 수정란은 전국에 약 10만 개가 냉동보관되고 있는 것으로 추
정됩니다. 체세포 복제를 통한 인간배아 연구를 전면 금지하는

것에 대해 생명공학계는 난치병 치료를 위해 앞으로 이루어져야 할 줄기세포 연구가 원천 봉쇄된다고 반발하고 있습니다.

생명윤리자문위원회는 2001년 5월 18일 체세포 핵이식에 의한 인간복제를 금지하고, 불임치료의 목적으로 체외수정에 의해 만들어진 냉동잔여배아를 허용하는 생명윤리기본법의 기본 골격을 발표하였습니다. 생명윤리기본법 시안에 의하면 인간개체 복제는 절대 금지하고 잔여배아의 줄기세포 연구는 난치병·불치병 치료 등을 목적으로 허용할 수 있습니다. 또한 체세포를 이용한 줄기세포의 연구는 인간복제의 가능성 때문에 논란이 계속되고 있어 인간복제 금지와 육성이라는 두 가지의 차원에서 충분한 논의가 필요하다고 합니다.

앞에서 살펴본 것처럼, 인간복제에 대해 규제하는 법까지는 분명하게 제정하지는 않았지만, 생명복제의 안전 및 윤리문제를 적절히 해결할 때까지 정부정책으로 일시적인 연구 중지 내지 연구지원 중지를 결정한 나라도 많습니다. 이처럼 법적인 규제를 해야 한다는 여론이 현재로서는 대체적으로 우세합니다. 그러나 구체적으로 살펴보았을 때, 생명복제 연구나 그 기술의 적용을 일체 금지한다는 방식의 규제보다는 보다 더 구체적인 허용한계를 정하는 법적 기준을 설정하려는 움직임이 지배적입니다. 일반적으로 인간복제, 즉 인간개체 탄생의 목적을 위한 복제 연구나 기술을 이용하여 키메라나 하이브리드 등의 괴물 및 잡종 인간을 시도하는 복제기술의 이용은 절대로 금지하되, 연구를 위해 초기 단계의 인간배아를 복제하거나 인간 유전자 및 세포 복제, 동식물 복제 등은 허용하는 방향으로 진행되고 있습니다.

현재 우리나라는 대한의사협회가 인간배아 연구를 제한적으로 허용하는 「생명복제 지침」을 서두르고 있는 중입니다. 그러나 우리나라는 1983년에 「유전공학육성법」(현재는 「생명공학육성법」)을 제정하여 제15조에 "안전기준을 마련해야 한다"라는 막연한 조항을 두었을 뿐 생명윤리 문제에 대해 법적으로 아무런 규정이 없는 실정입니다.

인간복제는 인간의 미래에 행복을 가져다줄 수 있을까?

미래의 불행에 대한 예언: 한스 요나스의 공포의 발견술
철학자 칼 야스퍼스(Karl Jaspers, 1883~1969)는 미래의 과학기술에 대해 다음과 같이 말합니다.

> "기술은 스스로 어떠한 목표를 설정하지 않기 때문에 선과 악을 초월해 있습니다. 기술이 행복과 불행에 어떠한 역할을 나름대로 할 수 있으나 그 자체로는 행복과 불행에 대해 중립적이라는 것입니다."

생명윤리의 철학자인 한스 요나스(Hans Jonas, 1903~1993)는 『책임의 원칙: 기술문명의 시도』라는 책에서 "공포의 발견술"(Heuristik der Furcht)이라는 말을 중요한 요소로서 간주합니다. 요나스는 21세기의 인간의 미래를 선(善)에서 찾기보다는 불행한 예언을 적용함으로써 앞으로 인간이 처하게 될 운명을 진단하고 있습니다. 곧 다가올 미래에 있을 수 있는 심상치 않은 변화 즉, 생명의 연장, 행동의 통제, 유전자 조작, 장기이식, 인간복제, 위험이 미칠 수 있는 전 지구적 범위, 생태계의 위기, 인간의 몰락과정에 대한 징조에 대한 윤리적인 원리들을 밝혀내는 것이었습니다. 우리가 인간의 존엄성이 진정 무엇인지를 알고자 원할 때, 어떤 한계상황에 처하면 가장 잘 체험할 수 있을지도 모릅니다. 다시 말해서 우리는 어떤 위기에 처했을 때, 그 위기에 대해 좀더 쉽게 접근할 수 있습니다. 앞으로 전개될 생명공학의 미래에 대한 두려움은 인간의 진정한 모습을 좀더 확실히 파악할 수 있기 위해서 어쩌면 인간의 위협을 더 필요로 할지 모릅니다.

요나스는 "우리에게는 악의 인식이 선의 인식보다 무한히 쉬울 수 있다"고 말합니다. 먼저 악의 인식은 더 직접적이며 설득력도 있으며, 의견의 차이에 더 시달리지도 않으며 더더욱 가식적이지도 않습니다. 선은 눈에 띄지 않게 존재하며, 반성을 하지 않으면 인식할 수 없는 데 반하여, 나쁜 것의 단순한 현재는 우리로 하여금 이를 인식하도록 강요합니다. 질병을 보지 않고 건강에 대한 찬가를 읊을 수 없으며, 전쟁의 처참함을 알지 못하면서 평화를 찬양할 수 있는지 심히 회의적입니다. 우리는 원하는 것보다 원하지 않는 것을 훨씬 더 잘 압니다. 여기서 요나스가 강조하고자 하는 인간의 미래에 대한 위기상황은 앞으로 일어날지 모르는 사건에 대한 예방적 성격을 다분히 띠고 있습니다. 요나스는 현재의 반성을 통해 쉽게 위험을 예측하기 어려운 과학기술의 사회에서 미래에 대해 인간의 달콤한 행복보다 다가올 불행의 예언을 함으로써 문제의 소지가 될 수 있는 상황을 사전에 예방하려는 것입니다.

이러한 측면에서 인간복제는 그 실험이 성공했을 때 가져올 가공할 결과 때문에 종교계·여성계는 물론 생명과학계·의학계에서조차도 아직은 부정적인 견해가 지배적입니다. 즉 현재 인간복제가 갖고 있는 허용범위의 인식은 다양하게 존재합니다. 인간복제는 생명윤리의 시점을 그 출발점의 근거로 두고 있기 때문에 개인적이거나 개별적인 집단의 이해타산에 따라 좌우되는 것이 아니라 공공성의 확보와 사회공론화의 과정이 필히 수반되어야 합니다. 아직 사회공론화의 작업이 부족하고 종교계와 과학계 등에서 일치된 합의점을 빠른 시일 내에 찾을 수 없기에 공론화 과정이 더욱 어려운 상황입니다. 따라서 현재 인간복제가 21세기의 유토피아를 가져다줄 새로운 희망의 산업이 될지, 아니면 불행한 디스토피아의 재앙의 산업으로 전개될지 아직 그 앞을 분명하게 가릴 수 있는 단계는 아닙니다. 그러므로 계속적인 과학적 연구와 함께 이에 상응하는 공론화된 의견의 담론형성도 지속적으로 필요한 때입니다.

인간복제는 인간의 존엄성을 침해하는가?

미래인간의 진정한 행복은 어디에 있을까요? 우리는 앞에서 아리스토텔레스가 인간의 궁극적 목적은 행복에 있다는 것을 살펴보았습니다. 이는 인간을 수단으로서가 아니라 목적으로 대해야 하다는 의미와도 같습니다. 왜냐하면 인간은 목적론적 존재이기 때문입니다. 철학자 칸트(Immanuel Kant, 1724~1804)도 "이성적인 존재는 모두 자기 자신과 다른 모든 사람을 단지 수단으로서가 아니라 언제나 목적 그 자체로서 대우해야 한다"고 말합니다. 사회적으로 효용가치가 없는 무용한 인간이라 할지라도 그 자체로 목적으로 대우해야 한다는 것입니다. 칸트는 인간의 의무는 자기의 행복을 추구하는 것뿐만 아니라 타인의 행복을 증진시키는 것이 최고선을 이루는 것이라고 말합니다. 최근 많은 사람들이 생명복제 기술이 반윤리적이라고 보는 견해는 인간복제가 의학적으로나 행복의 측면에서 유용성을 갖다 준다고 하더라도, 근본적으로 인간의 존엄성과 가치에 반하기 때문에 옳지 못하다는 것입니다.

인간복제의 가능성이 논란거리가 되는 가장 큰 이유 중의 하나는 인간이 도구화되고 기술의 조작대상이 될 수 있다는 불안 때문입니다. 즉 인간의 행복은 수단으로서가 아니라 목적으로 대해야 한다는 것입니다. 만약 인간이 어떤 목적을 이루기 위하여 수단의 대상으로 사용한다면 올바른 행위가 아닐 것입니다. 우리가 인간복제를 우려하는 이유도 먼 데 있는 것이 아닙니다. 인간복제는 인류의 삶을 향상시킨다는 목적으로 향해지고 있는 의료 행위들이 오히려 인간의 생명을 경시하게 될 가능성을 갖고 있습니다.

이러한 점에서 생명공학자들은 인간복제의 기술은 인간존엄성의 측면에서 "목적의 질문"으로 설정되어야 한다고 말합니다. 목적의 가치와 선택은 무엇보다 필요한 지혜입니다. 생명공학의 기술이 식물이나 동물과 밀접하게 연관이 되고 있는 한, 그 목적 그 자체에 머물러 있지는 못합니다. 우리는 아직 생명의 고유성을 경시하는 현상을 주변에서 종종 목격합니다.

최근 생명공학에서 전개되는 인간존엄성에 대한 논쟁은 대체로 두 가지로 이야기되고 있습니다. 첫째는, 인간의 존엄성이 모든 인류에 속하는 구성원들에게 인정되어야 한다는 것입니다. 왜냐하면 인격체로서의 인간은 생물학적인 인간과 결합되어 되어 있기 때문에 인간의 존엄성은 단지 질적인 결정여부에 따라 좌우되는 것이 아니기 때문입니다. 둘째로, 인격체의 존엄성 그 자체에서 출발합니다. 존엄성이라는 것은 자의식이나 이성과 같은 인격체를 갖고 있는 인간존재에게서만 허용할 수 있다는 견해입니다.

우리 인간은 누구나 생명의 존엄성을 갖고 있습니다. 이러한 인간의 존엄성이 심각하게 침해받았을 때 치명적인 손상을 받을 수 있습니다. 그러기 위해서는 인간 자신은 칸트가 말한 것처럼, 수단으로서 아니라 목적으로서 대우해야 하는데 그렇지 못하다는 데에 윤리적 공포의 원인이 숨겨져 있습니다. 즉 궁극적 가치로서 생명은 그밖의 목적이나 가치를 위해서 도구적으로 조작할 수 없다는 것입니다. 이러한 원리는 개인에게서 인간의 삶을 결코 수단으로 대하지 말고 항상 목적으로 생각해야 한다는 요구입니다.

그런데 칸트의 견해에 의해서도 복제기술의 사용이 모두 인간의 존엄성을 해치는 것을 의미하지는 않습니다. "치료의 재료를 마련하기 위해서나 유전자 검사를 하기 위한 목적에서 인간생명의 창조는 분명히 창조된 생명의 존엄성을 위해 창조한 것이 아니다. 게다가 개인은 전적으로 게놈(Genome)에 의해서만 결정되는 것이 아니라 가족과 문화적·사회적 환경의 과정에서처럼 개인을 구성하고 있는 강력한 인간의 영향을 받는다"는 점입니다.

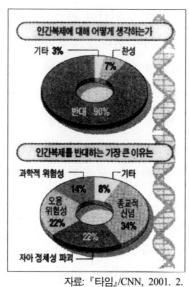

자료: 『타임』/CNN, 2001. 2.
인간복제에 대한 여론
(출처: 『조선일보』, 2001. 8. 13.)

한쪽 측면에서 인간의 존엄성은 서양의 기독교적 전통에 뿌리를 둔 실질적 내용을 가진 인간상으로 다루어지기도 하고, 다른 측면에서 주체성이나 자기 결정의 개념과도 연관시킵니다. 이러한 다양한 해석의 여지는 임신중절, 안락사에서부터 유전자 및 출산에 이르기까지 폭넓게 반영되어 있습니다. 따라서 인간의 존엄성은 사람들간의 가치관의 갈등이라는 측면에서 서로 상충할 수 있습니다.[39] 인간복제의 동기가 모두 복제의 도구화를 의미하지는 않기 때문에 그러한 종류의 행위 모두가 존엄성의 침해를 초래하는 것은 아니라는 것입니다. 단지 인간복제가 일정한 사회기능에 투입시키려는 의도로, 즉 유전연구 혹은 배아연구를 위해서, 군인을 만들기 위해서, 혹은 새로운 과학 엘리트를 양성하기 위해 인간복제를 시작한다면 인간생명은 실제로 물건처럼 마음대로 다루어지고 존엄성이 손상될 것입니다.

인간복제 찬성의 주장들

잘 알려져 있듯이, 인간의 존엄성과 관련하여 윤리적인 관점에서 볼 때, 복제기술을 인간에게 적용하는 데 있어서 찬성 및 반대되는 논거는 다음과 같은 이유들 때문입니다.

먼저 찬성의 논거는 다음과 같이 말할 수 있습니다.

① 성비율이 이상적으로 조화된 사회를 건설하는 데 도움이 됩니다. 인간복제를 통해서 이상적인 남녀의 성비율을 조화롭게 조정하는 것입니다. 그렇게 하였을 때 성비율의 불균형에서 나타나는 여러 가지 사회의 문제들을 예방하고 해결할 수 있다는 것입니다.

② 복제될 인간에게 해가 되지 않습니다. 복제기술은 인간에게 적용했을 때 이익이 되면 되었지, 최소한 해로움은 주지 않을 것이라는 생각입니다. 예를 들어 불임부부에게 이로움을 줄 수 있다는 것입니다.

③ 건강한 사람을 복제함으로써 유전적인 결함이 있는 사람의 수를 줄일 수 있습니다. 부부 중 한 쪽이 심각한 유전병을 앓고 있을 때 그 병을 자손에게 물려주지 않고 번식할 수 있게 해줍니다.

④ 불임부부에게 희망을 주고 장기나 골수 등을 제공할 수 있습니다. 일부 사람들이 겪고 있는 불임이라는 짐을 덜어줄 새로운 수단이 될 것입니다. 정자가 없는 남성이나 난자가 없는 여성들에게 생물학적 혈연관계가 있는 자손을 생산할 수 있게 해줄 것입니다.

⑤ 이식용 장기나 조직을 제공할 수 있습니다. 장기가 일치하는 조직을 갖고 있는 사람을 찾거나 거부반응을 일으킬 위험을 크게 줄일 수 있습니다.

⑥ 위대한 재능, 천재성, 인격 등의 귀감이 될 만한 품성을 지닌 개인을 복제하는 데 사용할 수 있습니다. 모차르트, 아인슈타인, 마릴린 먼로, 니체, 빌 게이츠와 같은 비범하고 아름다운 사람들을 복제함으로써 사회 전체에 이익을 줄 수 있다는 것입니다.

⑦ 기술이 개발되었으므로 사용되어야 합니다. 오늘날 만연되고 있는 암·당뇨병·치매·에이즈·고혈압·심장병 등 난치병을 치료할 수 있는 의약학의 광범위한 발전을 가져올 것입니다.

⑧ 유전자 질환을 갖고 있는 사람의 치료와 동물 단백질의 생산 내지 축산동물의 생산성과 저항력의 증가를 기약할 수 있을 것입니다.

⑨ 과학이나 의학에서의 중요한 발전을 가져올 수 있습니다.

인간복제 반대의 주장들
이렇게 인간복제에 대해 찬성하는 주장도 있지만, 반대하는 주장들은 다음과 같습니다.

① 인간을 복제하는 것은 비자연적이라는 것입니다. 정상적인 성관계를 통하지 않고 성인의 체세포에서 인간의 배아를 복제하는 것은 비자연적이라는 것입니다.

② 인간복제는 유전적으로 유일하게 될 권리 혹은 유전적으로 간섭받지 않을 권리를 침해합니다. 인간을 대상으로 복제기술을 사용하는 것은 똑같은 유전형을 가진 인간형을 만든다는 측면에

서 유일하게 될 인간의 권리를 침해한다는 것입니다.

③ 인간복제는 개인의 특성을 상실하게 하는 결과를 초래합니다. 인간복제로 태어난 인간은 정상적인 성관계를 갖고 태어난 인간에 비해 자율성이 없고, 개인이 소유한 특성이나 유일성의 가치를 상실한다는 것입니다.

④ 인간복제는 생명의 가치를 떨어뜨리고 인간적인 삶의 존엄성을 훼손할 것입니다. 인간복제는 개인을 대체가능한 존재로 생각하게 함으로써 인간의 삶에 부여해 온 가치와 존엄성을 훼손할 것입니다.

⑤ 인간복제는 프라이버시를 보호받을 권리를 침해합니다. 복제기술로 태어난 인간은 유전자가 조작되리라는 것을 미리 알고 있기 때문에 프라이버시를 보호할 권리를 침해받고 있다는 것입니다.

⑥ 인간복제는 인간의 유전자 풀(human gene pool)의 다양성을 감소시켜 인류의 생존가능성을 감소시킬 수 있습니다. 복제기술은 유전자 풀의 다양성을 감소시키기 때문에 인류생존의 가능성을 감소시키거나 증대시키지 못한다는 것입니다.

⑦ 인간복제는 남녀의 인격적 교제와 상호의존적 관계가 아닌 한 사람의 체세포를 통해 인간을 탄생시킴으로써 사회적 존재로서의 인간의 상호의존성을 파괴합니다.

⑧ 복제될 인간은 그가 태어날 환경에 적응하지 못할 수 있습니다. 복제기술로 생겨난 표현형은 다음 세대에는 바람직하지 않은 것이 될 수 있다는 것입니다.

⑨ 복제기술을 인간에게 적용시키는 행위는 초기 단계에 있는

인간의 생명을 저버리는 행위입니다. 복제기술을 인간에 적용해 자의적으로 폐기하거나 미숙한 기술에 의해 생명을 잃는 수많은 잠재적 인간이 초기단계의 인간을 만들어내기 때문에 허용할 수 없다는 것입니다.

⑩ 인간복제는 상업적 이익을 얻을 목적으로 사용될 수 있습니다. 다양한 재능이나 능력, 그 이외의 우수하거나 인간이 원하는 바람직한 특성을 지닌 개인으로부터 복제한 다양한 상품목록을 시장을 통해 제공할 수 있습니다.

⑪ 이는 우생학적 오류를 낳을 수 있는 위험성이 있습니다.

⑫ 기괴한 반인반수의 괴물의 번식을 통해 예측할 수 없는 결과를 가져올 것입니다.

이러한 인간복제의 찬반 논거에서 아직은 대부분의 사람들이 반대의 주장들이 우세합니다. 그러나 다른 생명이나 인간을 복제하려는 근거의 이면에는 우리가 유전적으로 질적으로 더 우수한 것을 얻으려는 데 있습니다. 예를 들어 우리가 존경하는 대상의 우수한 복제, 즉 모차르트, 베토벤, 아인슈타인, 슈바이처, 미켈란젤로, 마릴린 먼로, 빌 게이츠 등은 과거나 현재에 가장 최고의 사람으로 꼽히며 복제하고자 원하는 제1순위의 대상들입니다. 그러나 여전히 인간복제의 반대의 논거는, 인간은 목적으로 대우해야 한다는 인간의 존엄성의 전제 위에서 출발합니다. 복제양 돌리의 탄생으로 인간복제는 이론적으로 가능해졌을 뿐만 아니라 실제로 인간복제의 실험을 하겠다고 선진 각국에서는 생명과학연구소를 비롯한 여러 곳에서 발표들이 쏟아져 나오고 있습니다. 이러한 시점에서 인간복제의 윤리성에 대한 검토는 더욱 시급한 시점에 이르렀습니다.

인간복제는 인간의 미래를 책임질 수 있는가?

책임의 의미

현재 인간복제에 대한 윤리적 논쟁은 과학계와 여성계, 종교계 등에서 논의가 되고 있으나 그에 대해 현재 및 미래의 책임의 문제는 구체적으로 언급되지 못하고 있습니다. 일반적으로 윤리적 판단은 인간행위에 대한 가치규범을 뜻합니다. 가치란 인간이 지향해야 하는 목적을 수반하고 있습니다. 만일 우리가 흔히 마주치는 가치가 충돌하지 않는다면, 윤리의 문제는 존재하지 않을 것입니다. 예를 들어 개인과 공공의 이익이 충돌할 때, 우리는 무엇을 우선시해야 하겠습니까? 윤리의 문제는 옳은 것과 그른 것, 좋은 상태와 나쁜 상태를 판단하는 가치판단의 문제입니다. 윤리란 어떤 이유나 어떠한 사고에 의해 하나의 가치판단이 정당화되는가를 탐구하는 학문입니다. 그것은 어떤 행동이 옳은 것이고 그른 것인지, 어떤 상태가 좋은 것이고 나쁜 것인지를 정확하게 지시할 수 있는 도덕적 기준을 결정하는 문제를 탐구의 대상으로 합니다.

현재 논의되고 있는 인간복제에 관한 문제도 우리가 살아가는 데 있어서 일상적인 행위와 판단의 문제입니다. 인간복제에 관한 윤리의 문제는 응용된 도덕철학으로서 기술의 문제를 이론적으로 파악하여 가치·규범·원칙을 분명히 표현해야 하며, 새로운 행위가능성과 더불어 표준적인 책임 있는 교제(交際)를 위해 존재합니다. 이렇듯 생명공학은 우리가 행하는 영역에서의 행위와 판단의 문제입니다. 이제 생명공학은 윤리의 문제에서 자유로울 수 없을 것입니다. 항상 문제가 되어 온 생명윤리의 논쟁은 두 개의 상이한 수준으로 진행되어 왔습니다. 한쪽 측면은, 허락하는 낙태의 시기와 신경조직의 이식에 관한 허용과 같은 구체적인 문제입니다. 다른 측면은, 한 대상에 대한 도덕적 판단, 즉 우리 행위의 대상들을 도덕적인 상태에서 어떻게 체계화시키는가 하는 원칙적인 물음입니다.

일반적으로 책임이란 인간이 행한 행위의 결과에 대해 자신이 짊어지거나 떠맡는 것을 의미합니다. 우리가 무엇인가에 대해 책임을 진다는 것은 행위의 결과에 대해 법정에서 심문에 답해야 하는 의무인 법적인 책임을 말합니다. 그렇지만 흔히 우리는 윤리적 책임과 도덕적 책임에 대해 말합니다. 생명윤리의 철학자인 요나스(Hans Jonas)는 『책임의 원칙』(1979)에서 책임을 목적 그 자체가 아니라 오히려 인간의 원인이 되는 행위로 이해하고 있습니다. 책임은 스스로 목적을 설정하는 것이 아니라 사람들 사이에서 모든 인과적 행위에 대해서 해명을 요구하는 것이라고 말합니다. 단지 책임은 도덕적인 전제조건이 되기도 하지만, 도덕 그 자체는 아니라는 것입니다. 책임의 전제조건은 인과적 권력입니다. 물론 행위자는 자신의 행위에 대해 책임을 져야 합니다. 행위결과에 대한 책임은 1차적으로 법적인 의미이지 도덕적인 의미는 아닙니다. 그 원인이 악행이 아니었고 그 결과가 의도된 것이 아니라고 하더라도 저지른 피해는 보상받아야 합니다.

그러나 책임소재가 분명하고 결과가 예측할 수 없는 영역으로 사라지지 않을 정도로 행위와 밀접한 인과관계가 있을 때에만 그렇습니다. 이런 점에서 책임의 가장 일반적이고 우리에게 근접해 있는 유형은 자기 행위의 결과와 관계되어 있습니다. 따라서 책임은 인과적 행위라는 것입니다. 그렇지만 책임져야 할 핵심적 문제는 단지 행위의 인과성만이 아니라 행위의 질이 중요한 것입니다. 책임은 수치로 잴 수 있는 힘이며 인간이 행위하는 영역을 예측합니다. 우리는 자기가 한 행위에 대해 결과에 의해서 최소한 그 행위를 책임지거나 동반책임을 지는 어떠한 요청을 받습니다. 책임은 종종 긍정적인 인과적 행위결과의 책임을 통한 규칙의 경우를 말하는 것이 아니라 오히려 떠들썩한 부정적인 경우를 말합니다.

앞으로 인간복제는 구체적인 사회적·윤리적 책임 문제와 그에 상응하는 법적 장치를 마련하지 않는다면, 미래세대가 그 책임을 떠맡게 될지도 모릅니다. 의학기술의 급속한 발전으로 인해 인간복제가 이제 현실화된다면, 앞으로 윤리적·사회적 문제는 더욱 심각할 것으로 보여집니다. 우리 앞에 인간복제로 인해 그에 대한 부정적인 행위결과들이 부과된다면, 우리 인간은 점점 윤리적 갈등이 심각하게 진행될 것으로 예측됩니다. 이런 상황일수록 인간의 행위결과에 대한 책임의 역할은 더욱 중요한 사항이 되었습니다. 행위의 책임은 헤아릴 수 있는 결과나 부주의와 관련되어 있습니다. 역할이나 과제의 책임은 행위자의 사회적·제도적 상황과 밀접히 연관되어 있습니다. 보편적인 도덕적 책임은 개인적이고 집단적인 진정한 윤리적 양상으로 옮겨갑니다.

과학은 사회의 표현이고 과학은 인간만이 갖고 있습니다. 그러므로 인간만이 책임질 수 있는 본질을 갖고 있습니다. 그래서 과학과 인간과의 관계는 과학 윤리적인 전망 속에서 조건화됩니다. 이제껏 과학자들은 과학적 진보의 결과에 대한 판단을 전능(全能)하게 수행하지는 못하였으나, 비록 과학이 고유한 윤리나 가치를 갖고 있지 않다고 하더라도 책임구조와 밀접히 관련되어 있는 것입니다. 현재의 인간복제 논쟁도 윤리나 가치의 문제가 발생했을 때, 과학자들의 동반책임을 질 수 있을 때 문제의 본질에 접근할 수 있습니다. 먼저 도덕적인 동반책임은 개인적이고 개별적으로 이루어져야 합니다. 한 집단의 동반책임만이 그 역할에 책임을 수행해야 합니다. 특히 모든 책임은 법적인 범주로 파악하고 그것이 침해와 손상의 관점에서 올바르게 헤아려야 합니다. 도덕적인 동반책임은 이미 법적으로 확정된 것이 아니라 때때로 법적인 규범에 해당합니다.

현재와 미래와의 만남: 개인적 책임에서 집단적 책임으로

인간배아 복제로 인해서 인간복제가 현실화된다면, 앞에서 살펴보았듯이 많은 부정적인 현상들을 예측할 수 있습니다. 요나스는 그의 『책임의 원칙』(1979)의 이론적 적용을 확대시켜 『기술·의료 그리고 윤리』(1985)에서 미래의 인간복제에 관한 책임윤리를 실천적 측면에서 언급합니다. 그는 생명공학을 "윤리적 물음의 어려움" 및 "윤리적 양상의 고찰"을 어떻게 설정할 것인가의 고민 속에서 인간배아 복제 및 인간복제를 논의해야 한다고 말합니다.

요나스는 현재나 미래의 인간실존이라는 측면에서 중요한 관점을 제시하고 있습니다. 왜냐하면 그의 인간복제에 대한 윤리적 고찰은 "우리가 무엇을 할 수 있고, 무엇을 요구할 것인가의 행위결과의 고찰"에 대해 많은 시사점을 제공해 주고 있기 때문입니다. 그는 생명공학에서 초래되는 문제는 집단적인 위협의 척도에 따라 많건 적건 간에 의학적이고 유전학적인 인간성의 긴박감이 오늘날 책임의 주제와 만나게 된다고 말합니다. 우리가 무엇인가 책임져야 할 의무에서 발견하는 요소는 더 이상 개별적인 개인이 아니라 집단적인 행위를 요청하는 책임이라는 것입니다. 따라서 책임의 주제는 인간복제의 관점에서 살펴보았을 때, "사회적·기술적 전개의 결과는 목적의 설정"을 어떻게 보느냐에 따라 다르게도 적용될 수 있습니다. 그래서 오늘날 과학기술의 진보에 따른 완전히 새로운 힘의 수단은 절대선이 필요 없는 목적으로 설정되어 가고 있는 상황입니다. 여기서 책임관계의 핵심은 누군가가 무엇인가를 책임진다는 것을 의미합니다.

인간복제에 대해 우리가 무엇보다 염려하는 이유는 새롭게 생긴 수많은 인간들로 하여금 이제껏 존재해 온 사람들에게 개인적으로든 집단적으로든 간에 모두 고통을 가져올 수 있다는 불안한 "우려" 때문입니다. 즉 현대 과학기술이 미치는 영향력의 시공간적 광범위성도 전대미문(前代未聞)의 것이 되었습니다. 현대의 과학기술의 행위는 단지 개인이 아니라 원칙적으로 전체 인류, 그것도 종종 인류의 미래세대에 적용되거나 적용될 수 있기 때문입니다. 이는 다시 현대기술 및 현대과학의 수행이 개인이 아니라 집단의 차원에서 이루어진다는 사태에 대응합니다. 그렇기 때문에 앞으로 전개될 21세기 생명공학의 시대는 인간배아 복제나 인간의 복제에 대한 과학자들의 책임이 개인적이든 공동체든 간에 직접적으로 현재에 관한 행위에서 이루어지고 있다는 것입니다. 다시 말해서 책임의 주제는 단지 개인적으로만 해결할 수 있는 것이 아니라 제도적이고 집단적인 과제로 진행해야 합니다. 따라서 이러한 행위의 본질은 개인적으로 한정시키는 것이 아니라 사회적이고 집단적인 책임으로 확대해야 합니다. 더 이상 행위의 결과는 습관적인 교활함이 아니라 성숙한 지혜를 갖추고 올바른 행위 능력으로 사용할 것으로 나아가야 합니다.

인간복제에 대한 책임은 개인적인 것이든 아니면 공동체적인 것이든 간에 직접적으로 현재를 뛰어넘어서 "미래"와 관계를 맺고 있습니다. 그래서 어쩌면 "책임대상의 고유한 미래상은 가장 본래적인 미래의 양태"가 될 것입니다. 왜냐하면 오늘날 기술의 운명화된 시대는 미래세대가 맞이하게 될 "미래인간의 가능성과 관계"하기 때문입니다. 따라서 근본적으로 인간의 책임은 자연의 상황, 자연의 미래, 생명의 영역, 그리고 인간의 미래의 삶으로까지 점점 더 확충되었습니다.[40] 이런 점에서 인간배아 복제와 연관시켜 볼 때, 생명에 대한 책임은 단지 개인적 차원이 아니라 총체적인 연속성을 지녀야 합니다. 책임의 주제는 총체적이며 인류의 밝은 미래를 위한 영속적인 역사의 관점으로 접근해야 할 것입니다. 따라서 책임의 과제는 총체적이고 영속적이며, 역사적이며, 현재는 물론 미래의 지평까지도 포함되어야 합니다.

요약하면, 책임의 궁극적인 원리는 모든 사람을 위한 좋은 삶입니다. 이러한 삶의 원리는 유용성, 복지, 정의의 원리가 함께 결합되어야 합니다. 다시 말해서 책임의 궁극적 원리는 "보편화, 평등, 정의와 같은 형식 윤리적 기본원칙의 도움을 받아 일정한 행위영역을 위해 규정"해야 된다는 점입니다. 무엇보다 책임의 궁극적인 원리는 모든 사람을 위한 좋은 삶이어야 합니다. 따라서 인간의 행위는 그 행위를 수행하는 개인에 의해서 최대의 행복을 산출하는 경우가 아니라 그 행위에 의해서 영향을 받는 당사자들에게 최대의 행복을 산출하는 경우가 옳다는 것이 강조되어야 할 것입니다. 그러나 앞으로 초래될지도 모를 인간복제로 인한 인간의 삶이 인간의 행복보다도 불행을 더 초래한다고 한다면, 이러한 인간행위의 결과에 대해 누가 책임질 것입니까? 과학자들의 연구행위입니까? 혹은 이것을 집행할 정치가들입니까? 아니면 미래세대에게 무책임하게 떠맡길 몫으로 고스란히 남겨줄 것입니까? 따라서 더 늦기 전에 지금이라도 인간복제는 모든 인류의 이익을 위해 준비된 생명공학의 신중한 사려를 동반한 과학의 진보가 되어야 할 것입니다.

・주

1) 김용석, 『미녀와 야수 그리고 인간』, 푸른숲, 2000, 397쪽.
2) 달라이 라마・하워드 커틀러, 류시화 역, 『달라이 라마의 행복론』, 김영사, 2002.
3) 잭 킨필드・마크 빅터 한센, 김재홍 역, 『꿈을 도둑맞은 사람들에게』, 현재, 2000, 214쪽.
4) 랠프 에이브러햄, 김중순 역, 『카오스 가이아 에로스』, 두산동아, 1997, 244쪽.
5) 이윤기, 『이윤기의 그리스 로마신화』, 웅진닷컴, 2001, 115쪽.
6) 아리스토텔레스, 최명관 역, 『니코마코스 윤리학』, 을유문화사, 1983, 187쪽.
7) 쇼펜하우어, 정초일 역, 『불행한 철학자 쇼펜하우어의 행복의 철학』, 푸른숲, 2001, 18~19쪽.
8) 로버트 기요사키・샤론 레흐트, 『부자 아빠 가난한 아빠 1・2・3』, 황금가지, 2000.
9) 『조선일보』, 2000년 4월 19일자, 11면.
10) 『한겨레신문』, 2002년 2월 4일자, 11면.
11) 『한겨레신문』, 2000년 2월 9일자, 12면.
12) 조효제(2000), 40~41쪽.
13) 강정구, 「김대중 정부 통일정책의 평가와 전망」, 『진보평론』(1999년 가을호), 199쪽.
14) 손호철, 「한국의 신자유주의와 민주주의」, 『세계화와 신자유주의』, 나남출판, 2000, 387쪽.
15) 『한겨레신문』, 1999년 5월 15일자.
16) 「또 하나의 분단, 빈부격차」, 『경향신문』, 2000년 4월 21일자, 1면.
17) 『한겨레신문』, 2001년 12월 3일자, 3면.
18) 『한겨레신문』, 2001년 12월 3일자, 1면.
19) 『한겨레신문』, 1999년 11월 19일자.
20) 『한겨레신문』, 2001년 12월 3일자, 3면.
21) 『한겨레신문』, 1999년 5월 15일자, 19면.

22) 안병영, 「세계화와 신자유주의; 충격과 대응」, 『세계화와 신자유주의』, 나남출판, 2000, 34쪽.

23) 「또 하나의 분단, 빈부격차」, 『경향신문』, 2000년 4월 27일자, 5면.

24) 『한겨레신문』, 1999년 7월 13일자, 11면.

25) 정진영, 「외환위기 대응의 논리와 정치 경제적 효과」, 『경제와 사회』 (2000년 봄호), 85쪽.

26) 임혁백, 「세계화와 민주화: 타고난 동반자인가? 사귀기 힘든 동반자인 가?」, 『계간사상』, 1994, 86쪽.

27) 박길성, 『세계화: 자본과 문화의 구조변동』, 사회비평사, 1996, 311쪽.

28) 조희연, 『한국의 민주주의와 사회운동』, 당대, 1998, 389쪽.

29) 『한겨레신문』, 1999년 11월 18일자, 18면.

30) 「또 하나의 분단, 빈부격차」, 『경향신문』, 2000년 4월 29일자, 5면.

31) 『한겨레신문』, 1999년 11월 18일자, 18면.

32) 조영훈, 「생산적 복지론과 한국복지국가의 미래」, 『경제와 사회』(2000 년 봄호), 93~94쪽.

33) 리처드 도킨스, 홍영남 옮김, 『이기적 유전자』, 을유문화사, 2001, 제11 장 참조.

34) 『한겨레신문』, 2000년 11월 7일자, 15면.

35) 『한겨레신문』, 2000년 8월 10일자, 1면.

36) 『한겨레신문』, 2001년 8월 11일자, 10면.

37) Anne Mclaren, "Cloning: Pathways to a pluripotent Furture", in: *Science*, Vol. 288(9 June, 2000), 1780쪽.

38) 자세한 내용은 다음을 참조하라: 홍욱희, 「생명윤리자문위원회 활동에 대한 소고」, 『과학사상』, 제38호(2001년 가을호), 65쪽. http: kbac.or.kr.

39) 황경식, 「게놈프로젝트와 판도라의 상자」, 『과학사상』, 제36호(2001년 봄), 216쪽.

40) Hans Lenk, " Verantwortung für die Natur", in: *Allgemeine Zeitschrift für Philosophie*, 8. Jg., 1983, 8쪽.

찾아보기

저자 약력 : 양 해 림

강원대학교 철학과와 동 대학원을 졸업하고 독일 트리어(Trier) 대학교 철학과에서 박사과정을 공부하였으며 베를린 홈볼트(Humbolt) 대학교에서 박사과정을 마치고 철학박사학위를 받았다. 강원대 철학과 및 윤리교육과 강사, 한림대 인문학부 강사, 한림대 인문학연구소 연구원, 전북대 과학문화연구센터 연구원 등을 역임하였다. 현재 충남대학교 철학과 교수로 재직 중이다.

주요 저서 및 논문으로 "Wilhelm Diltheys Sozialphilosophie: das Verhältnis von Individuum und Gesellschaft"(박사학위논문, 1999), 『디오니소스와 오디세우스의 변증법』(2000), 『미의 퓨전시대』(2000), 『철학의 변혁을 향하여』(공저, 1998), 『몸의 현상학』(공저, 2000), 『문화와 해석학』(공저, 2000), 『인문학과 해석학』(공저, 2001), 『성과 사랑의 철학』(공저, 2001), 「니체와 老子의 생태학적 자연관」, 「생태계의 위기와 책임윤리의 도전」, 「생태계의 위기와 베이컨의 유토피아적 기획」 등이 있다.

행복이라 부르는 것들의 의미
·
2002년 6월 20일 1판 1쇄 인쇄
2002년 6월 25일 1판 1쇄 발행

지은이 / 양 해 림
발행인 / 전 춘 호
발행처 / 철학과 현실사
서울시 서초구 양재동 338-10
TEL 579-5908 · 5909
등록 / 1987.12.15.제1-583호

ISBN 89-7775-386-4 03100
값 9,000원